문화정책과 행정

박 혜 자

도서출판 대영문화사

머리말

세기의 전환 과정에서 화두 중의 하나는 '문화의 시대'가 도래한다는 것이었다. 새뮤얼 헌팅턴이 「문화가 중요하다」는 책을 통해 문화가 경제 발전과 민주적 정치제도를 결정하는 핵심 요인이라는 주장을 펴면서 문화 논쟁이 가속되었고 사회과학계에서도 문화가 지역 발전과 어떻게 연계될 수 있는가에 관심을 갖게 되었다. 특히 지방자치제가 실시되면서 많은 자치단체장들이 문화가 지역을 잘살게 할 수 있다는 구호에 매료되어 수많은 문화행사를 개최하고 도시마다 경쟁적으로 문화도시 발전전략을 내세우면서 한때 문화행정이 학문적 붐을 형성했던 적도 있다. 문화가 배부른 사람들의 소일거리에서 일약 지역 발전전략으로 부상한 것이다. 문화나 예술이 지역을 잘살게 하고 지역민의 삶의 질도 높일 수 있다면 그야말로 일석이조의 매력적인 정책 대상이 될 수 있을 것이다.

그러나 우리나라에서 문화도시를 주창하는 도시는 많아도 문화도시 전략으로 잘살게 됐다는 지역을 찾아보기는 쉽지 않다. 그럼에도 우리는 여전히 문화를 포기하지 못하고 있고 또 포기할 수도 없다. 물론 문화는 그 자체만으로도 사회의 중요한 가치이기 때문에 포기할 수 없는 것이지만 문화의 지역 발전 효과에 대해서도 아직은 포기하기에 이르다.

돌이켜보면, 세계화가 주창되던 초기 많은 학자들이 세계화의 진전에 따라 국가 간의 경계가 없어지고 지구촌으로의 통합을 예견하기도 했지만, 오히려 세계화 시대 국가 간의 경쟁은 더욱 치열해지고 있다. 그리고 세계화 속에서 다양한 인터넷 매체를 통한 획일적 문화의 확산과 전파로 인해 국가나 지역의 문화적 다양성도 유지하기 어렵게 되어가고 있지만 역설적으로 문화적 다양성을 유지하는 것이 국가경쟁력의 원천이 되고 있다. 세계화된 시장 속에서 문화가 가미되지 않은 상품은 싸구려 저가품으로 외면받고 만다. 기술이 표준화될수록 디자인이 경쟁력이고 그 디자인은 바로 문화이기 때문이다.

우리는 국가의 브랜드가 바로 그 나라에서 생산되는 상품의 가치를 결정하는 시대에 살고 있다. 문화적 획일화를 요구하는 세계화가 진전될수록 다른 것이 가치를 인정받는다는 것은 아이러니지만 그것은 동시에 다름을 유지하는 것이 그만큼 어렵기 때문일 것이다. 다름을 유지하는 것은 우리의 정체성을 지켜내는 것인 동시에 우리의 가치와 경쟁력을 높이는 것이다. 그러나 다름을 지켜내기 위해 고유문화만을 끌어안고 있어야 한다는 의미는 아니다. 고유문화를 세계적인 시각으로 바라보고 재해석하는 것이 그 어느 때보다 필요하다. 고유문화가 세계의 보편문화와 맞닿아 있어야 문화적 콘텐츠가 생성되고 가치를 인정받을 수 있다.

20세기 후반부가 지방자치단체들이 주도하는 지역 간 문화경쟁의 시대였다면 이제는 국가 간 문화경쟁의 시대이다. 지역 간 문화경쟁에서는 문화가 지역으로 사람을 모으는 수단으로서 의미를 가졌다면, 이제 국가 간 문화경쟁에서는 문화가 곧바로 산업과 연계되는 '산업의 문화화, 문화의 산업화'가 핵심이다. 국가 간 문화경쟁이라고 해서 지역문화가 중요하지 않다는 것이 아니라 지역문화를 통해 문화적 다양성을 유지하는 것이 국가적 어젠다 수준으로 격상되고 있다는 의미이다. 그렇기 때문에 그간 지방자치단체의 문화도시 발전전략이 효과를 거두지 못했던 것도 바로 그것이 산업이나 상품과 연계되지 못했기 때문이다. 문화행사나 이벤트를 통해 문화도시를 만들면 지역 발전이 될 것이라고 너무나 쉽게 생각했던 것을 반성하는 동시에 이제 다시 문화를 통해 어떻게 지역 발전과 국가경쟁력을 강화시킬 것인지에 대한 진지한 성찰이 필요하다. 그러한 반성과 성찰은 그동안 추진해 왔던 문화정책과 문화행정에 대해 다시금 냉정하게 돌아보고 향후 우리가 어떠한 정책과 행정을 추진해 나가야 하는지에 대한 고민으로 나아가야 한다.

이 책의 내용은 대체로 다음의 다섯 가지 주제 의식을 담고 있다.

첫째, 왜 문화인가. 문화가 지역 발전과 국가 발전을 꿈꾸는 이에게 어떤 의미가 있는지, 왜 관심을 가져야 하는지를 살펴보고자 한다. 1장의 문화정책과 행정의 개념과 연구 영역을 비롯해 2장의 접근 방법을 통해 연구를 시작한 다음, 3장의 문화 시대의 등장과 문화의 대중화를 통해 이 시대 문화정책과 행정이 주는 함의를 생각해 본다.

둘째, 문화에 대한 정부의 역할은 무엇인가. 이를 위해 4장에서는 문화예술에 대한 정부 지원의 배경과 논쟁을 살펴보고, 5장에서는 지역문화가 어떻게 지역 발전으로 연계되는지, 6장에서는 중앙과 지방정부 간 문화정책의 관계를 살펴본다.

셋째, 문화와 경제 간에는 어떤 관계가 있는가. 이를 위해 7장에서 문화와 경제의 관계를 가장 극명하게 반영하는 문화산업을 살펴보고, 8장에서는 문화재정 문제를 다룬다.

넷째, 기존의 문화정책을 넘어서기 위한 방안은 무엇인가. 최근 기존의 문화예술에 대한 지원과 육성 중심의 정책을 넘어서는 대안으로 거론되는 창조도시론과 다문화정책론을 9장과 10장에서 살펴본다.

다섯째, 향후 문화정책의 발전 과제로서 '문화의 행정화, 행정의 문화화'를 어떻게 추진할 수 있을 것인가. 먼저 11장에서 선진국 문화정책과 행정의 특성과 시사점을 살펴보고, 12장에서는 우리의 문화정책과 행정의 발달 과정 및 현황을 살펴본다. 마지막으로 13장에서 향후 발전 방향을 검토한다.

필자는 문화정책과 문화행정에 대한 관심을 일찍부터 갖고 있었지만 학문적 역량이 부족하여 저서를 낸다는 일에 두려움이 컸다. 그러나 전남도청에서 4년을 파견 근무하는 동안 지역 실정을 지켜보고 행정 현장을 체험하면서 지역 발전이라는 명분으로 추진되는 각종의 문화정책들이 진심으로 소기의 성과를 거두길 바라는 간절한 마음이 감히 저서 발간이라는 용기를 내게 하는 힘이 됐다. 저서의 제목에서부터 문화정책과 문화행정을 구분하지 않고 망라하고 있는 것은 행정 현장에서 그것이 구태여 구분되지 않을 뿐 아니라 문화정책이 성과를 거두자면 그것을 집행하는 문화행정이 뒷받침되어야 하고 넓게 보면 문화행정의 영역에는 어차피 문화정책까지 포함하기 때문이다.

이 책의 미흡한 점은 오직 저자에게 그 책임이 있음을 밝히면서, 흔쾌히 발간을 맡아 주신 대영문화사 임춘환 사장님께 감사드린다.

2011년 1월 박혜자

차 례

〈표〉 차례

[그림] 차례

Chapter 01 문화정책과 행정의 개념 및 영역

제1절 개 념

1 문 화

최근 학계나 정책 분야에서 문화에 대한 관심이 증대되고 있으며, 이에 따라 문화정책이나 문화행정이라는 용어가 보편화되어 가고 있다. 일반적으로 소득 증대에 따라 생존의 차원에서 생활의 차원으로, 양의 차원에서 질의 차원으로 사람들의 관심이 옮겨가고, 그에 따라 문화에 대한 인식이 새로워지는 것은 보편적인 현상이다.

그러나 이러한 문화에 대한 인식은 매우 다양하다. 문화가 무엇이고 어떻게 정의되어야 하는지에 관한 연구는 수없이 많다. 우리나라에서도 철학자, 역사학자, 고고인류학자, 사회학자, 미학자, 인문학자, 정치학자, 경제학자, 행정학자 등등이 문화에 관해 각각의 학문적인 관점에서 학술적인 정의를 내리고 있다. 그러나 문화라는 용어가 내포하는 의미가 다양하고, 쓰는 사람에 따라 문화라는 개념의 내용이 다르므로 통일된 정의를 내리기는 쉽지 않다.

문화라는 용어는 원어상으로 '경작'을 의미하는 라틴어인 '*cultura*'에서 유래되었다. 원래 '문화'는 곡물을 기르는 농업이나 목축과 관련된 '자연적 성장의 과정'을 가리키는 의미에서 시작하여 점차 자연과 구별되지 않는 야만의 상태에서 '문명'으로의 발전이라는 진화론적 함의로 발전하게 되었다. 키케로(Marcus T. Cicero) 이래 스토아학파에서는 철학을 곧 '문화적 활동'이라는 '*cultura animi*'로 정의한 바 있다. 그러므로 이 시기 동안 문화의 개념은 문명(civilization)이란 개념에 가치부여적(value laden) 의미를 가미하여 문화를 가진 유럽 국가와 문화를 갖지 못한 아프리카의 야만을 비교하는 것으로 사용되었다.

그러나 오늘날과 같은 문화의 개념[1)]은 19세기가 되어서야 나타났다. 19세기 낭만주의적 민족주의와 함께 문화의 개념은 세속화의 물결 속에서 종교가 갖는 정신적 권위와 유산을 대체하는 개념이었다(정갑영, 1993: 61). 즉 중세기에는 종교가 인간에게 세계 질서의 확고한 위치를 규정했으며, 정신적이고 도덕적인 방향 설정을 했기 때문에 사상의 흐름도 종교에 기반하여 전개되었지만, 근세 들어 이러한 종교를 대신하여 문화가 사회의 새로운 정신적 권위의 개념으로 등장했다. 문화가 새로운 세계의 중심 개념으로 등장하면서 헤르더(Johann G. von Herder)는 그의 저작 「인류의 역사철학에 대한 이념(*Ideas on the Philosophy of the History of Mankind*)」에서 문화 인식에 근거하여 민족 개념을 정의했다(헤르더, 2002; 김완균, 2007). 헤르더에게 문화는 '일종의 역사적 서술'로서 사회공동체는 곧 문화공동체로 인식된다. 즉 문화는 민족과 국가공동체가 시작하며 변화하고 완성되고 해체되는 삶의 모습과 형식으로 이해됨으로써 헤르더에 의해 문화는 '삶의 방식'이라는 인류학적 개념으로 정의되었다.

이와 함께 문화는 산업혁명의 물질적이고 하부구조적인 변화와 대비되는 개념으로서 사용되면서 '문명'과도 구분하게 되었다. 낭만주의 운동은 '민속문화(folkculture)'라는 새로운 개념을 만들어내면서 문화의 민족성과

---

1) 문화는 문학과 예술뿐만 아니라 생활양식, 인간의 기본권, 가치 체계, 전통과 신앙 등을 포함한다. 즉, 인간으로 하여금 자신을 반성하도록 하는 것, 우리를 비판적인 판단력과 도덕감을 지닌 진정한 인간이요 합리적인 존재가 되게 하는 것이 바로 문화이다(정갑영, 1993).

전통성을 강조하며, 산업사회에 들어서 발생한 새로운 문명의 '기계적', '물질적' 특징을 비판하기 위해 '문화'라는 용어를 사용했다. 이에 따라 문화는 '인간적' 발전을, 문명은 '물질적' 발전을 중시하는 것으로 구분되었다. '문명'과 '문화'를 대립시키는 낭만주의자들의 문화 개념은 영국에서 19세기 후반 아놀드(Matthew Arnold)의 저서 「문화와 무정부 상태(*Culture and Anarchy*)」(1869)를 거치면서 '문화와 문명'의 전통으로 연결된다. '문화와 문명의 전통'은 대중문화를 도덕적·문화적 기준에 대한 현대 물질문명의 도전으로 인식하여 '위대한 고전'으로부터 현대 문명의 파괴적인 힘에 대항할 수 있는 힘을 찾고자 했다. 아놀드에게 문화는 첫째, 지식 체계로서 "인간 사고와 표현의 정수"를 말한다. 둘째, 문화는 "이성과 신의 의지가 널리 퍼지도록" 하는 것과 관계가 있다. 아놀드의 정의에 따르면, 문화에 대한 연구는 "완벽에 대한 연구이며, 이 완벽은 어떤 것을 가진다는 의미보다는 어떤 것이 되어가는 것을 뜻하며, 일련의 외적 상황에서 드러나는 것이 아니라 정신과 영혼의 내면에서 이루어지는 것"이다. 즉 아놀드에게 문화는 최선을 알기 위한 노력이며 또한 모든 인류를 위해 그러한 지식이 널리 알려지도록 하는 노력이다. 이런 관점에서 보았을 때 문화는 예술, 철학, 학문 등과 관련된 지적인 작업으로 이해된다.

이러한 다양한 역사적 변화에 따른 문화의 개념 정의는 윌리엄스(R. Williams)에 의해 문화라는 용어의 사용은 다음의 세 가지 의미로 정리된다(윌리엄스, 1984). 문화란 첫째, 교양인(a person of culture), 교양 있는 사람(a cultured person)과 같은 개인이나 집단의 지적·정신적 발전 상태를 의미한다. 이러한 개념은 문화를 보편적인 가치라는 관점에서 이상적인 것으로 인간을 완벽함에 이르게 하는 과정이나 그 상태를 가리키는 것이다(윌리엄스, 2008). 둘째, 일정 범위의 지적이고 예술적인 활동이나 작업, 그리고 그 산물로서 음악, 미술, 연극 등을 포괄한다. 이것은 문화가 인간의 생각과 경험을 구체적인 방법으로 표현하는 지적·상상적 작업의 유기체임을 의미한다. 셋째, 한 민족이나 집단 혹은 사회의 활동이나 신앙, 관습 등 전체적인 삶의 양식을 나타낸다. 이것은 문화를 특정 민족이나 여타 사회 집단의 '삶의 방식 전체'를 가리키는 인류학적, 그리고 사회학적 의미로 인식하는 것이고, 이 세 번째 정의야말로 오늘날 사회과학에서 문화 연구의 가장 핵심이 된다.

오늘날 사회과학적 용어로 사용되는 문화는 인류학에서 사용하는 개념과 사회학에서 사용하는 개념의 두 가지를 포괄하고 있다. 양자의 기본적인 내용은 동일하나 강조하는 측면에 차이가 있다. 오늘날과 같이 보편적인 사회과학 용어로 문화가 활용되게 된 것은 인류학자들에 의한 것이다(정홍익, 1989). 타일러(Edward B. Tyler)는 그러한 대표적인 인류학자인데 그는 "사회의 성원으로서 인간이 획득한 신념, 지식, 예술, 법률, 도덕, 기타 모든 능력과 습관을 포함하는 복합적 총체"가 문화라고 정의했다(Tyler, 1871). 다시 말하면 사회 성원들이 사회생활의 과정을 통해 배우고 공유하는 모든 것이 문화이며, 한 사회의 생활양식의 총체가 문화인 것이다. 이러한 포괄적인 개념 규정은 좀 더 구체적으로는 지식, 신앙, 가치관, 이념, 예술, 규범의 전달 양식과 이러한 양식을 유지, 전수, 창조하는 수단인 교육, 종교, 이념, 예술의 전달매체 등의 비물질적인 요소뿐만 아니라 기구, 건물, 도로, 교통 수단 등 물질적인 요소도 포함되며 사회제도, 집단, 조직과 같은 사회조직도 포함된다.

사회학에서도 초기에는 인류학의 이러한 포괄적인 개념을 사용해 왔으나 나중에는 좀 더 한정적인 용어로 문화를 규정하게 되었다(Marvin, 1968: 54-57). 사회학적 문화 개념에서는 우선 문화에 포함되어 있는 사회적인 요소에 주목한다. 문화 속에는 집단생활에 대한 규정이 포함되어 있고 사회조직에서 집단생활에 대한 관념이 생기므로 양자는 표리 관계에 있으나 논리적으로 동일한 현상은 아니며, 실질적으로도 각각 분리되어 독자적으로 존재할 수 있기 때문에 사회조직의 유형에 대한 규정은 문화에 포함되나 사회조직 자체가 문화인 것은 아니다. 사회학적 문화 개념의 또 하나의 특성은 규범성이다. 사회학적인 문화 개념은 예술, 과학, 기술 등 비규범적 요소들보다는 법규, 제도, 원규(原規, mores), 민습(民習, folkways)으로 구성된 규범 체계를 중시한다(Horton & Hunt, 1968: 49-53). 1982년에 유네스코(UNESCO)가 정의한 문화 개념도 "가장 넓은 의미에서 문화는 한 사회나 사회집단을 특징지어 주는 고유의 정신적, 물질적, 지적, 정서적 복합체인 전체로서 간주되어야 할 것"(UNESCO, 1983)이라고 하여 사회학적인 개념에 근접하고 있다.

지금까지 문화에 대한 다양한 개념을 살펴보았지만 이 책에서 관심을 갖는 정책 대상으로서 문화의 범위는 다를 수밖에 없다. 다시 말해 새장 속의 새가, 또는 뜰 안에 있는 정원석이 문화의 범위에 들어간다 해도 과연 정책 대상으로서 문화의 범위에 포함되는가는 별개의 문제이다. 각 국가마다 다른 행정제도와 전통에 따라 다를 수 있지만, 일반적으로 말하자면 정책 대상으로서 문화의 범위는 문화라는 원래의 범위보다 좁아질 수밖에 없다(원용기, 1995: 233). 최근 각국에서 국민의 삶의 질을 높이고 국가경쟁력 제고 차원에서 문화정책을 강화하는 경향이 있지만 지금까지 정의한 문화의 개념이 곧바로 정책 대상이 되는 것은 아니다.

오랫동안 유네스코에서 발전의 문화적 차원에 관한 문헌들을 정리한 켈러만(Luce Kellerman)이 말한 것처럼 문화라는 단어는 때로는 가치를 나타내기도 하고, 때로는 특정 사회의 체계, 또는 일련의 창작행위와 결부되어 사용되고 있기 때문에 개념상의 혼란을 초래하기도 한다(Kellerman, 1986: 9). 이와같이 개념상의 혼란은 바로 문화정책학이 하나의 독립된 분과 학문으로 자리잡는 데 커다란 장애 요인이 되고 있다.[2] 다음 절에서는 문화정책을 살펴보기로 한다.

2 문화정책과 문화행정

문화라는 용어의 사용과 달리 '문화정책'이라는 용어는 상대적으로 새로운 개념이라 할 것이다.[3] 그런 만큼 아직 문화정책의 개념은 정립되어 있

2) 이와같이 문화에 대한 입장이 다르지만 문화가 어떤 속성들을 가지고 있는지에 대해서는 거의 모든 인류학자 간에 의견의 일치를 보이고 있다. 그 대표적인 것으로는 첫째, 문화는 사회 성원들에 의해 공유된다. 둘째, 문화는 축적이다. 셋째, 문화는 학습이다. 넷째, 문화는 하나의 전체를 이루고 있다. 다섯째, 문화는 항상 변한다(UNESCO, 1983: 11-12).

3) 이 책에서는 우리나라에서 사용할 수 있는 용어인 '문화예술정책'과 국제적으로 일반화되어 있는 '문화정책'을 같은 의미로 사용하고자 한다.

지 않으며, 문화정책에 대한 체계적인 연구도 그리 많지 않다. 일반적으로 정책에 대한 개념은 "정부기관이 공적 목표를 달성하기 위해 가치와 실제를 투사해서 얻은 행동지침"을 의미하는 것으로 정의된다. 그러므로 문화정책을 문화와 정책의 두 개념의 혼합으로 이해한다면, "문화를 대상으로 하는 정책"으로 "문화와 관련한 공적 목표 달성을 위한 행동지침"으로 정의할 수 있다. 이 같은 개념은 한국문화예술진흥원의 개념과 일치한다(박혜자, 1996: 8).

1967년 모나코에서 개최된 유네스코 회의 보고서에 따르면 "문화정책은 한 사회에서 주어진 시간 내에 그 사회가 이용할 수 있는 모든 물적·인적 자원의 최적 이용을 통해 어떤 문화적 욕구를 충족시키는 것을 목표로 하는 의식적이고 의도적인 사용 및 작위나 부작위의 총체를 의미하는 것"으로 정의내렸다(UNESCO, 1968: 8). 글로버만(S. Globerman)은 문화정책을 "정부가 공공재원을 활용하여 예술을 지원하는 데 우선순위를 설정하는 것"이라고 정의하고, 문화정책의 범위에 정부가 예술활동을 지원하고 규제하는 일련의 활동을 모두 포함시키고 있다(Globerman, 1987: 3-12). 고토 카즈코(後藤和子)는 "정부 등의 공공 부문이 문화에 대해 취하는 정책적 행동"으로 정의한다(後藤和子, 2001: 54).

우리나라에서 문화정책이 논의되기 시작한 것은 1970년대부터이지만 실질적으로 문화정책의 개념에 대한 공식적인 정의나 합의의 표명 없이 학자에 따라, 관료에 따라 개별적으로 정의된 채 수행되어 왔다. 이와 관련하여 문화정책에 관한 연구 중에서 문화정책의 개념에 관한 연구로는 <표 1-1>에 나타난 바와 같이 정홍익(1989; 1992), 이종인(1985), 정갑영(1993)의 연구를 들 수 있다.[4] 이들의 연구를 종합하면 문화정책을 문화행정과 비교해 본다면 문화정책은 일반적으로 정책이 공공 부문에서 달성하고자 제시된 일련의 목표라면, 행정은 정책에서 제시된 목표를 실현하기 위한 수단 내지 행동지침으로 구분될 수 있다. 그러나 지금까지 살펴본 문화정책에 대

4) 임학순, "문화정책의 연구 영역과 연구 경향 분석," 『문화정책논총』 제8집(서울: 한국문화정책개발원, 1996: 2-3; 임학순, "예술정책에 관한 연구 경향과 연구과제," 『2000년대를 대비한 정부조직의 혁신 방안』(한국행정학회 하계학술대회 발표논문집, 1997: 552).

한 개념 정의는 문화행정에 대한 개념 정의와 거의 구분되지 않고 있다. 기존의 연구를 살펴보면 문화행정과 문화정책을 개념상으로 혼용해서 사용하고 있음을 볼 수 있다.[5] 그것은 어디까지가 정책이고 어디까지가 행정인지를 명확히 구분한다는 것이 실제 현실 속에서 쉽지 않기 때문이다. <표 1-1>에서도 행정과 정책을 구분한다면 공공문제 해결 과정이나 수단, 행동지침 등으로 보는 것은 정책이라기보다는 행정의 의미로 받아들일 필요가 있다. 통상 정책이 먼저 형성되고 그에 따라 행정이 이루어지지만 행정의 개념을 넓게 본다면 정책도 행정의 한 과정으로 편입될 수 있기 때문에 구분이 쉽지 않다.

문화정책을 정의하는 데 또 다른 어려운 문제는 문화의 개념 규정이다. 문화정책이 어차피 문화를 대상으로 하기 때문에 문화를 어떻게 규정하느

〈표 1-1〉 문화정책의 개념 정의

정홍익(1997: 9)	• 문학과 예술을 포함하여 국민의 정서적 욕구를 충족시키기 위한 활동을 지원하고 문화 전통을 승계하기 위한 정책
임학순(1996: 3)	• 정부 등 공공기관이 문화예술을 발전시키고 국민들의 문화예술 복지 수준을 높이기 위해 문화예술 부문에 개입하는 일련의 행위 및 상호작용
정갑영(1995: 83)	• 국가 단위가 추구하는 문화에 대한 이상적 목표를 국가 개입을 통해 수행하는 과정
박광국(2000: 136)	• 중앙정부와 지방정부 또는 공공기관이 국민의 문화적 삶의 질 향상과 지역 발전 및 국가경쟁력 향상 등의 목표를 추구하기 위해 문화예술 부문에 개입하는 일련의 행위 및 상호작용
김정수(2006: 84)	• 국가가 공권력에 의거하여 문화와 관련된 공공문제를 해결하는 과정
서순복(2007: 36)	• 문화정책 목표를 달성하기 위해 공공기관에 의해 의도된 일련의 수단과 행위
한국문화예술진흥원 (1988)	• 문화와 관련된 공적 목적(공익)의 달성을 위한 행동지침

5) 서순복(2007)과 김정수(2006)는 기존 연구를 통해 각기 문화정책과 문화행정의 개념을 정리하고 있으나 양자 간에 거의 차이 없이 제시되고 있다.

냐에 따라 문화정책의 개념과 범위가 달라지기 때문이다. 따라서 서로 다른 여러가지 방식으로 이해되고 있는 문화의 개념에 관해 먼저 정책적 시각에서 간략하고 실효성 있는 논의가 필요하다. 여기서는 정책적 관점에서 가장 빈번하게 사용되는 문화 개념의 유형화에 따라 문화정책을 정의해 보고자 한다(구광모, 1999: 31-33).

첫째, 문화를 예술과 거의 동일시되는 것으로 인식하는 관점이다. 유럽에서 제왕과 귀족들이 추구한 문화정책은 명백히 예술정책이었다. 따라서 그들의 문화정책의 목표는 미술, 연극, 무용, 음악, 문학 등 예술을 지원하는 것이었다. 근래에는 요리, 악기 제작, 만화, 패션, 산업 창작 등까지도 예술에 포함되는 추세에 있다. 이와 같은 문화의 개념에 따르면 문화정책은 예술과 예술인 교육을 지원하도록 설계된 정책으로 정의된다. 우리나라에서도 문화예술의 진흥을 목표로 문화예술진흥법이 입안되었다.

둘째, 문화를 사회 내에 있는 집단들이 공유하는 인식 등 정신적 유형으로 파악하는 관점이다. 이와 같은 문화의 개념은 특정 계층이나 집단이 문화와 문화정책을 나름대로 계획하고 관리할 수 있다는 전제를 지니기 때문에 경우에 따라서는 특정 집단에 의한 현상 타파 혹은 획기적인 개혁의 의지가 담기기도 한다. 대표적인 사례로 우리나라의 군 출신 대통령들이 국민의식과 가치관의 정립 및 국민 생활 속의 정착까지를 포함하는 정신문화를 국가정책과 국가 문화계획에 포함시켜 정신문화를 대통령과 정부 또는 집권 세력이 창출하고 통제할 수 있는 대상으로 인식함으로써 문화와 문화정책이 정권의 도구화로 이용되는 요인이 되기도 했던 것을 들 수 있다.

셋째, 문화는 예술과 정신적 유형 및 경제적 사회적 조건들을 모두 포함하는 삶의 양식 또는 생활방식의 총체로 파악되기도 한다. 1980년대 이후 경제 성장 일변도에서 탈피해 삶의 질이 중요시되면서 문화는 이러한 삶의 질을 결정하는 중요한 요소로 인식되기에 이르렀고, 문화복지 구현이 문화정책의 목표가 되어 왔다. 이럴 경우 문화정책은 큰 테두리 안에서 사회정책의 일환으로 간주된다.

지금까지의 논의들을 종합해 보면, 시대와 상황에 따라 문화의 개념과 관점이 다르게 인식되고, 그에 따라 정책 내용도 바뀌어 왔음을 볼 수 있다.

문화에 대해 지나치게 포괄적인 규정을 하게 되면, 문화정책의 범주를 측정하기 어려운 문제점이 있는 반면, 문화를 지나치게 좁게 규정할 경우 문화정책이란 단순히 예술에 대한 지원으로 한정되고 그러한 경우 문화정책은 공공재로서 국가 개입의 정당화 기반을 찾기 어렵게 된다. 따라서 문화를 정책적 관점에서 그동안 정부의 정책 내용을 종합해 본다면, 일반적으로 문화예술의 진흥과 문화복지의 구현으로 축약해 볼 수 있다. 이러한 목적을 문화정책의 개념에 도입할 때, 문화정책은 "문화예술의 진흥과 국민들의 문화복지 수준을 높이기 위한 행동과 집행 방향을 결정하는 공공의 개입 내지 상호작용"이라고 정의할 수 있다. 이에 따라 문화행정은 그러한 공공의 개입을 효과적으로 달성하기 위한 조직적 행동 내지 조직적 집행 과정이라 할 수 있다.

제 2 절 연구 영역

문화의 개념이 다양한 만큼 문화정책의 영역에 대해서도 다양한 견해가 존재한다. 문화정책의 영역은 문화예술의 생산, 유통, 소비에 관련된 정책으로 범주화할 수 있으며, 문화예술에 대한 기획, 목표 설정, 집행, 평가 등 일련의 정책 과정으로도 구분할 수도 있다. 또한 문화정책의 영역을 내용 및 범위에 초점을 맞추어 전통문화와 문화유산, 문화산업, 지역문화예술, 공연예술 등 예술 분야, 국제문화 교류 등으로 구분할 수도 있다(임학순, 1996: 3). 피크(John Pick)는 그의 『예술행정』(1980)에서 문화정책의 영역을 예술가, 청중, 국가의 연계 및 조정 영역으로 이해하고 있다.

우리나라 문화예술진흥법 제2조에 의하면, 문화예술의 영역은 "문학, 미술(응용미술 포함), 음악, 무용, 연극, 영화, 연예, 국악, 사진, 건축, 어문 및 출판"으로 정의되고 있다. 미국의 문화예술지원기관으로 1965년 설립된 국립예술기금(NEA) 설립법에 의하면 예술은 "음악, 오페라, 무용, 극, 민속예술, 극작, 건축, 디자인 및 그래픽 예술, 회화, 조각, 사진, 그리고 기타 예술"을 포함하는 것으로 정의된다. 실제 문화정책의 영역을 고찰하기 위해서 우리나라 문화관광부의 문화 부문 조직 체계를 살펴보면, 종무, 문화정책 일반, 어문, 도서관, 박물관, 문화 교류, 예술 진흥, 공연예술, 전통예술, 지역문화예술, 문화산업 기획, 출판 진흥, 영화 진흥, 영상음반, 저작권, 문화재 등으로 구분되어 있다. 그리고 문화예술 지원과 관련하여 문화예술진흥법 제2조에서는 문화예술을 문학, 미술(응용미술 포함), 음악, 무용, 연극, 영화, 연예, 국악, 사진, 건축, 어문 및 출판으로 정의하고 있다. <표 1-2>는 문화정책 영역에 대한 학자들이 입장을 정리해 본 것이다.

문화정책의 전통적인 영역은 최근 들어 많은 변화를 겪고 있다. 무엇보다 고급문화 중심이었던 예술 영역이 대중예술로 확대되면서 프랑스를 비

〈표 1-2〉 문화정책의 연구 영역

자료	주요 영역
John Pick, 『예술행정』	• 예술행정의 맥락, 예술가, 청중, 공간과 시간, 정부 지원, 지방정부 지원 재정, 교육훈련과 전문인력
根本昭 外, 『문화정책개론』	• 법과 제도, 조직, 인력, 재정, 시설 등 기반, 문화재, 저작권, 국어, 종무, 국제문화 교류, 문화 지원
根木昭, 『일본의 문화정책』	• 문화 기반의 정비, 예술활동의 장려 · 원조(문화의 신장), 문화에 대한 국민의 참가 · 향수 기회의 확충, 문화 저변의 확대), 문화재의 보존과 활용, 문화의 국제 교류
문화부, 『우리나라의 문화행정』	• 문화행정 조직, 문화 관계 법령, 문화재정, 문화예술의 진흥(예술진흥, 국립예술기관, 문화산업-영화, 출판, 음반, 비디오, 저작권 보호), 국민의 문화향수권 신장(국민의 문화 향수 실태, 문화향수층 확대, 문화 향수 기반 구축 -문화시설: 공공도서관, 박물관, 공립문화예술회관, 문화환경, 문화예술정보 시스템 구축, 지역문화의 육성, 청소년 문화의 육성, 기업문화 육성), 민족문화의 전승과 보호(말과 글: 어문정책, 생활문화, 정신문화, 문화재, 국립박물관, 국악원), 남북문화 교류의 확대, 국제문화 교류, 종무행정
정홍익 외, 『문화행정론』	• 문화 발전 업무: 예술인 양성과 훈련, 예술활동 지원, 문화예술 보급 촉진, 시민 문화활동 지원 • 문화유산 보존

롯한 많은 국가에서 대중음악 등 대중예술을 포함하는 것으로 영역이 확대되고 있다. 이러한 변화는 소수 예술가 중심에서 시민 중심의 정책으로 변화하고 있음을 시사한다. 또 다른 변화는 문화산업이라는 용어의 등장에서 볼 수 있듯이 문화의 산업화 가능성이 제고되면서 문화정책의 역할에 경제적 산출 기능까지 첨부되고 있다. 이러한 현상을 가리켜 디마지오(P. Dimaggio)는 1960년대 이후 문화정책을 통한 문화에 대한 국가 개입의 근거로 대중의 욕구 충족을 비롯해 대중의 교육 효과와 경제적 파급 효과의 세 가지가 제시될 수 있다고 한다(DiMaggio, 1978b: 356-389). 실제로 오늘날 대부분의 선진국에서 문화정책은 문화산업 육성을 중요 영역으로 포함하고 있다.

지금까지의 논의를 바탕으로 문화정책의 영역은 다음의 네 가지 범주로 구성된다. ① 전통문화나 문화재의 보존과 계승을 위한 유산문화의 영역, ② 순수 문화예술의 영역, ③ 시민문화와 일상생활 환경의 개선을 위한 생활문화의 영역, ④ 문화의 경제화에 관련한 문화산업의 영역이다.[6]

그러나 이러한 문화정책의 개념과 도시문화정책은 구분할 필요가 있다. 국가의 문화정책이 국가 개입의 한 형태로서 전통적인 행정의 관치적·집권적 시스템을 벗어나지 못하는데 반해 지방정부 주도의 도시문화정책이나 지역문화정책은 지역 특성을 살릴 수 있는 자치·분권적인 행정을 확립하기 위한 수단의 성격을 갖는다. 경제의 '산업화'는 사회의 '도시화' 나아가 정치의 '시민화'를 유발하며, 이는 곧 시민사회와 시민문화로의 재편을 요구하게 된다. 경제, 사회, 정치를 관통하는 시민자치에 의한 시민문화의 형성을 위해서는 지방정부 주도로 지역 특성을 살린 다원적 도시문화의 발전이 행정의 주요 목표가 된다. 따라서 도시문화정책은 과거의 문화정책과 달리 시책에 의한 시민문화에의 개입이 아니라 시민문화의 등장을 예측하여 자치단체의 문화 수준을 높여 관치·집권형에서 자치·분권형으로 전환시켜 가기 위한 과도적인 산물이라 할 것이다(松下圭一, 1987: 221-238).

6) 강형기(2000)는 문화의 영역을 예술문화, 유산문화, 생활문화의 영역으로 나누고 있는데, 여기에서는 여기에 최근 추세를 반영하여 문화산업의 영역을 추가했다.

제 3 절 목표와 필요성

20세기 들어 문화전쟁의 시대라 할 만큼 문화정책에 대한 각국의 관심이 모아지게 된 배경을 이해하기 위해서는 문화정책이 왜 필요한지, 그 목표는 무엇인지를 살펴볼 필요가 있다. 먼저 문화정책의 필요성을 살펴보면 문화정책이 추구하는 목표를 짐작할 수 있다.

첫째, 문화정책은 자국의 개성과 정체성 유지를 위한 것이다. 한 나라나 민족이 타국가나 타민족과 구분되는 일차적인 특성은 서로 다른 문화에 있다고 할 만큼 문화는 자국의 정체성 유지를 위한 필수적인 수단이다. 그런 점에서 언어나 문화유산의 보존 등을 통한 민족문화 창달은 국격을 높이기 위한 문화정책에서 빠질 수 없는 중요 목표가 된다.

둘째, 문화적 제국주의에 대한 방어를 위해 자국의 문화적 통합을 추구하는 문화국방의 목적을 갖는다. 인터넷과 미디어를 통한 세계화가 급속히 진행되면서 문화제국주의 영향도 더욱 커지고 있어 자국문화를 지켜 나가는 것은 더욱 어려워지고 있지만 상대적으로 그 중요성은 더욱 커지고 있다.

셋째, 문화정책은 경제활성화라는 목적에 기여할 수 있다. 문화산업의 발달에서 보듯이 문화가 문화상품과 디자인, 관광 등을 통해 선진국일수록 국가경제에서 차지하는 비중이 커지고 있다. 도심부에 문화시설을 개발하는 것도 도시의 미관과 품격을 높이고 활력을 부여하면서 중심지로서의 역할과 대중의 접근성을 제고하는 경제적 효과가 있기 때문이다.

넷째, 문화정책은 사회복지와 마찬가지로 국민의 문화복지를 제고하기 위한 것이다. 국민의 보편적 문화 욕구를 충족시킴으로써 문화향유권이나 문화시민권을 보장하고 문화민주주의를 달성하는 것은 문화정책의 중요한 가치가 된다.

다섯째, 문화정책은 때때로 지도층의 정치적 목적에 이용되기도 한다. 문화정책을 통해 정치 이념을 정당화함으로써 국민을 설득하는 데 유용한 수단이기 때문이다.

이러한 필요에 의해 문화정책은 현대 국가에서 체제를 막론하고 중시된다. 그러나 문화정책이 추구하는 목표는 그 나라가 처한 상황에 따라, 그리고 시대에 따라 다소 차이가 있을 수 있다. 개발도상국가들이 전통문화 발굴 등을 통한 민족적 정체성 확립에 문화정책의 일차적 목표를 두는 반면 근대화된 서구에서 문화정책은 문화의 향유권 확대에 초점을 두는 경향이 있다. 개발도상국가들은 식민지에서 벗어나 민족국가 형성 과정에서 과거 문화적 유산이나 문화적 경험 등을 내세워 문화적 동질성을 강조함으로써 국가통합을 추구한다. 이러한 전통문화는 근대화 과정에서 서구 문화와의 충돌을 경험하면서 작용과 반작용의 반복을 통해 문화적 융합 현상을 체험하게 되며, 때로 그러한 과정에서 문화정책은 정권에 대한 반발이나 저항을 무마하는 수단으로 이용되기도 한다.

그러나 서구 근대화된 국가들은 일반대중의 문화향유권 충족을 위해 문화에 대한 접근성을 강조하기 때문에 문화의 민주화를 지향하게 된다. 1976년 나이로비에서 채택된 유네스코 회의의 권고안은 인간적인 기본 가치의 발전을 위해서는 최대한 많은 사람이 다양한 문화활동에 자유로이 참여할 수 있도록 해야 한다는 데 모아졌다. 과거 19세기 문화가 엘리트문화로서 특정 계급의 계급적 정체성을 유지하는 수단으로서 이용되었다면, 20세기 문화는 대중문화로서 더 많은 사람의 접근을 가능하게 했고, 문화의 민주화에 공헌했다.[7] 과학과 기술의 발전에 의해 라디오나 텔레비전과 같은 대중매체를 통해 문화적 재화의 생산과 보급이 확대됨으로써 문화에 의한 계급적 정체성이 깨어지는 한편 문화의 대중화와 문화의 민주화 시대를 가져왔다.

그러나 이러한 문화의 민주화는 문화의 향유권과 접근성을 확대한 반면 고급문화 위주의 문화정책에서 대중문화와 일상생활의 문화로의 전환을 초래했다. 즉 대중문화의 보급이 '문화의 생활화' 달성에 기여했다면 이제는 모든 일상생활에 문화를 접목하는 '생활의 문화화'를 지향하는 방향으로 확

7) 김문환(1998: 27-30)은 문화의 민주화와 문화민주주를 구분하고 있는데, 문화의 민주화는 문화 보급을 통한 문화향유권 확대와 접근성 보장을 의미하나 문화민주주의는 문화의 다양성을 위해 대안문화를 인정하고 예술의 자유를 확보하는 것으로 본다.

대되고 있다. 이러한 문화정책의 영역 변화에 따라 문화정책의 목표도 이제 고급문화 위주의 예술 진흥에 머무르지 않고 국민의 보편적 삶의 질 제고에까지 확대됨으로써 '문화복지'라는 또 다른 목표를 추구하게 되었다.

1942년 사회보험 및 제반 관련 서비스에 관한 보고서(일명 베버리지보고서)를 기점으로 영국은 복지국가 이념을 추구해 왔으나 1970, 80년대 경제적 어려움에 직면하여 대대적인 구조개혁을 통해 '작은 정부' 이념으로 전환하게 되면서, 공공 부문을 자원활동 영역으로 대폭 이양함으로써 책임정신과 참여정신을 되살리고, 가난한 사람을 대상으로 하는 물질적 보장보다 시민 모두의 삶의 질을 추구하는 사회를 지향하게 됨으로써 '문화복지'의 개념이 등장했다.

문화복지는 문화를 인간의 기본권의 하나로 간주하게 된 문화권(cultural right) 이념에 기반을 두는데, 독일에서 시민사회의 성장과 함께 문화의 자율성과 독자성에 대한 요구가 높아지면서 위버(W. Huber)가 처음 사용했다.[8] 문화권은 협의로는 문화적 약자나 낙오자에 대한 예방·치료를 의미하지만, 광의로는 국민의 문화생활상의 요구나 문화적 필요에 부응하여 문화환경을 개선·정비하고 필요한 문화 서비스를 제공해 문화생활의 개선·향상을 도모하는 사회문화적 서비스를 지칭하게 된다. 문화권의 개념은 문화를 다분히 특정 계층을 위한 선택적 재화의 영역에서 교육이나 다른 사회복지 서비스와 마찬가지로 정부가 그 공급을 책임져야 하는 공공재로 격상시킴으로써 문화의 정책적 우선순위도 과거에 비해 크게 높아지고 있다.

최근에는 문화의 경제적 가치에 대한 인식에 높아지고 새로이 문화산업이 등장함에 따라 문화의 산업화가 문화정책의 또 다른 목표로 등장하고 있다. 순수예술 중심의 보호와 지원 위주의 소극적 문화정책은 대중문화와 문화산업으로 인해 육성과 투자 중심의 적극적 문화정책으로 전환되고 있다.

---

8) 세계인권선언 제27조는 "모든 사람은 공동체의 문화활동에 자유롭게 참여하고, 예술을 감상하며, 과학의 진보와 그 혜택을 향유할 권리를 가진다. 모든 사람은 자신이 창조한 모든 과학적·문학적·예술적 창작물에서 생기는 정신적·물질적 이익을 보호받을 권리를 지닌다"고 규정하고 있다. 유네스코에서도 경제·사회·문화적 권리에 대한 국제협약 제15조에 문화권을 명시하고 있다.

Chapter 02

문화정책 연구의 접근 방법

우리는 흔히 어떤 현상을 파악하거나 또는 문제를 해결하고자 할 때 어떤 특정 기준에 입각하고 있는 것을 보게 된다. 정책을 결정하는 사람이나 정책을 연구하는 사람은 어떤 현상을 파악하거나 문제를 발견하고 해결하고자 할 때 그와 관련된 지식과 방법을 필요로 하게 된다. 다시 말하면, 주어진 상황에서 당면한 문제와 관련된 특정의 지식과 방법만을 선별적으로 동원하고 궁극적으로는 문제를 효율적으로 해결하는 데 도움이 되는 길잡이가 필요하기 때문이다. 따라서 문화정책에 대한 접근 방법은 문화정책의 연구 방향과 범위를 알려 주는 효과가 있다. 문화정책에 대한 접근 방법들을 학문적 특성별로 정리하면 다음과 같다.

제 1 절 정책과정론적 접근 방법

문화정책도 다른 정책 분야와 마찬가지로 정책학의 한 연구 대상이 될 수 있다. 어떤 정책연구자들은 정책에 관한 이해를 더욱 깊게 하는 데 관심을 가지고 있으며, 또 어떤 정책연구자들은 정책의 질을 향상시키는 데 관심을 가지고 있고, 또 어떤 정책연구자들은 이들 두 가지 활동 모두에 관심을 가지고 있다. 이러한 정책연구는 정책 내용의 연구, 정책결정 과정의 연구, 정책 산출의 연구, 정책평가 연구, 정책결정을 위한 정보의 산출분석, 정책 과정 창도, 정책 창도 등을 포함하는 정책 응용연구와 정책의 윤리와 이념, 정책철학, 정책학의 기초적 방법과 이론 연구 등을 포함하는 기초연구로 구분한다(Hogwood & Gunn, 1981). 정책학의 연구 대상인 문화정책 현상에 대한 연구도 기본적으로는 이러한 정책연구의 영역을 포함해야 할 것이다. 이와같이 문화정책 현상을 정책 체계와 정책 과정을 중심으로 이해하는 경우 주요 연구 영역으로는 다음 몇 가지를 들 수 있다.

첫째, 문화정책 과정의 정치성에 관한 연구이다. 문화정책 과정은 자원 확보와 배분을 둘러싸고 다양한 이해관계가 얽혀 있는 정치 과정이다(Wyszomirski, 1982: 11-31; Mulcahy & Wyszomirski, 1995: 47-76). 다시 말하면 정부부처 내에서 문화예산을 확보하는 과정뿐만 아니라 의회로부터 예산안을 심의받아 확정되는 과정에 이르기까지 정치성이 개입되기 마련이다. 문화정책의 정치성을 연구하기 위해서는 정책결정 및 집행 과정, 지원 결정 과정에 대한 체계적인 논의가 필요하며, 의사결정 과정의 참여자가 내세우는 가치와 행태도 연구할 필요가 있다(임학순, 1996: 5).

둘째, 문화정책이 추구해야 할 가치와 이념에 관한 연구와 이러한 목적을 달성하기 위한 하위 목표 및 수단, 그리고 목표와 수단의 연계 관계 등에 관한 연구이다. 정책 수단과 관련하여 글로버만(Globerman, 1987: 3-12)은 규제, 도덕적 권고, 정부지출, 조세지출, 세제, 공적 소유 등을 정부의 문화 개입 수단으로 제시하고 있다.

셋째, 문화정책의 결정 및 집행에 관한 연구이다. 이 분야에 대한 연구로는 ① 문화정책에 영향을 미치는 환경적 요인, ② 문화정책 문제의 내용과 형성 과정, 문화정책 문제의 정책의제화 과정, ③ 문화정책 분석 기법 및 대안 개발, ④ 문화계획 수립 전략, ⑤ 문화정책 결정 요인, 결정 과정, 의사결정 참여자, 이해관계 조정 과정 등, ⑥ 문화정책의 집행구조(조직, 인력, 재정), 집행에 영향을 미치는 요인(성공 요인, 실패 요인), 정책집행의 순응과 불응, 정책 목표와의 관계, 집행을 담당하는 조직들 간의 역할 조정 문제, 인적 자원과 재정 등 자원 확보 문제, ⑦ 지원 체계에 관한 연구 등을 들 수 있다. 그리고 문화예술을 담당하는 행정조직 및 민간 비영리 문화예술기관들이 외부 환경의 변화에 어떻게 적응하고 있는가 하는 문제도 중요한 연구 대상이다.

넷째, 문화정책 평가에 관한 연구로는 문화정책 산출 연구, 문화정책 평가지표 및 평가 방법 개발, 문화정책 평가, 문화정책의 효과 등을 주요 연구 분야로 설정할 수 있다.

제 2 절 경제학적 접근 방법

문화의 생산적 효과에 대해 19세기의 러스킨(John Ruskin)이나 20세기 초의 유명한 경제학자인 케인스(John M. Keynes)도 문화와 경제의 연계성 때문에 관심을 보였으나, 본격적인 문화정책에 관한 연구에서 경제학적 접근 방법은 1960년대 이래 중요한 연구 영역으로 자리를 잡아가고 있다. 그것은 문화 자체가 사회적 병리와 부조리에 대한 여과 및 순화 기능을 수행하는 것으로 많은 연구에서 밝혀지고 있기 때문이다. 특히 청소년 범죄와 같은 병리는 청소년들의 문화 향유 장치가 부족한 상황에서 많이 발생한다. 경제학적 접근 방법들은 문화정책에 대한 정부 지원을 정당화시키는 논리를 제공하면서 발전해 왔다. 특히 새로 등장하는 문화경제학은 문화투자가 국민경제에 대해 최종 소비적 의미를 가지는 것이 아니라, 생산, 고용, 그리고 부가가치와 같은 경제지표에 대해 생산적이고 중간 투자적인 의미를 가지는 점을 특히 강조하고 있다. 이러한 경제학적 접근 방법은 크게 다음 두 가지 차원으로 구분해 살펴볼 수 있다(임학순, 1996: 6-8).

첫째, 문화예술시장의 경제학적 분석에 관한 것이다. 이것은 공연예술, 영화, 만화, 출판 등 문화예술산업의 특성에 관한 분석이라고 할 수 있다. 다시 말하면, 문화예술의 수요와 공급, 예술시장의 규모, 전체 경제에서 문화산업이 차지하는 비율, 지역경제에 미치는 예술의 역할, 문화예술 부문의 고용 현황, 문화예술단체의 재정수지 분석, 예술시장에서의 가격 결정, 관객의 특성, 예술가들의 재정 상태에 대한 연구 방법이다. 이러한 경제적 접근 방법은 문화예술 활동에 대한 공공 지원의 정당화 근거로 논의되었다. 이러한 공공 지원은 문화 재화(cultural goods)가 공공재적 성격을 띠고 있음에도 불구하고 문화시장의 메커니즘으로는 이러한 공공재를 생산 보급하는 데 여러가지 한계가 있기 때문에 정부 등 공공 부문이 문화예술 영역에 개입해야 한다는 논리를 전개하고 있다. 보몰(W. J. Baumol)과 보웬(W.G. Bowen)은 정부가 문화예술에 관한 지원 근거로 문화예술의 재정 위기와 시장실패, 공연예술 자체의 가치성과 사회에 대한 책임성, 문화예술에 대한 접근 기회의 불공평, 소외계층에 대한 교육 등을 제시하고 있다(Baumol & Bowen, 1966: 369-377).

둘째, 문화예술이 경제에 미치는 영향에 관한 연구이다. 이에 관한 연구로는 문화예술 지원, 문화예술 축제, 문화예술 시설, 문화예술 공연 등의 경제 효과에 관한 분석이 포함된다. 이와 같은 연구 방법은 산업 연관 효과, 고용 효과, 생산 효과, 관광 효과, 소득 효과, 수출산업 효과와 같은 항목들을 경제학의 다양한 모델들을 활용해 도출해 내는 방법이다. 그리고 문화산업에 관한 연구도 이러한 경제학적 접근 방법에 속한다고 볼 수 있다. 문화예술의 경제적 영향 및 효과에 관한 연구들은 1970년대 이래 증가되어 왔는데, 이러한 연구 결과들은 공공 부문의 문화예술에 대한 지원을 정당화하거나 문화재정을 확대하기 위한 과정에서 그 근거로 작용해 왔다(Heilbrun & Gray, 1993: 302-322).

이러한 문화 투자의 경제적 효과는 최근 급성장하고 있는 문화산업 때문에 더욱 활성화되고 있다. 예를 들면 문화관광산업의 경우 소득 수준의 향상과 더불어 국민의 생활의 질(quality of life) 또는 쾌적성(amenities)을 추구하는 국민적 욕구에 대한 반응으로서 등장하는 산업으로 볼 수 있다(한국문화정책개발원, 1994: 3). 이러한 문화관광산업은 고용 창출, 외부자금 유입, 지역 개발 촉진, 문화산업 및 연관 산업의 창출을 가져오는 효과를 가져올 수 있다. 즉 문화산업의 성장을 통해 문화는 이제 그 자체로써 충분히 산업적·경제적 효과를 발휘하는 것으로 인정되고 있으며, 이에 따라 문화경제학이 새로운 학문 영역으로 정착되고 있다.

제 3 절 경영학적 접근 방법

문화예술을 경영학적으로 접근하는 분석 방법은 경제학적인 접근 방법과 마찬가지로 경영학적인 이론이나 방법을 도입하는 것이다. 주로 문화예술시설의 경영, 문화예술 부문의 경영 인력의 육성, 재원 조달 전략, 조직경영 방법, 예술 마케팅, 리더십이나 인사관리, 마케팅, 재무관리, 회계, 예산 집행 및 예산통제와 같은 영역을 다루는 방법이다. 경영학적 접근 방법은 문화예술기관의 운영 체계를 평가하는 연구뿐만 아니라 문화예술기관의 생산성과 경쟁력을 높이기 위한 다양한 전략을 개발하는 연구가 포함된다.

경제학적인 접근이 문화예술의 시장실패를 지적하고 이에 따른 정부 지원의 필요성을 강조할수록 합리성과 효율에 기반한 문화예술 경영의 필요성은 제고된다. 즉 문화예술의 자립을 위한 시장실패의 가능성이 높을수록 더욱 섬세한 기획과 경영 마인드에 따른 예술단체 관리나 공연의 기획이 중요하다고 할 수 있다. 최근에는 엔터테인먼트와 대중예술의 시장 규모가 크게 확대되면서 대중의 욕구와 상품으로서 문화예술을 연결하는 문화예술 경영자의 역할과 경영전략에 대한 접근 방법이 관심을 끌고 있다.

제 4 절 사회학적 접근 방법

문화는 전체적인 생활방식, 경험구조, 정치와 경제를 포함한 사회제도 및 활동과 연계되어 있다. 이와 같은 구조적이고 의미 생성적 활동 영역을 사회와의 관계 속에서 해석하는 문화사회학이나 예술사회학의 방법이 문화정책 연구에도 도입되고 있다.

문화정책 연구에서 사회학적 접근 방법은 문화적 생산의 제도, 문화적 생산 형식, 예술의 후원, 예술가와 시장 관계, 예술단체 및 조직, 예술의 재생산 구조로서의 교육, 전통, 정체성, 문화적 변화, 매스미디어의 영향 관계, 문화예술의 다양한 기능들, 문화 변동, 문화와 이데올로기의 관계 등을 사회학적인 다양한 방법론을 통해 파악하는 것이다. 특히, 문화 변동은 사회구조의 변화와 불가분의 관계를 맺고 있는데, 이러한 관계 속에서 문화의 형식, 문화이론, 문화권 사이의 영향, 자본주의 사회에서의 문화 변화 등을 연구한다. 아울러 문화예술계의 현황과 문화예술 향유자들의 문화 소비 실태나 문화의식 등 계량적으로 접근하는 방법도 여기에 속한다.

최근 우리 사회도 외국인 노동자와 결혼 이주여성들의 유입으로 전통문화의 급격한 해체와 이에 따른 다문화사회로의 전환 필요성이 제기되면서 갈등 해소와 사회통합 수단으로서 문화정책에 대한 사회학적 접근 방법에 대한 관심이 제고되고 있다.

제 5 절 행정학적 접근 방법

문화예술에 대한 행정학적 접근 방법은 문화행정 조직, 인력, 재정, 문화정책의 결정, 문화정책 집행 체계, 문화정책 체계를 구성하는 요소들 간의 상호 관계, 문화정책의 산출 및 효과에 관한 연구 등이다. 문화행정 체계는 인적 자원, 물적 자원, 국민의 요구나 지지, 정책의 이념 등을 행정의 이념, 목표, 조직을 통해 전환 과정을 거친 후 행정 서비스, 행정규제, 정책의 결과로 이어지는 일련의 체계로 이루어진다. 이와 같은 문화행정 체계에 관한 연구는 정치 이념, 문화자원, 문화적 요구, 법규 등이 행정조직이나 목표, 이념을 통해 지원, 효용, 통합 등의 정책 산출을 가져오는 체계를 연구대상으로 한다.

또한 문화재정과 관련해 문화예산의 결정 및 집행 과정, 문화재정 확충방안에 관한 논의도 포함된다. 문화예술 부문 공공 지원과 관련해서는 지원 근거, 지원 원칙, 지원 방법, 지원 대상, 지원 효과 등에 관한 체계적인 접근 방법도 있다. 비교행정론적 관점에서 각국의 문화행정 체계의 조직과 인력, 재정, 지원 방안 등을 비교하고 유형화함으로써 좀 더 효과적인 행정 방안을 모색하는 것도 가능하다.

Chapter 03 문화 시대의 등장과 문화의 대중화

제 1 절 문화 시대의 등장 배경

21세기를 문화의 시대라고 하여 문화정책에 대한 관심이 증대되는 배경을 살펴보면 다음과 같다.

1 양적 경쟁에서 질적 경쟁으로의 전환

20세기 후반 들어 나타나기 시작한 고령화, 정보화, 세계화 시대는 정부의 정책이나 시책에 큰 영향을 주는 대표적인 정책환경의 변화 추세를 보여 준다. 이러한 변화 추세를 가리켜 나카가와(中川幾郎)는 고령화, 정보화, 세계화에 문화화를 덧붙여 '4화(化) 트렌드의 시대라 부르고 있으며, 그에 대한 대응이 지체될 경우 자치단체나 국가의 경쟁에서 낙오하게 될 것이라고 경고한다(中川幾郎, 1995: 11). 20세기 말부터 가속화되기 시작한 국가 간, 자치단체 간 경쟁은 이제 양적인 경쟁에서 질적인 경쟁으로 전환되고 있으며, 문화화는 이러한 질적 경쟁 시대를 살아남기 위한 정책의 목표이며 수단이다.

한 나라의 문화 이미지가 나쁘면 국제 사회에서 신뢰를 얻기 어려우며, 이러한 이미지는 정보화·세계화 속에서 곧바로 확산·보급되기 때문에 그 나라에서 수출되는 상품에까지 영향을 미치게 된다. 즉 문화는 국가의 상품 경쟁력을 결정하는 중요 요소인 것이다. 한편으로 세계화 추세 속에서 자신의 정체성을 유지한다는 것은 곧 자신만의 독특한 문화를 갖는 것과 같다. 자신만의 문화를 갖지 못한 국가는 자신의 정체성을 상실하게 되고 그것은 곧 문화제국주의 하에서 국가를 잃는 것과 같다.

한 국가 내 자치단체 간의 경쟁에도 문화는 중요한 경쟁 수단이다. 자치단체정부의 이미지나 문화도가 낮고 서비스의 질이 나쁘면, 지역민의 불신과 반발이 깊어져 결과적으로 점점 자치단체의 경영은 곤란하게 된다. 문화는 국가뿐 아니라 자치단체에도 자기 지역의 이미지를 제고할 수 있는 중요한 수단이기 때문이다.

또한 국민이나 시민 대신 행정 서비스의 소비자 또는 고객의 개념이 등장하고, 이러한 고객의 욕구가 질적인 욕구로 바뀜에 따라 행정 평가의 주요 척도는 이제 효율성이 아니라 고객의 욕구를 얼마나 만족시킬 수 있느냐에 달려 있다. 이러한 상황 변화 속에서 국가든 자치단체든 질적 경쟁, 그것은 곧 문화에 대한 경쟁으로 귀결된다.

2 지방화 시대 지역문화의 발달

1980년 이후 세계적인 추세로 등장한 지방자치는 지역민 자신에 의한 통치 개념이기 때문에 지역민의 성숙한 정치의식이 전제되어야 한다. 이러한 정치의식이나 윤리관은 지역민의 생활 감정이나 생활방식 등 넓은 의미의 문화와 유리될 수 없는 것이고 그 자체가 곧 시민문화인 것이다. 즉 민주적 시민의식이나 정치의식은 문화의 반영이며, 시민문화 그 자체인 것이다. 무엇보다 지역민들이 자기 고장에 대한 긍지를 갖고 단합된 힘을 모아 더 살기 좋은 고장을 만들기 위해 노력하는 지역의식을 함양하는 데 문화적 동질성의 확립은 필수적이라 할 수 있다. 따라서 지역문화는 지방자치의 정착과 발전을 위한 필요 조건이 된다.

현실적으로도 지방자치로 인한 정치·행정상의 분권화는 점차 문화의 분권화로 확대될 수밖에 없기 때문에 지방화 시대는 곧 지역문화의 발달을 필요로 하게 된다. 일본의 지역문화 발달 사례는 1970년대 지방자치가 실시되면서 기존의 중앙집권적인 통치구조와 스타일을 교정하는 데 지역문화의 육성이야말로 어떤 제도상의 분권화보다 효과적 방법이었음을 확인시켜 준다.

3 지식사회의 등장

21세기를 맞으면서 헌팅턴(Samuel Huntington)은 그의 편저 「문화가 중요하다」에서 문화적 가치와 태도가 한 나라의 발전을 촉진시키거나 후퇴시키는 요인으로 작용함으로써 '부자 나라와 가난한 나라는 문화가 결정한다'는 것을 보여 준다(헌팅턴, 2001). 문화야말로 급변하는 21세기의 가장 중요한 생존전략이라는 것을 확인시켜 준다. 문화의 이러한 경제 발전과 근대화에 미치는 영향력은 지식사회의 특성과 맞아 떨어지기 때문에 그 중요성이 더 커지게 된다.

20세기 산업사회가 노동, 자본, 토지에 기반했다면, 21세기 지식사회는 정보와 지식, 문화와 같은 지적 요소가 고부가가치를 창출하는 핵심 생산요소가 된다. 인간의 지적 능력이나 창의성은 풍부한 문화 속에서 더욱 계발될 수 있을 뿐 아니라 문화 그 자체가 고부가가치산업이 된다. 문화적 자유와 다양성만이 자유로운 발상과 혁신적인 아이디어 생산을 촉진할 수 있으며, 산업사회가 사회간접자본을 통해 물류비용을 절감했듯이 지식사회에서는 정신적 사회간접자본이라 할 수 있는 문화를 통해 차별화된 상품을 만들어냄으로써 다품종 소량생산 시대에 걸맞은 경쟁력을 확보할 수 있고 높은 부가가치를 창출할 수 있다.

문화는 지식산업의 발달을 위해 필요한 환경을 제공하고 지식산업의 내용을 더욱 풍부하게 할 수 있는 자산인 것이다. 따라서 국가와 기업, 지역,

〈표 3-1〉 강대국과 힘의 원천 변화

세기	강대국	힘의 원천
16세기	스페인	금, 식민지, 용병부대, 왕실과의 유대
17세기	네덜란드	무역, 자본시장, 해군
18세기	프랑스	인구, 농업, 공공행정, 군대
19세기	영국	산업, 정치적 단합, 금융 및 신용, 해군, 자유주의적 규범, 섬(방어에 유리한 자리)
20세기~	미국	보편적 문화, 초국가적 커뮤니케이션, 경제 규모, 과학기술, 군사력, 자유주의

출처: Joseph S. Nye Jr., *Bound to Lead*, Basic Books, 1990에서 재구성.

개인의 경쟁력 원천도 물질적·기술적 힘에서 점차 감성적·문화적 힘으로 바뀌고 있다. 따라서 문화가 지식사회 국가경쟁력의 중요 원천으로 인식되면서 국가 발전전략으로서의 위상도 높아지고 있다.

제 2 절 문화정책의 변화 추세와 그 배경

문화정책에 대한 관심과 그 지향하는 내용은 19세기 말부터 시작해 1960년을 기점으로 전기와 후기로 구분된다. 편의상 1960년 이전의 전반부를 초기 문화정책으로 볼 때, 초기 문화정책은 다음과 같은 특징을 보인다.

첫째, 문화예술의 사회적 측면을 중시하여 문화예술이 정서적 순화를 통해 사회 질서와 도덕성을 개선시켜 주는 효과가 있다고 생각해 문화를 국가의 역할에 포함시키기 시작했다.

둘째, 예술 지원을 통해 계급적 응집력 강화함으로써 사회 엘리트들 스스로 지배계층으로서의 자의식을 확보하는 데 도움이 되었다. 따라서 문화예술은 특정 계층의 전유물로 여겨졌으며, 문화정책은 수준 높은 순수 문화예술의 진흥과 발전에 주력했다.

셋째, 어떤 문화예술을 향유하는가가 계급을 구분짓는 척도로 여겨졌기 때문에 고급문화 중심의 문화예술은 일반 대중의 오락과 구분되기 시작했다.

넷째, 자유주의 국가에서 점차 문화예술의 향유계층이 중산층으로까지 확대되기 시작한 배경에는 문화예술을 통한 지배계층의 이념 확산이라는 잠재적 목적이 있었기 때문에 이 시기 문화정책은 사회주의운동을 막는 정치적 통제 역할에 초점을 두었다.

그러나 이러한 문화정책은 20세기 후반 들어 냉전 구도가 깨어지고 문화의 경제적 기능에 대한 인식이 높아지면서 바뀌기 시작한다. 후기 문화정책이 지향하는 내용을 보면 다음과 같다.

첫째, 문화 향유를 보장하는 문화권을 인간의 기본권으로 인식하게 되면서 예술의 진흥보다 시민의 접근성과 이용성을 강조하고 있다.

둘째, 문화적 소외계층의 문화에 대한 향유 기회를 확대하기 위해 커뮤니티나 소수집단에 대한 지원 프로그램을 확대하는 경향이 있다.

셋째, 문화를 소비로 보는 관점에서 벗어나 문화의 경제적 효과에 주목하고 문화 생산을 위한 하부구조(infrastucture)에 대한 투자가 늘어나고 있다.

넷째, 전통의 현대화 추세에 따라 전통과 신기술을 접합하여 새로운 장르의 문화상품을 개발하는 데 관심이 모아지고 있다.[1)]

다섯째, 도시재개발과 도심부 활성화를 위한 문화예술의 역할이 강조되고 있다.

여섯째, 고부가가치 창출을 위한 이벤트나 페스티벌 등이 늘어나고 있다.

이러한 문화정책의 변화 배경에는 다음과 같은 사회·정치적 여건의 변화를 생각할 수 있다.

첫째, 복지국가에서 대처주의(Thatcherism)로의 전환의 결과로서 국가와 예술의 관계 변화를 들 수 있다. 1980년대부터 대처주의 하의 '작은 정부' 추세에 따라 전체적으로 공공 부문을 줄이려는 경향이 나타나고, 이에 따라 정부의 예술 지원도 축소되어 가는 반면, 공공 부문의 지출 삭감으로

1) 기본적으로 신기술과의 접합으로 장르과 소재의 구분이 깨어지고 있다.

'민영화'가 촉진됨에 따라 민간기업의 문화예술 분야로의 진출이 확대된 반면 문화예술에 대한 국가의 직접적 개입은 자제되었다. 이와 함께 지방자치제 실시에 따른 지방정부로의 이양 추진은 문화 부문에서도 예외는 아니어서 문화 부문의 국가 역할이 축소되고 상대적으로 지방정부의 역할이 확대됨에 따라 국가 주도의 집권적·획일적 문화정책 대신에 자치단체별로 다양한 지역문화정책이 추진되고 문화정책을 지역 발전의 전략적 관점에서 접근하는 경향들이 나타나게 되었다.

둘째, 문화 소비의 급격한 증가와 사회계급의 변화 추세를 들 수 있다. 후기산업사회로 접어들면서 산업구조의 변화로 서비스 부문의 확대와 계층의 분화로 새로운 중산계층이라 할 수 있는 '문화중개인' 계층이 등장하면서 문화 부문의 소비량과 소비 패턴의 변화가 초래되었다.[2] 이러한 연예인과 같은 문화중개인에 의해 문화는 대량적인 전파와 소비가 가능하게 되었고, 이러한 대량 소비 추세 속에서 문화와 경제구조 간의 연계성이 높아지고 고급문화와 대중문화의 구분도 약화되고 있다.

셋째, 문화적 다원주의와 신좌파적 시각의 출현을 들 수 있다. 문화에 대한 신좌파적 시각의 등장은 전통적 문화의 엘리트주의적 시각을 벗어나 노동자계층의 문화를 대중문화 형태로 수용하는 문화다원주의를 초래했다. 1980년 이후 이러한 추세가 대처주의에 저항하는 선거 캠페인에 등장하면서 고급문화와 대중문화로 계서적 구분을 하는 문화엘리트주의를 거부하는 한편 민족문화보다는 반문화나 여성 및 소수집단의 다양한 하위문화에 대한 관심으로 나타나고 있다.

넷째, 신기술이 신문화 형태로 수용되면서 냉전 이후 지속되어 온 문화에 대한 탈정치화 추세가 사라지고 새로운 관점에서 정치 이슈화되기 시작했다. 국가의 재정 위기로 문화예술 지출을 삭감하려는 대처주의가 등장하고, 이에 반대하여 문화예술인들이 중심이 되어 하나의 압력단체(Campaign for the Arts in Bristol and Avon: CABA)를 결성하게 되면서 문화정책과

2) 문화중개인은 리프킨(Jeremy Rifkin)이 『소유의 종말』에서 산업자본주의가 문화자본주의로 이행하면서 많은 사람에게 문화를 전파하는 연예인과 같은 새로운 계층의 등장을 지칭하여 사용했다.

문화예술에 대한 지원 그 자체가 정치적 논란의 대상이 되고 있다.

다섯째, 자치단체 간의 문화도시에 대한 이미지 경쟁을 들 수 있다. 포스트포디즘의 다품종 소량생산 원칙에 따라 경쟁이 가속화되고 중앙정부 중심에서 지방정부 중심의 경쟁이 치열해지면서 도시 간 투자 유인을 위한 도시 이미지 창출전략이 요구되었다. '장소 마케팅(place marketing)'을 위해 투자자들에게 더 많은 이익을 가져다 주고 전문가나 신기술 계층에는 매력적인 삶을 보장하는 소비 지향적 도시 이미지 구축을 놓고 경쟁하게 되면서, 이를 위해 지방정부와 지역기업가 간의 '성장을 위한 연합(growth coaltion)'이 이루어져 기업인들의 지방정치에 대한 개입이 증대하고, 문화산업과 소비자전략을 함께 사용하는 경향이 나타나게 되었다.

제 3 절 문화의 대중화

1 대중문화의 등장

문화의 시대가 도래하면서 문화는 점차 그 향유계층이 확대되는 보편화의 길을 걷게 된다. 이에 따라 문화는 향유계층의 서로 다른 욕구에 따라 분화 과정을 거치게 되면서 고급문화와 대중문화로 나뉘게 되었다. 전통적으로 고급문화는 수준 높은 문화로 이해되며, 그러한 문화예술의 생산자와 소비자도 소수에 한정된다. 문화예술의 생산자인 예술가들은 자기 내면의 목표와 최종 예술작품에 두었을 뿐 일반 소비자들의 취향이나 욕구에 대해서는 별반 관심을 두지 않는다. 반면 대중문화는 수준이 낮은 문화라고 비판되지만, 그 생산자와 소비자가 훨씬 넓게 확대되며, 특히 소비자가 일반 대중이라 할 만큼 포괄적이다. 대중문화의 생산에 가장 중요한 것은 소비자의 욕구와 취향이다.

이러한 대중문화는 현대 사회 대중매체의 발달과 함께 확대되었다. 대중매체를 통해 일시에 문화예술의 보급이 가능해졌고, 이와 동시에 모든 사람이 같은 문화를 즐기게 되면서 20세기의 특징을 대중문화의 시대로 보기도 한다. 과거 예술은 문화로부터 독립되지 못한 채 한 사회의 문화를 확장한 개념이었다. 예술작품도 주로 일상생활 속에서 인간 욕구를 구현하기 위한 실용적 목적에서 탄생했다. 도자기나 의상이 만들어진 그 당시부터 일상과 분리된 예술작품으로 만들어진 것은 아니다. 오늘날 우리가 알고 있는 예술(art)이란 말은 18세기부터 현대적 의미, 예를 들면 '천재적 재능을 가진 개인이 만든 오리지널 창작품'이라는 의미를 가지기 시작했다(콜브, 2000: 46). 이러한 창작물이 순수하게 심미적 아름다움의 대상이 되고 일상과 분리되면서 예술가 내면세계를 구현한 것으로 의미를 갖게 되었다. 이러한 예술작품을 즐길 수 있는 사람도 귀족이나 시민의 지위를 가진 사람들에 한정되었지만, 시장경제의 출현으로 점차 상인들도 이를 구매할 수 있는 능력을 갖추게 되었다. 이러한 예술작품의 가치는 작품 그 자체만이 아니고 희소성에 있었다. 희소한 예술작품을 향유할 수 있는 소수계층을 중심으로 형성되어 왔던 고급문화는 시장경제의 발달과 함께 탄생한 중산층을 위한 계몽과 교육의 한 방법으로 활용되면서 그 폭을 넓혀 왔다.

19세기 후반 들어 이제 음악을 녹음하고 재생할 수 있는 기기의 발명과 공연을 복제해서 누구나 접할 수 있도록 해 주는 영화의 등장, 그리고 이어서 텔레비전의 보급 등 기술의 발전은 더 이상 예술 향유계층의 배타성을 유지할 수 없게 만들었다. 또한 예술이 실용성과 무관하게 그 자체만으로도 상품화가 가능하게 됨으로써 대중문화의 등장을 가져왔다. 오늘날 대중문화는 대중적인 상품성을 바탕으로 문화산업이라는 거대한 시장을 형성하고 있다. 이러한 대중문화의 등장에 대해서는 우려와 비판이 교차한다.

2 대중문화의 특성

대중문화의 특성에 대한 이론은 여러가지가 있으나 여기서는 대중문화 비판론자들의 견해를 중심으로 살펴본다.

1) 아도르노: 문화 상품화 비판

아도르노(Theodore Adorno)는 호르크하이머(Max Horkheimer)와 공저인 『계몽의 변증법(*Dialectics of Enlightment*)』(1947)을 통해 대중문화(mass culture)의 등장이 예술을 동질적으로 만들어 버릴 것이라고 우려한 바 있다. 대중은 대량 생산과 대량 소비의 구조 속에서 동질화되고 상품화된 대중문화를 향유하게 됨으로써 이성은 마비되고 우둔해져서 비판의식을 상실한 수동적인 존재가 된다. 특히 그러한 대중문화라는 생산물이 대중에게서 유래하거나 개인이나 공동체의 삶의 과정을 표현하지 못한다는 점에서 대중문화보다는 문화산업이라는 용어를 사용하는 것이 적절하다고 보았다. 문화산업은 시장과 이윤 창출을 위해 만들어지고 퍼트려지기 때문에 일방적으로 허위적 이데올로기를 대중에게 주입하는 지배의 도구이며, 그러한 대중사회는 '관리되는 사회(administrated society)'로 전락하게 된다고 비판된다(Adorno, 1991: 98).

2) 갠스: 문화 수준 비판

갠스(Herbert Gans)는 문화적 생활방식에 따라 상류층과 중류층, 중하류층, 노동계층으로 분류한다(갠스, 1996). 상류층 문화는 예술 형식을 예술가의 독특한 창작품으로 본다. 그러므로 문화를 향유하기 전에 예술과 예술가에 대한 사전 지식이 필요하게 된다. 이러한 사전 지식을 가진 상류층이 즐기는 문화가 고급문화이다. 중류층은 사회 전문가들로 구성되며, 이들은 문화가 예술가뿐 아니라 관객의 욕구를 반영하며 관객에게 이해될 수 있어야 한다고 본다. 중하류층은 고등교육을 받지 못한 계층으로 예술 내용이 쉽게 이해되고 오락성도 있을 것을 요구한다. 마지막으로 노동계층은 거의 교육을 받지 못한 채 힘들고 반복적인 일에 종사하기 때문에 휴식과 즐거움을 주는 오락적 프로그램을 원한다.

이러한 갠스의 문화 수준에 따른 문화 유형 구분은 여전히 유효하지만 사회적 계층화가 점차 모호해지고 대중교육의 확대에 따라 계층의 사회적 이동성이 활발해지면서 점차 사회계층과 향유하는 문화 수준이 일치하지

〈표 3-2〉 갠스의 계층과 문화 수준

문화계층	교육 수준	예술	관객
상류층	좋은 집안/교육	예술가에게 중점	해석에 대한 책임이 없음
중류층	전문적 교육	관객에게 중점	이해 가능한 의미와 향유를 바람
중하류층	고등교육을 받지 못함	사회 가치를 표현한 메시지를 기대	쉽게 이해할 수 있는 분명한 메시지를 기대
노동계층	제한적 교육	사건 중심, 전형적 등장인물을 선호	휴식, 현실 도피

않는 경향이 나타나고 있다. 문화를 향유계층으로 구분하기보다는 시장화의 가능성이나 규모에 의해 살펴볼 필요가 있다. 문화는 소수인 상류층의 고급문화 취향보다는 시장성이 큰 다수인 중·하류층의 욕구와 취향에 부합하는 내용으로 발전하게 마련이다. 이에 따라 악화(惡貨)가 양화(良貨)를 구축하는 것과 마찬가지로 문화는 누구나 특정의 교육이나 훈련 없이도 즐길 수 있는 저급한 대중문화가 주류를 이루게 된다.

3) 부르디외: 문화적 취향

프랑스 사회학자 부르디외(Pierre Bourdieu)는 예술작품에 대한 선호도를 기준으로 전통적 취향(legitimate taste)과 중류층 취향(middle-brow taste), 대중적 취향(popular taste)으로 구분한다 (부르디외, 1996). 이러한 취향을 결정하는 것은 전승된 문화자본[3]으로 어려서부터 특권적 출신 환경에 의해 내면화되거나 교육을 통해 얻을 수 있다고 본다. 전통적 취향은 상류층에 소속된 기준이고 결과이기 때문에 그러한 예술을 거부하는 것은 자신이 소속한 계층을 거부하는 것이 된다. 이러한 문화적 취향은 한번 형

3) 문화자본(cultural capital)은 1970년대 부르디외와 장 클로드 파스롱(Jean-Claude Passeron)이 「재생산: 교육체계이론을 위한 요소들(*Reproduction in Education, Society and Culture*)」(1977)에서 처음 사용한 용어로 사회화 과정 속에서 획득한 오랜 특성과 습관, 가치 있는 문화적 대상물의 축적, 그리고 공식적인 교육 자격과 훈련 등을 포함하는 개념이다. 한 사회의 지배계급에 의해 가장 높이 평가되는 문화를 이해하는 능력이 많으면 많을수록 문화자본을 많이 소유할 수 있다고 한다.

성되면 좀처럼 변하기 어려우며, 이를 바탕으로 자신을 하위계층과 구별하는 경향이 있다. 반면 대중적 취향은 대중사회에서 대중문화로 구현된다. 부르디외는 대중문화에 대한 비판보다는 대중문화도 하나의 문화적 취향이라는 관점을 보여 준다.

Chapter

04 문화예술과 정부 지원

제1절 정부 개입의 배경

문화예술에 대한 정부의 개입 역사를 보면 유럽 대륙과 미국의 경우 서로 다른 이념적 배경에 따라 다른 길을 걸어왔음을 볼 수 있다. 유럽에서는 왕과 귀족에 의한 예술 지원은 하나의 전통으로 자리잡아 왔으며, 중세 이후 교회는 건축과 음악, 공예, 회화의 중심이 되어 이를 대중에 대한 포교(布敎) 수단으로 삼아 왔다. 피렌체의 메디치가 같은 상인 후원자들은 자신의 권력과 부를 상징하는 작품 제작을 예술가에게 의뢰함으로써 예술을 지원했고, 귀족들에 의해 발전한 살롱(salon)문화는 예술가나 과학자들과의 만남의 장을 제공함으로써 예술을 꽃피운 르네상스의 도래에 기여했다. 절대왕정에서도 초상화를 그리거나 극장 건설, 음악회 개최 등의 후원을 통해 문화예술에 대한 지원 기반을 형성해 왔다.

그러나 미국의 경우 정부 지원은 대단히 제한적인 범위 내에서 소극적으로 이루어져 온 대신 민간이나 비영리단체의 지원은 상당히 지속적으로 전개되어 왔다. 미국에서는 문화예술에 대한 정부 지원을 놓고 정치적으로나 사회적으로 상당한 논쟁을 거쳐 왔기 때문에 이러한 미국에서 정부와 문화예술 간의 관계가 시대에 따라 어떻게 변화되어 왔는가를 보는 것은 문화예술에 대한 정부 지원의 배경을 이해하는 데 도움이 된다.

미국에서 고급문화(high culture)와 대중문화(popular culture) 간의 구분이 생기게 된 것은 1850년에서 1900년 사이의 일로 이때에 계속되는 이민으로 포퓰리즘이 유행하면서 상업적인 예술에 비해 상대적으로 약화되어 가는 고급문화를 보호하는 한편 문화를 통해 커뮤니티에 대한 지속적인 통제를 유지하기 위해 도시 엘리트 계층들이 비영리단체(nonprofit enterprise)를 설립하면서부터이다. 19세기 후반 철광과 철도산업으로 부를 축적한 부르주아지가 등장하면서 이들은 미국의 새로운 지배자라는 귀속의식을 위한 상징물로서 비영리 문화단체를 설립하고 기부를 통해 단체 운영에 관여했다. 부르주아지의 특권적 계급문화로서 고급문화가 비영리단체의 지원을 받아 발전하게 되었다(後藤和子, 2001: 58).

다른 한편으로 이에 대한 도전으로 나타난 커뮤니티 예술(community arts)은 진보주의 시대에 문화민주주의의 개념에 근거하여 발달했다. 대중문화와는 또 다른 관점에서 일반 대중의 문화에 대한 접근성과 향유권을 확보하기 위해 자기가 살고 있는 지역을 중심으로 커뮤니티 예술이 발전하게 되었다. 커뮤니티 예술이 사회복지나 문화적 공공재(cultural goods)의 공급자로 기능하게 되면서 점차 비영리단체의 지원을 받기 시작했다.

그러나 20세기 초까지만 하더라도 문화에 관한 문제는 인문자원(human resources)의 일환으로 간주되었을 뿐이다. 따라서 경제공황기에는 실업 상태의 예술가들을 돕기 위해 FAPWPA(Federal Arts Project of the Works Progress Administration)를 설립하여 대규모 정부 프로젝트를 통해 문화예술인들의 일자리 창출을 꾀했으며, 제2차 세계대전 중에는 정부가 '문화외교(cultural diplomacy)'의 일환으로 문화예술인들을 미군이 있는 해외에 보내는 제한된 범위의 지원을 했다.

1964년 대통령령에 의해 '국립문화예술위원회(National Council on the Arts: NCA)'가 설립되었고 이듬해 '국립예술기금(National Endowment for the Arts: NEA)'이 창설되었다. 1960년 초까지만 하더라도 시민들이 문화예술을 향유할 수 있는 기회는 지역에 따라 차이가 있었으며, 교육이나 수입, 성, 인종 등에 의해서도 차이가 있었기 때문에 접근성에 대한 불평등이라는 형평성 문제가 이슈가 되었지만, 이러한 문제는 비영리집단의 지원만으로는 해결할 수 없었기 때문에 국가 개입의 필요성이 점차 높아지게 되었다. 즉 문화적 형평성을 높이기 위해서는 공공의 개입이 필요하다는 인식이 싹트면서 이후 정부의 문화예술에 대한 후원자 역할론이 제기되었다. 예술이야말로 교육이나 외교, 대중매체상의 문제를 해결할 수 있는 가장 효과적인 공공의 해결책으로 간주되기 시작한 것이다. 이에 따라 1970년대에는 국립예술기금이 급성장하여 8.25백만 달러에서 149.5백만 달러로 크게 증액되면서 전체적으로 공공 지원이 확대되었다.

그러나 1980년대 들어 레이건 행정부 하에서는 예술을 포함한 사회 프로그램이 재정적자의 주원인으로 지목되어 국방비를 확대하는 쪽으로 바뀌게 되어 문화예술에 대한 지원이 삭감되었다. 예술 지원도 전문적인 비영리 예술에 국한되고 주변의 여러가지 상황이 예술정책과 많은 갈등을 빚게 됨으로써 조화의 시대에서 부조화의 시대로 바뀌게 되었다. 특히 1980년대는 미국에서 보수주의자와 진보주의자 간에 국립예술기금의 지원을 놓고 '문화전쟁(culture war)'이라고 일컬어질 만큼 치열한 공방이 벌어졌다.[1] 결국 공화당의 보수주의적 입장이 득세하면서 이에 따라 의회는 예산 배정 과정에서 직접적인 개입을 통해 지원액을 삭감했고 '팔길이 원칙(arm's-length principle)'에 대한 끊임없는 논쟁은 이후로도 상당 기간 계속되었다.[2] 이러한 논쟁은 예술에 대한 공공 지원(public funding)에 대한 찬반을 중심으로 행해졌다. 이에 따라 국립예술기금은 축소되고 국립예술기금 지원에 따라 주정부가 부담해야 하는 의무 부담금은 35%에서 40%로 늘어났으며, 국립문화예술위원회의 위원 수는 26명에서 20명으로 감축되었다.

1990년 이후 국립예술기금의 지원상 우선순위는 분배, 규제, 재분배에 대

---

1) 헌터(James Hunter)에 의해 문화전쟁이라고 일컬을 정도로 치열하게 벌어진 문화적 논쟁은 당시 세라노(Andres Serrano)의 작품 「오줌 속의 예수」와 메플소프(Robert Mapplethorpe)의 작품 「완벽한 순간(The Perfect Moment)」이 외설과 신성모독 논란에 휩싸이면서 국립예술기금의 지원을 받는 것이 타당한 것인지에 대한 논쟁에서 표출되었고 이후 교육과 정치, 입법 과정에 이르기까지 첨예한 대립 구도를 형성했다(Hunter, 1991).

2) 팔길이 원칙은 정부는 지원하되 간섭하지 않는다는 것을 의미한다. 그러나 이러한 불간섭 원칙이 지켜지지 못해 때로는 '손뼘 원칙(palm's principle)'으로 나타나기도 한다.

한 관심으로, 대중의 접근성과 공동체 내 소외계층, 예술교육에 주어지게 되었다. 아직까지 연방정부는 국립예술기금과 동반자적이면서도 독자적인 관계를 유지하면서 직접적인 기금 지원 프로그램을 통해 문화예술을 지원하고 있다. 정부의 지원은 국립예술기금 이외에도 스미소니언박물관이나 의회 도서관에는 직접적인 예산 지원을 하고 있으며, 비영리단체에 대해서는 세제 혜택을 통해 간접적인 지원도 하고 있다. 이러한 정부기금의 지원기준은 전체적으로 보수적이어서 지역성과 수혜자의 유형과 같은 형평성이 중요한 기준이 된다.

미국의 문화정책은 1960년대가 예술에 대한 공공 지원의 원칙을 세우고 받아들인 시기라면, 1970년대는 공공 지원 원칙에 대한 공공이나 정부의 자각과 지원정책이 주류를 이루었던 시기이다. 1980년대는 공공 지원 프로그램이 이데올로기적인 보수주의 환경 속에서 재정적으로 삭감된 시기이며, 1990년대는 문화예술의 접근성과 교육정책, 문화의 산업정책화가 대두된 시기로 특징지어진다.

이러한 미국의 문화예술정책은 직접적인 행정기관이 없고 국립예술기금과 여기에 예산을 배분하는 의회의 역할, 그리고 민간기업이나 민간재단의 지원 양식만이 있기 때문에 명시적인 문화예술정책은 없다. 그러나 명시적인 정책표명을 삼가는 것이라든가 기금 지원 자체도 넓은 의미의 정책이라 볼 때, 미국의 문화정책은 국립문화예술위원회와 의회의 예산감시 및 배분위원회(congressional oversight & appropriations committees), 문화예술 후원단체로 구성된 '철의 삼각형(iron triangle)'이 중요한 역할을 수행해 왔다고 할 수 있다. 이들 간의 상호작용과 그로 인한 역할 배분이 미국 문화정책의 근간을 이루어 온 것이다.

지원 초기 정부와 문화예술의 관계가 협의의 예술정책에 국한되었던 것이 점차 더 넓은 문화정책으로 전환되고 새로이 산업정책의 일환으로 문화정책의 필요성이 대두되면서 미국 문화정책도 새로운 패러다임에 대한 요구의 시기를 맞고 있다. 이에 따라 문화정책은 구체적이고 분화된 정책보다는 서로 연결된 프로그램이나 정책통합이 좀 더 선호되는 경향을 띠고 있다. 이러한 새로운 패러다임은 예술 지원이 단순한 보조가 아니라 공공의 투자라는 인식이 확대되면서 예술과 오락을 동일선상에 놓고, 중요한 경제적 범위 내에서 상호 관련 속에 다면적인 산업을 구성할 수 있다는 인식의 변화를 반영한다. 예술을 단순한 예술 그 자체만으로 보는 것이 아니라 다른 국내정책이나 프로그램에 활용될 수 있는 다이내믹한 자원으로 인식하는 것이다. 따라서 새로운 패러다임은 예술에서 적절한 정부의 역할이 무엇이며, 이러한 역할을 하는 데 가장 효과적인 수단이나 방법은 무엇인가에 대한 관심을 요구한다.

결과적으로 미국에서 국가의 지원은 비영리단체의 경제적 지원 능력이 한계에 부딪히면서 기금을 통해 국가의 지원이 시작되었으나 정치사회적 상황 변동에 따라 축소되었다가 경제 논리에 따라 산업정책의 일환으로 다시 주목받고 있다.

제 2 절 국가의 문화 개입에 대한 찬반 논리

국가가 문화정책을 통해 문화에 개입하는 데 대해서는 두 가지 입장이 있다. 자유주의 입장과 구성주의 입장이 그것이다. 자유주의 입장은 명시적인 문화정책을 거부한다. 모든 문화 현상은 자생적이고 자율적인 것으로 간주되기 때문이다. 어떤 문화적인 욕구가 대두되면 그에 따라 수요를 측정하고 공급하는 민간 부문이 생겨나기 마련이기 때문에 별도의 정책적 개입 없이도 경제 발전에 상응하는 문화시장이 형성된다고 본다. 따라서 문화적 목표는 정치나 정책적 결정에 의해 제시되는 것이 아니고 체제 자체의 자율적인 작용에 의해 형성되도록 하는 것이 바람직하다고 인식한다.

이러한 자유주의 입장은 개인주의 사상에 근거하고 있는데, 개인주의가 민간활동에 대한 정부의 간섭을 최소화하는 것을 원칙으로 하기 때문에 문화예술에 대해서도 창작자들이 자신의 내적 창조 욕구를 표출하는 과정에서 생성되고 시민들은 각각의 기호에 의해 개별적으로 이를 수용하는 것이 바람직한 사회제도라고 보기 때문에 개별적 수요와 공급이 자유롭게 만나는 시장이 문화예술의 가장 효율적인 활동 장소가 되는 것이다(정홍익 외, 2008). 국가는 이러한 문화예술시장이 외적 제약 없이 작동할 수 있도록 보장하는 역할에 한정된다. 이러한 자유주의 입장은 오랜 개인주의 전통을 가지고 있는 미국과 영국에서 찾아볼 수 있다.

반면 구성주의 입장에서는 자유주의와 달리 객관적 인식보다 맥락적 인식을 중시한다. 구성주의는 가치나 문화적 중립성을 배제하고 오히려 문화정책이 서로 다른 체제의 맥락 속에서 체제의 자율적인 작용을 조정하는 역할뿐 아니라 문화적 목표를 설정하고 목표를 달성하기 위한 수단과 도구를 선택하고 집행하는 적극적 역할을 담당해야 한다고 본다. 따라서 문화정책은 구체적인 목표를 제시하고 그러한 방향으로 끌고 나가기 위해 강력한 문화정책 기구를 두고 문화에 대한 행정적·재정적 지원을 하게 된다. 자유주의가 개인주의의 연장선상에 있는데 비해 구성주의 입장은 집단주의에 근거하고 있다. 집단주의에서는 문화활동이 개인의 자유로운 행위로만 그치는 것이 아니고 사회적 권리와 의무가 수반되는 행위라고 보기 때문에 정부는 포괄적인 문화정책을 수립해 추진할 의무를 지게 된다.

이러한 두 가지 입장은 국가의 문화 개입에 대해 찬성 논리와 반대 논리를 가지고 대립하게 되는데, 자유주의 입장이 주로 찬성 논리에 입각해 있다면 구성주의는 반대 논리에 입각해 있다.

1 정부 지원 찬성 논리

문화예술에 대한 정부의 지원과 정책적 개입의 필요성을 주장하는 학자들은 '예술은 공공 지원 없이는 생존할 수 없다,' '비영리 부문이 특정의 집합적 공공재를 필요한 양만큼 그리고 필요한 만큼 전문적으로 균등하게 제공할 수 없기 때문에 정부의 개입이 필요하다,' '문화활동에 대한 정부의 개입은 문화의 증진이 사회적 존속을 위해 필요하기 때문이며, 국가 개입은 예술시장의 존립을 위해 필요하다' 등을 이유로 내세운다(Baumol & Bowen, 1966; O'Neil, 1989; Globerman, 1987). 이러한 주장들은 대체로 문화예술이 우리 사회에 중요한 가치재(merit goods)이고, 이러한 가치재가 시장경쟁 원리에만 맡겨질 때, 생존이 불가능하다는 우려를 담고 있다. 즉 문화예술이란 사회적으로 중요한 가치가 있음에도 불구하고 소비자들이 이를 인식하지 못해 시장에서 이를 충분히 구매하거나 소비하지 않기 때문에 수요공급의 원리에만 의존할 경우 지속적 공급이 이루어질 수 없다고 보고, 이러한 시장실패를 막기 위해 정부가 시장 개입을 통해 사회적 가치를 지켜나가야 한다는 것이다.

문화예술은 이러한 가치재로서의 의미뿐 아니라 공공재적 특성도 가지고 있다. 문화에 대한 정부 지원과 개입을 찬성하는 공공재적 주장은 일차적으로 문화가 갖는 긍정적 소비 효과에 근거를 두고 있다.

문화예술이 가져다 주는 긍정적 소비 효과로는 첫째, 문화가 국가적 정체성과 위신을 높여 주는 효과가 있다. 문화예술은 한 민족의 혼과 정신을 의미하며, 민족적 정체성은 자기 민족만이 공유하는 고유의 문화예술에 의해 유지된다. 민족은 그가 가진 고유한 언어와 생활양식에 의해 다른 민족과 구별되며, 자기 민족의 공통의 문화를 통해 동일 민족임을 확인할 수 있기 때문에 문화는 민족의 내적 통합을 위해 필수불가결한 것이며, 지속적인 보존과 발전을 도모해야 한다. 이러한 것은 지역사회에도 그대로 적용되기 때문에 지역적 정체성과 애향심을 위해 지역문화나 향토문화의 발전을 지향하게 된다. 문화예술이야말로 민족과 지역민이 갖는 긍지의 원천이기 때문에 어떤 나라든, 어느 지역이든 문화예술의 진흥을 위해 노력하고 지원을 아끼지 않게 된다.

둘째, 문화예술은 높은 교육적 효과가 있다. 문화예술은 국민의 정서적 욕구를 충족시켜 줄 뿐 아니라 정서 순화를 통해 높은 인격과 좋은 품성을 함양하는 효과를 갖는다. 어릴 적부터 문화예술을 접하며 문화예술 교육을 받은 사람이 그렇지 못한 사람에 비해 한결 높은 인품을 보인다는 사실은 널리 알려져 있다. 또한 문화예술의 발전에 창의성은 대단히 중요하기 때문에 문화예술 교육은 미래 사회에 필요한 창의력 개발에도 크게 도움이 된다.

셋째, 문화예술은 미래 세대에 남길 유산이다. 우리는 우리의 선조들로부터 문화예술을 물려받았고, 이를 더욱 발전시켜 다음 세대에게 물려 주어야 할 의무를 갖는다. 앞에서 말했듯이 문화예술은 민족을 민족으로서 가능케 하고 유지할 수 있게 하는 제일의 특성이므로 민족의 항구성을 위해 다음 세대로 전승되어야 할 유산인 것이다.

문화예술에 대한 지원의 필요성은 문화예술이 가져오는 좀 더 구체적이고 경제적인 효과에서도 발견된다.[3] 문화예술은 관광을 비롯하여 고용 효과나 지역 개발 효과 등 외부성의 효과를 가져온다. 로마나 파리 등 세계적인 관광도시들은 문화예술 도시로서 문화예술이야말로 관광의 가장 중요한 자원이 된다. 그것은 대부분의 관광객이 수준 높은 문화예술품을 감상하거나 문화예술적 접근 기회를 갖기 위해 관광을 하기 때문이다. 또한 최근 장소 마케팅이라는 용어의 등장에서 볼 수 있듯이 각종 국제회의나 기업의 입지 결정에는 특정 국가나 지역이 갖고 있는 이미지가 크게 작용하며, 이러한 지역 이미지를 결정하는 데 가장 중요한 것이 문화예술 수준이나 문화적 자원이다. 영국 런던의 경우 각종 문화예술 공연의 관람객 40%는 관광객이며, 쇠퇴하는 중심도시에 대한 처방으로 미술관이나 박물관 등 문화예술 시설을 설치하는 것은 일반화되어 가고 있다. 오늘날과 같은 고도산업사회에서 일하는 전문가계층은 문화예술적 접근 기회를 중시하므로 첨단산업의 입지에도 영향을 미치게 된다. 문화예술은 고용 효과나 경제적 파급 효과 등 간접적 효과뿐 아니라 최근에는 문화산업 발전에 따라 직접적인 경제 효과까지 인정되면서 많은 도시와 국가들의 경우 단순한 지원을 넘어 투자 경쟁까지 촉발하는 경향을 보이고 있다.

---

3) 문화예술의 경제적 효과에 대한 연구는 1970년대 이래 증가되어 왔는데 이러한 연구 결과들은 정부의 문예 지원이나 문화재정 확대의 이론적 근거로 작용해 왔다(Heilbrun & Gray, 1993: 302-322; Mulcahy & Wyszomirski, 1995). 우리나라에서 문화예술의 경제적 파급 효과에 대한 연구로는 한국 문화정책개발원의 「우리나라 문화투자의 사회경제적 효과 연구」를 비롯해 지역축제의 파급 효과 등을 주제로 한 연구들이 있다.

2 정부 지원 반대 논리

정부의 문예 지원에 대해서는 반대 의견도 만만치 않다.

첫째, 문화예술에 대한 정부의 지원은 많은 납세자로 하여금 어쩔 수 없이 그들의 자원을 소수의 문예 종사자에게 전이시키는 결과를 가져온다. 이러한 전이는 거의 저항에 부딪히지 않는 반면 지지는 좀 더 강력하게 나타나는데, 그것은 전이비용은 많은 사람에게 넓게 확산되어 개개인에게 미치는 영향은 크지 않은 반면 혜택은 소수에게 집중되어 훨씬 크게 나타나기 때문이다(Grampp, 1989: 113-22). 무엇보다 문화예술의 주된 향유계층은 아직도 중산층 이상에 한정되고 있는 현실 속에서 국민의 세금으로 문화예술을 지원하는 것은 가난한 사람에게 비용을 물려 부자를 지원하는 역진적 소득재분배 효과를 초래하므로 지원은 중단되어야 한다는 것이다. 이에 대해서는 문화예술에 대한 공공 지원으로 누가 혜택을 보고 있는지에 대한 연구가 이루어져야 한다. 문화예술 활동의 참여자에 대한 연구는 문화예술의 소득재분배 효과를 측정하는 데 활용될 수 있으나 지금까지 이에 대한 실증적 연구 사례는 별로 없다(Netzer, 1992: 174-205).

둘째, 정부의 지원은 공공 지원의 문제점인 관료주의화로 인해 문화의 자유와 다양성을 저해하게 된다. 문화예술이야말로 창의적이고 자유로운 분위기 속에서 발전할 수 있는데, 정부의 지원은 관료조직 속에서 일종의 통제로 나타나기 때문에 예술적 자유를 훼손하고 종내에는 문화예술의 발전을 가로막게 된다. 정부의 지원은 어차피 선별적으로 주어질 수밖에 없고, 지원 대상의 선정 과정에서 정치적 입김이 작용하기 때문에 기존의 가치에서 벗어난 혁신적이고 실험적인 작품보다는 기존의 작품이 채택됨으로써 관제예술이 득세할 수밖에 없다는 한계를 노출하게 된다.

셋째, 정부 지원이 민간 지원을 대신할 경우 그 비용은 몇 배나 되기 때문에 전혀 효율적이지 못할 뿐 아니라, 문예의 공공 지원은 다른 분야에 대한 지원을 저하시키기 때문에 형평성에도 위배될 수 있다. 정부 지원은 중앙집권화된 결정과 비경쟁성이라는 공공재적 특성으로 말미암아 민간 부문에 비해 비효율적일 수밖에 없다. 시장경제에 따르는 것과 달리 공공정책을 통한 지출은 기대하지 않았던 결과나 모순을 가져올 수 있으며, 정부에 의한 공급은 대개의 경우 과잉 공급을 초래하기 쉽다. 과잉 공급은 재원 낭비를 초래하기 때문에 결핍과 마찬가지로 문제가 된다. 또한 문화예술이 가치재라고 하더라도 교육이나 환경 보호, 사회복지 등 정부가 국민을 위해 해야 할 다른 여러 과제에 비한다면, 그 우선순위는 상대적으로 낮을 수밖에 없다. 그럼에도 불구하고 한정된 정부의 예산을 문화예술에 투자하게 되면, 자연히 다른 분야의 지원을 감소시킴으로써 형평성 문제를 초래할 수 있다.

넷째, 문화예술의 경제적 효과에 대해서도 아직은 확실한 결과가 입증되지 않고 있다는 주장이 있다. 문화예술이 경제적인 효과가 있다고 하지만 다른 산업의 투자 효과만큼 인정하기에는 앞으로 더 많은 연구 결과가 축적되어야 하므로 속단하기에는 이르다는 것이다.

제 3 절 정부 지원의 유형

영국이나 미국과 같이 사회경제의 발전이 비교적 자생적으로 조성된 국가들의 경우에는 문화의 발전 역시 자생적이고 자율적인 발전 과정을 거쳐 왔다. 따라서 전통문화의 토대 위에서 경제사회의 변화에 상응하는 문화적 대응이 자율적으로 이루어져 왔기 때문에 별도의 문화에 대한 국가의 개입 필요성이 상대적으로 낮아 문화정책에 대한 자유주의 입장이 견지되어 왔다.

그러나 유럽 대륙과 개발도상국가들은 사회경제의 발전이 뒤늦게 시작되었거나 발전의 조건이 자생적으로 주어진 것이 아니라 외세에 의해 강요되었기 때문에 문화정책에서도 구성주의 입장을 취할 수밖에 없었던 경우가 많다. 구성주의 입장에서 문화 발전은 전통문화와의 단절 속에서 타율적으로 추진되고 문화적 욕구에 대응한 민간 문화시장의 형성이 지연되는 결과를 가져왔으나 상대적으로 문화정책과 문화행정, 제도는 발달했다. 일반적으로 자유주의 입장은 미국 모형으로, 구성주의 입장은 유럽 모형으로 대별된다. 그러나 현실적으로 미국을 제외하고는 국가의 지원 없이 생존할 수 있는 예술이 없고 보면, 결국 정도의 차이는 있으되 정부의 개입은 인정될 수밖에 없다. 이 때문에 문화예술의 운명은 가히 정치적 과정에 달려 있는 셈이다.

따라서 오늘날 문화예술 지원에 대한 논쟁은 지원할 것인가 하지 않을 것인가 하는 것보다는 어떻게 지원할 것인가로 모아지는 경향이 있다. 문화예술에 대한 지원 방식과 관련해서는 대체로 다음 세 가지 관점이 문제가 된다.

첫째, 문화예술에 대한 공공 지원의 기준을 설정하는 문제이다. 모든 문화예술을 지원할 수 없는 재원의 한계 때문에 어떤 기준에 의해 지원하고 지원하지 않을 것인가를 결정하는 것은 문화정책의 중요한 정책결정 방향이 된다.

둘째, 지원 수단이나 방법의 문제이다. 직접적인 재정 지원을 할 것인지, 아니면 세금 감면 등의 간접적인 지원 방법을 택할 것인지를 결정해야 한다. 정부의 직접 지원의 경우에는 정부 내 문화 관련 조직도 확대되기 때문에 선진국의 경우 정부에 의한 직접 지원보다 민간기관을 통한 간접 지원 방식을 많이 활용하는 경향이 있다.

셋째, 지원의 대상이나 범위를 설정하는 문제이다. 어디까지를 정부 지원의 대상으로 포함하느냐 하는 것은 문화정책의 영역을 설정하는 문제와도 긴밀한 관계가 있다. 과거 주로 고급예술에 대한 지원에 한정되던 경향을 탈피하여 최근에는 대중예술로까지 그 지원 범위가 확대되고 각종 미디어와 패션, 애니메이션 등으로까지 확대되고 있다.

그러나 문화예술에 대한 정부 개입은 단순한 재정적 지원에만 그치는 것이 아니라 각종 규제에 이르기까지 다양한 형태로 나타나게 된다. 현실적으로 정부 지원 기준에 맞춘다는 것 자체가 일종의 규제가 될 수 있다. 미국의 경우 '지원하되 규제하지 않는다'를 원칙으로 표명하고 있지만 현실에서는 이 역시 규제를 둘러싼 논란이 제기되며, 그 외 대부분의 국가는 어느 정도의 규제를 정책 속에 포함하고 있다. 문화정책을 통한 규제가 필요한 이유는 크게 두 가지를 들 수 있다.

첫째, 정책의 효율성 제고 때문이다. 가령 문화정책은 문화예술에 대한 수요나 미래 세대에 대한 교육, 국가적 위신, 기타 외부성 효과를 반영하지 않을 수 없고, 상황의 불확실성이나 실패 위험도 감소시키기 위해서는 일정 부분 규제를 정책에 포함하게 된다.

둘째, 형평성을 높이기 위한 필요성이다. 문화정책은 지리적, 사회적, 경제적 그리고 계층 간 접근성을 고려해야 하고 이것은 현실적으로 문화예술 시장에 대한 다양한 조정과 규제를 동반하게 된다. 그러므로 규제는 정부 지원의 대가라고 할 수 있다. 실제 규제가 반드시 나쁜 것만은 아니고 규제가 경쟁 과정을 유지하고 확대하는 데 긍정적인 역할을 할 수도 있다(Peacock, 1991: 79-80). 공공에 의해 제공되는 서비스의 대부분은 기술상으로만 보자면 민간시장에 의해서도 얼마든지 대체 가능하기 때문에 오히려 공공 규제가 민간과 차별화되는 공공 영역의 기능으로 여겨질 수 있다. 따라서 문화예술에 대한 정부 지원에는 현실적으로 어쩔 수 없이 어느 정도의 규제가 따르게 되지만 규제가 예술 본연의 창의성을 위축시킬 수 있다는 우려 때문에 최소한에 그쳐야 한다. 규제를 둘러싼 판정도 예술의 장르나 사안별로 각기 다르기 때문에 일정한 가이드라인을 만드는 것도 쉽지 않다.

문화예술에 대한 정부 지원의 유형은 각 나라마다 다소 차이가 있다. 이러한 차이는 결국 각국 문화정책의 근간을 형성한다고 볼 수 있는데, 이를 다음 몇 가지 유형으로 나누어 보기로 한다.

1 정부의 역할모형

문화정책을 지원하는 정부의 역할은 일반적으로 정부조직의 형태와 지원 방식에 따라 문화부모형을 비롯하여 부처분산화모형, 위원회모형으로 구분된다.[4] 이러한 모형은 각기 장단점을 가지고 있는데, 문화부모형은 내각에 문화예술 관련 전담 부처를 두고 적극적인 문예 지원을 한다. 따라서 비교적 짧은 기간 내에 국민의 문화 접근성과 향유권이 제고될 수 있을 뿐 아니라 정부의 지속적인 지원으로 문화예술의 안정적인 발전을 도모할 수 있다. 반면 정부의 적극적인 지원과 개입은 관료주의적 폐해를 가져와 창조적인 발전을 저해할 수 있으며, 지역적인 다원성과 자율성을 후퇴시킬 수 있다는 문제점이 있다.

부처분산화모형은 문화 관련 업무가 여러 부처에 분산되어 있는 형태로 문화정책은 흔히 예술 진흥이나 문화재 관련 업무에 치중되어 있기 때문에 문예의 질을 높일 수 있는 장점은 있지만 문화적 엘리트주의에 빠질 우려가 있다. 무엇보다 행정조직의 다기능성으로 업무의 통합성이나 정책적 일관성을 유지하기 어렵다는 한계가 있다.

위원회모형은 문화예술과 관련한 정부의 공식적인 부처를 두지 않고 부처로부터 독립된 위원회를 두어 자금을 지원하는 형태로 명시적인 문화정책을 수립하지 않는 것을 특징으로 한다. 이러한 위원회모형은 문화예술에 대한 정부 지원 없이도 생존할 수 있어야 하기 때문에 그만큼 문화예술이 일정 수준에 도달해 있고 민간 예술시장이 활성화되어 있는 선진국에서나 적용 가능한 형태이다. 문화예술에 대한 정부의 획일적인 규제나 통제를 차단할 수 있으며, 장기적으로 민간 자율에 의한 창의적이고 다양한 예술 활동을 촉진할 수 있다는 장점이 있다. 반면 문화예술의 상업화 경향을 초래하고 지역 간 격차 등을 심화시킬 수 있다는 단점이 있다.

이러한 모형 구분이 문화예술을 지원하는 정부의 조직 형태에 근거를 두고 분류한 것이라면, 다음의 구분 방식은 정부의 역할과 지원 정도에 따른 좀 더 구체적인 분류 형태라 할 수 있다(Cummings & Schuster, 1989).

4) 슈스터와 데이비드슨은 정부부처모형과 위원회모형으로 구분하고 있으며, 커밍스와 캐츠는 문화부모형, 부처분산화모형, 위원회 및 공익재단모형, 정부흥행주모형으로 분류하고 있다. 여기서는 후자의 분류를 따랐으나 흥행주모형은 정부가 직접 문예 프로그램을 생산하고 판매하는 형태로 특수한 사례에 해당하므로 제외했다(Schuster & Davidson, 1985; Cummings & Katz, 1987: 12-13).

첫째, 촉진가(market manipulator) 역할이다. 이는 기본적으로 시장 원리를 준수하며, 정부의 개입을 제한한다. 정부가 예술의 육성을 위해 문예활동을 장려하거나 지원함으로써 나타나는 부분적인 시장 개입은 시장 기능을 활성화하는 범위로 국한되기 때문에 정치적 영향력을 배제할 수 있으나 행정의 책임감 저하의 문제점이 나타난다.

둘째, 후원가(patron) 역할이다. 정부가 예술가들의 작품이나 서비스를 사고, 가격을 지불하는 형태로 예술가들을 후원하거나, 독자적인 운영이 어려운 오케스트라나 문예단체를 지원하는 형태가 이에 속한다.

셋째, 설계가(regulator) 역할이다. 정부가 문예활동과 관련한 구체적인 결정을 내리는 것으로 정부 주도형이라 할 수 있다. 정부가 문화정책을 정부의 기능으로 보고 정부조직이 수행하는 것으로 명확한 책임성 확보라는 장점이 있는 반면, 문화예술과 무관한 관료에 의해 결정이 이루어짐으로써 전문성이 결여될 수 있다.

넷째, 홍행주(impresario) 역할이다. 정부가 직접 문예 프로그램을 만들어 국민에게 제시하는 것으로 스웨덴의 국가순회오페라단(state travelling opera)이나 사회주의 국가의 문예 프로그램들이 여기에 해당되며, 체제 홍보를 위한 수단으로 이용되기 십다.

2 정부 역할 선택의 결정 요인

문화예술과 관련한 정부의 다양한 역할과 지원 형태에 따른 모형 중 어떤 모형을 선택할 것인가에 관련해서는 다음 몇 가지 요인을 고려할 필요가 있다(박혜자, 1998).

첫째, 이러한 모형은 대체로 중앙정부의 문화정책에 대한 개입 의지를 반영한다. 문화정책을 통한 중앙정부의 개입 의지가 강할수록 문화부모형을 통해 문화 전반에 걸친 설계가적인 역할을 담당하는 한편 정부 개입에 대한 문화예술의 자율성 훼손에 대한 우려 때문에 정부의 개입 의사가 약한 경우에는 위원회모형을 통해 정부의 역할을 촉진가적 역할에 한정하는 경향이 있다. 이러한 개입 의지는 정부의 지원 규모와 지원 방식에 반영되는데, 중앙정부의 문화예술 재정 규모가 크고 지원 방식이 직접적·구체적일수록 정부의 개입 의지가 높은 것으로 볼 수 있다.

둘째, 각 모형에 따라 문화정책에 대한 목표도 다를 수밖에 없다. 문화정책의 목표가 국민의 복지 측면에 있을 경우 중앙정부는 문화향유권을 국민의 기본권으로 보고 재분배 역할을 수행하기 위해 문화부모형과 설계가적인 역할을 택하는 경향이 있으며, 문화정책의 목표를 경제적 경쟁 논리에 따른 경제활성화에 둘 경우에는 위원회모형에 두고 촉진가적인 역할에 한정하는 경향이 있다.

셋째, 이러한 모형은 체제 유형과도 관계가 있는데, 중앙집권적인 체제에서는 문화부모형과 설계가 역할을 선호하며, 분권적인 체제에서는 위원회모형과 촉진가적 역할을 선호하는 경향이 있다.

<표 4-1>은 정부의 역할과 모형을 중심으로 관련 요인 간의 관계를 보여 준다.[5] 위에서 아래로 갈수록 정부의 역할은 제한적이고 간접적이며, 행정조직과 권한은 분산적이다. 반대로 위로 갈수록 정부의 역할은 포괄적이고 직접적이며, 행정조직과 권한도 집권적이다. 정책 목표도 위로 갈수록 공공성을 강조하여 복지를 중시하는 한편 아래로 가면 민간 자율성을 강조하며 경제성을 중시한다.

그러나 이러한 모형은 이론상으로는 서로 배타적인 역할에 따라 구분되

〈표 4-1〉 정부의 문화역할모형

정부개입 수준	모형의 특징과 사례				
	모형	정부 역할	체제 유형	정책 목표	사례
직접적	문화부모형	설계가	중앙집권형	문화복지	스웨덴, 프랑스
↓	부처분산화모형	후원가	중간형	문예 진흥·정체성	이탈리아, 독일
간접적	위원회모형	촉진가	지방분권형	경제성	미국

출처: 박혜자(1998) 참조.

5) 홍행주 역할은 현대 국가에서는 특별한 경우에 속하여 분류가 적합하지 않으므로 제외했다.

지만 실제로는 어느 한 유형에 속하면 다른 유형에 속할 수 없거나 명확히 구분되는 것은 아니고, 어떤 경우 두 가지 유형을 조합한 듯한 특성을 보이기도 한다. 미국의 경우 연방정부는 문예 분야에 대한 다양한 면세정책을 통해 민간의 문예 투자를 촉진하는 데 주력하지만 국립예술기금을 통해 직접 지원도 하기 때문에 후원가 역할도 부분적으로 수행하고 있다. 반대로 프랑스의 경우 대표적인 문화부모형이지만 1980년대 이후 지방정부의 자율성을 강조하면서 공동 주도형으로 전환되고 있으며, 반대로 영국은 국립의 예술진흥원을 두어 문화에 대한 정부 관여를 회피해 왔으나 1997년 문화미디어체육부를 설치하고 적극적인 문화예술 지원에 나섬으로써 현재는 문화부모형으로 변모하고 있다. 최근 들어 문화예술이 국가의 경쟁력으로 인식되면서 문화 부처의 역할이 강화되고 문화정책이 국가정책에서 주류화되는 경향을 보이고 있다.

Chapter

05 지역문화정책

제 1 절 지역문화정책의 등장

1 지역문화정책의 대두 배경

1970년 들어 세계적으로 지방자치제와 지방분권화의 경향이 강화되면서 문화에 대한 관심은 지역문화에 대한 관심으로 모아지고 있다. 과거 중앙집권적 정책결정 구조 하에서 문화정책이 중앙정부 주도로 시행되었다면, 오늘날과 같은 분권화 시대에는 상대적으로 지방정부의 역할이 강조되고 있다. 그것은 지방분권화 추세가 문화 분야에서도 예외는 아니어서 문화자치에 대한 요구로 나타나고 있음을 의미한다.

이탈리아에서는 1970년대 초 전국적으로 단행된 '지역정부와 지역수도(regional governments and regional capitals)'제도가 채택되면서부터 도시정부의 문화비 지출은 1970년대의 연평균 3,020억 리라에서 1984년에는 8,000억 리라로 증가했고, 동시에 지역 문화행정 조직도 강화되어 문화정책 전담 공무원이 1975년과 1984년 사이에 2~4배로 증가했다.

프랑스는 1982년과 1984년 사이에 대대적인 지방분권화 시책을 실시하면서 사회보장, 교육, 건설 등의 분야와 함께 관광과 문화예술 부문의 정책

결정권 상당 부분을 중앙정부로부터 광역, 중간, 기초자치단체로 이양하고 중앙정부는 각 지방정부와 '지역문화 발전을 위한 협약'을 시행하여 매칭 펀드(matching fund)를 통해 지방정부가 자율적으로 프로그램을 개발하도록 촉진했다. 그 결과 지방정부의 문화비 지출이 전체 예산의 15~20%를 상회했고, 인구 15만 이상 도시의 1인당 문화예산은 1980년에 거의 50%나 증가했다.

미국의 경우 케네디 대통령 재임 중 국립예술기금(National Endowment for Arts: NEA)이 창설되어 국가 차원의 문화예술에 대한 재정 후원이 시작되었다. 주정부 차원에서는 1899년 유타 주에서 처음으로 '주립예술기관(State Art Agencies: SAA)'이 설립되었으나, 주정부가 실제로 예술 지원을 시작한 것은 1960년 뉴욕 주가 록펠러(Nelson Rockefeler)의 주도 하에 뉴욕주립예술위원회(New York State Council for the Arts: NYSCA)를 설립하면서부터이다. NYSCA는 매칭 펀드 방식을 통해 주정부의 지원액만큼 민간으로부터도 기금을 지원받도록 한 것이 주효하여 성과를 거두었다. 이후 캘리포니아, 조지아, 미네소타, 미주리, 노스캐롤라이나에 주립예술진흥기관이 창설되면서 전국적으로 확산되기 시작했다.

이후 국립예술기금은 연방-주정부 파트너십(Federal-State Partnership) 정책에 의해 5만 달러 이상의 포괄보조금(block grant)을 받으려면, 주정부는 주립예술진흥기관을 만들고 예술을 모든 지역민과 공동체가 향유할 수 있도록 적합한 프로그램이나 시설, 서비스 등을 개발해 나가도록 규정됨으로써 거의 모든 주에 주립예술진흥기관이 창설되었다. 결과적으로 미국의 경우 국립예술기금 등의 연방정부의 지원으로 지방정부의 지역 문화예술 지원이 시작되었고, 지역 문화예술의 진흥은 이에 힘입은 바 크다.

주정부는 문화예술 지원과 관련하여 도시정부의 참여를 장려하기 위해 도시정부 산하에 '지방예술진흥기관(Local Arts Agency: LAA)' 설립을 장려하고 있다. 주정부의 지방예술진흥기관 지원도 연방정부의 주정부 지원책과 마찬가지로 매칭 펀드 방식을 취하는데, 메릴랜드 주는 주정부 지원액 1달러에 대해 지방예술진흥기관이 3달러를 투자하도록 함으로써 1달러 지원으로 4배의 지원 효과를 거두고 있다. NEA에 대한 지원은 1992년

이후 점차 삭감되기 시작한 반면 주정부의 지원은 지속적으로 증가되고 있다.[1)]

일본의 경우 제2차 세계대전 이후 중앙정부 주도의 경제성장정책으로 전형적인 관치·집권형의 근대화를 이루었으나 1970년 이후 경제성장정책이 한계에 부딪히면서 관치·집권형의 구조를 탈피하기 위한 움직임이 본격화되면서 '지역문화의 시대'가 시작되었다. 문화의 시대에 대한 요구는 지방자치단체 차원에서 먼저 시작되어 생활의 질 개선과 자치·분권 시스템의 구축 등 전반적인 지역문화에 대한 열기가 고조되었다.

이와같이 문화 분야에 대한 도시정부의 역할이 강화되고 지역문화정책이 강조되는 이유를 살펴보면 다음과 같다.

첫째, 지역문화는 도시 간 경쟁 속에서 지역 이미지 제고의 수단이기 때문이다. 세계화라는 환경 변화에 지방정부가 적응하는 과정에서 각 지역은 저마다 지역의 독자성과 우위성을 나타내거나 강화하는 수단으로 지역의 문화예술을 활용해 기업 유치나 관광객 유치, 국제기관이나 각종의 국제행사 유치 경쟁에서 이미지 제고 수단으로 사용하기 때문이다.

둘째, 소득 수준의 향상으로 지역민의 문화 욕구와 문화복지에 대한 수요가 증가했고, 지방자치제 실시 이후 이를 충족시켜야 할 지방정부의 필요성과 책임의식이 더욱 높아졌기 때문이다. 지역의 소비 수준이나 과시소비가 상승함에 따라 문화예술에 대한 수요가 높아지면서 자연히 정부의 정책에서 문화가 차지하는 비중과 영역이 커질 수밖에 없음을 의미한다.

셋째, 지역문화가 갖는 지역정체성 확립과 공동체적 결속력의 제고 효과는 지방자치의 정착을 위한 토대가 되기 때문이다. 지역문화는 지역민의 정서적 커뮤니케이션을 증진시켜 줌으로써 주민 화합을 위한 수단이 된다.

넷째, 지역문화는 문화산업 발전을 위한 기반이 되며, 이를 통해 지역 내의 투자를 유도하고 고용 창출과 관광 및 소득 증대의 효과가 있다는 인식이 대두되었기 때문이다. 경제적 인프라가 갖추어지지 못한 낙후지역에는 별도의 투자비용 없이도 고부가가치를 생산 가능하게 해 주고 발전된 지역

1) 연방정부의 지원은 1992년 17억 6백만 달러에서 1997년 100억 달러 이하로 삭감된 반면 지방정부들의 지원액은 50개 대도시들의 경우 예술단체에 대한 지원이 1991년 이후 매년 4.7%씩 증가하고 있다

에는 그 발전을 더욱 빛나게 해 줄 수 있다는 지역문화에 대한 새로운 인식은 낙후지역과 발전지역 모두에 지역문화에 대한 관심을 불러일으키고 있다.

다섯째, 무엇보다 지역문화는 관치적·집권적인 행정구조를 자율적·분권적 행정구조로 바꾸는 데 유용하기 때문이다. 국가의 문화정책이 국가 개입의 한 형태로서 전통적인 행정의 관치적·집권적 시스템의 성격이라면, 지방정부 주도의 지역문화정책은 지역 특성을 살릴 수 있는 자치·분권적인 행정을 확립하기 위한 수단의 성격을 갖는다. 경제의 '산업화'는 사회의 '도시화', 나아가 정치의 '시민화'를 유발하며, 이는 곧 시민사회와 시민문화로의 재편을 요구하게 된다. 경제, 사회, 정치를 관통하는 시민자치에 의한 시민문화의 형성을 위해서는 도시정부 주도로 지역 특성을 살린 다원적 도시문화의 발전이 행정의 주요 목표가 된다. 따라서 지역문화정책은 과거의 문화정책과 달리 시책에 의한 시민문화에의 개입이 아니라 시민문화의 등장을 예측해 자치단체의 문화 수준을 높여 자치·분권형 체제로 전환시켜 가기 위한 과도적인 산물이라 할 수 있다(松下圭一, 1987: 226). 그러므로 시민문화와 시민자치는 동전의 양면과 같다.

2 지역문화정책의 영역

지역문화정책의 영역은 도시정부의 시정 범위 속에 나타난다. 먼저 일본 도시정부의 시정 속에서 지역문화정책의 영역을 살펴보면 다음과 같다.

① 시정(市政)이나 시설에 관한 홍보로서 기념일 및 각종 행사와 시정의 PR, 문화시설 개방을 추진
② 지역 주민에게 예술이나 문화 감상의 기회를 제공하고 이를 통해 지역의 예술가를 육성하는 일
③ 주민의 공동체 의식 육성 및 지역진흥책으로 애향심을 높이고 주민 간의 연대와 교류의 장을 제공
④ 문화제나 엑스포 참가, 우호 도시들과의 교류, 국제회의 개최, 국제문

화 교류사업 등을 통한 지역 간 교류를 활성화하는 것 등을 포함한다.

한국에서 각종 시정보고서 등을 통해 나타난 지역문화정책의 영역을 정리해 보면 다음과 같다.

① 도시의 자연·역사·전통 등과 관련된 지역의 특성을 표상하는 문화적 이미지 창출
② 각종 문화제 행사, 전시회, 감상회, 강연·강습·세미나, 기타 문화예술 이벤트 등의 문화예술 행사의 기획과 개최
③ 공공 및 민간문화협의체, 주민 간의 협의체, 주민과 자치단체 간, 자치단체 내부의 협의체 등 주민문화협의체 설치 운영
④ 지역사회 개발 전체에 도시문화의 잠재력을 평가하여 사업에 반영
⑤ 도시문화 기반 조성: 도서관, 박물관, 미술관 등 문화시설을 확충하고 관리 운영하는 일, 문예진흥기금을 조성 운영하고, 문화재단을 설치하는 일
⑥ 문화예술인 및 문화단체의 민간단체의 참여와 협력 체제를 구축하는 일
⑦ 문화행정에 주민과 민간단체의 참여와 협력 체제를 구축하는 일
⑧ 도시문화 정보 및 도시문화 자원의 수집·보관과 주민에 대한 서비스 제공 및 이용의 촉진 등
⑨ 도시사회 문화활동과 문화행정에 필요한 인재를 발굴하고 양성 교육하는 일
⑩ 도시문화의 국제 교류활동: 외국과의 자매 결연, 국제문화 이벤트 개최, 상호 교류활동 등

일본과 한국의 지역문화정책 영역을 비교하면 일본의 경우 시정의 홍보 기능과 교류에 초점을 두는 반면 한국의 경우 주민단체나 문화 관련 단체와의 관계 형성에 초점을 두는 경향이 있다. 그렇다고 해서 한국이 반드시 지역 주민이나 단체와의 관계 형성을 더 잘한다는 의미는 아니다. 오히려 지역문화 사업을 둘러싼 지역민 간의 갈등이 크기 때문에 이를 의식한 때문일 수도 있다. 대체로 한국의 지역문화 영역이 더 포괄적인데, 특히 지역

개발에 지역의 문화적 역량을 포함하고 있는 것은 한국의 지방자치단체들이 경쟁적으로 문화도시 구축을 지역 발전전략으로 삼고 있는 현실과도 상통한다.

결국 지역문화정책은 개인과 지역공동체를 연결시키고 인간 본연의 창조적이고 감성적인 특성을 지니는 고유한 표현인 만큼 사회통합과 사회문제의 치유를 위해 중요한 역할을 하며, 또한 도시경쟁력을 강화하고 미래사회의 중요한 방향과 가치를 결정지어 주는 중요한 기능을 담당한다고 할 수 있다.

제 2 절 지역문화정책의 특성

1 문화의 중앙성과 지역성

문화의 성격을 두고 중앙적인 특성을 갖는 것인지, 지방적인 특성을 갖는지에 대해서는 다음 네 가지 시각이 있다.

첫째, 중앙문화의 전류설이 있다. 이는 문화를 중앙적인 특성이 강한 것으로 보고 지역문화는 중앙문화가 전류된 것으로 보는 입장으로 문화의 지역적 특성을 인정하지 않는다.

둘째, 중앙문화의 선택수용설인데, 이는 중앙의 문화가 지역의 특성과 필요에 따라 선택적으로 수용되어 지역문화가 형성되었다고 본다.

셋째, 중앙문화의 변용설로 중앙문화가 지역에 내려와 지역 특성이나 필요에 따라 부분적으로 변용되었다는 입장이다.

넷째, 지역문화의 독자성설이 있다.

앞의 세 가지 시각이 문화의 중앙성에 초점을 두는 반면 마지막 지역문화의 독자성설은 지역문화가 지역 내에서 독자적으로 발전되었다고 봄으로써 문화의 지역성을 중시한다.

문화를 중앙성의 입장에서 볼 때, 문화의 다양성이나 개성은 인정받기 어렵다. 오늘날에는 오히려 지역문화는 있어도 중앙문화란 있을 수 없다는 시각이 주류를 이룬다. 그러나 지역문화의 독자성설을 따른다고 해서 민족문화로의 수렴이나 보편문화로서의 포괄성을 부인하는 것은 아니다. 이러한 문화에 대한 시각은 다분히 상대적인 관점에서 이해되어야 할 것이다. 다만 지역문화의 독자성설은 중앙문화로서의 획일성이나 위로부터 아래로의 확산보다는 지역문화의 주체성과 자율성 확립이 중요하며 지방으로부터 새로운 문화를 창조해 나가야 함을 강조하는 것으로 이해할 수 있다.

2 문화의 지역 간 격차

문화의 격차에 대한 관심은 문화민주주의, 문화시민권, 문화접근성, 그리고 문화 리터러시(cultural literacy)[2]에 대한 논의로 연결된다. 최근 문화민주주의에 대한 논의가 펼쳐지면서 문화 향유 기회의 확대와 취약집단의 문화접근성 향상, 문화의 다양성 보장, 개인의 문화 능력 향상, 지역 차원의 문화활동 활성화 등이 강조되고 있다(김경욱, 2003). 문화시민권은 문화 향유를 민주시민 사회의 기본 권리로 인식하며 계층과 지역에 관계없이 일정 수준 이상의 문화접근성 보장을 문화정책 수립의 주요 방향으로 삼고 있다(한국문화복지협의회, 2006; Bawden, 2002; Lewis & Miller, 2003). 문화 리터러시를 포함한 이러한 논의는 모두 문화 격차에 대한 정책적 관심에서 비롯된다.

정부의 문화 격차 해소를 위한 정책적 관심은 문화 격차가 소득 수준, 교육성취도, 사회계층 형성 등 불평등의 중요한 배경 변수로 인식되기 때문

2) 문화 리터러시는 문화해독력이나 문화문해력으로 그 개념은 크게 두 가지 차원으로 나눠 살펴볼 수 있다. 첫째, 언어나 문화 속에 내재해 있는 의미나 문법을 적절하게 이해해서 의사소통할 수 있는 능력을 의미한다, 즉 문자해독력을 문화나 언어 전반으로 확대 해석한 것이다. 둘째, 국가 간, 문화 간 다양한 가치, 믿음, 신념 체계를 이해하는 능력을 의미한다. 이는 단순한 해독력 수준이 아니라 다른 사람이나 사회의 문화 체계에서 사용되는 언어나 문화양식을 이해하고 수용할 수 있는 능력을 의미한다(Colomb, 1989: 411-450).

이다(DiMaggio, 1982: 189-201; Dumais, 2002: 44-68). 또한 문화에 대한 정부 지원은 문화활동에서 파생되는 교육 효과를 비롯해 범죄 예방 효과, 공동체 활성화라는 외부 효과에도 근거를 두고 있다. 취약계층에 대한 문화 리터러시 향상 프로그램을 시행하는 이유도 이러한 외부 효과에 근거한 것이라 할 수 있다. 예를 들어 문화예술 체험 기회를 확대하기 위한 프랑스의 문화예술 공연 티켓 할인제도, 미국 국립예술기금의 문화접근성 지원금 제도, 문화바우처제도 등이 있다.[3)]

문화 격차에 대한 연구는 거시적 접근과 미시적 접근으로 나누어 볼 수 있다. 거시 차원의 접근은 시대적 흐름에 따라 사회경제적 격차에 따른 문화 향유의 불평등성에 주목한다. 사회자본의 쇠퇴, 가족구조의 변화, 문화예술 기술의 변화 등 전반적인 변화 추세를 거시적 조망을 통해 문화예술 향유 기회의 감소 현상을 다루거나 뉴미디어나 인터넷의 보급이 문화예술 향유 기회에 어떤 영향을 미치는지를 연구한다. 이러한 연구들은 시대별 문화 행태에 대한 시계열 자료를 활용하여 문화활동 참여도나 격차의 시대적 특성을 분석한다. 캐나다 예술위원회의 연구보고서도 이러한 거시적 연구로 1986년부터 1998년까지 대규모 문화예술 조직에서 제공한 공연이나 행사가 대폭 감소하고 이로 인해 이들 조직의 수입도 감소했으며, 이러한 변화는 고령화 추세라는 사회인구학적 요인과 여가 시간의 선호도 변화 등과 관련 있음을 보여 준다. 문화의 흐름 속에서 문화예술의 생산과 분배가 어떻게 변화하는지를 보여 주기도 한다.

미시적 접근에서는 소득과 교육 같은 사회경제적 변수와 연령, 성별 등의 인구학적 변수나 지역과 같은 변수들을 활용해 이에 따라 나타나는 문화 격차를 살펴본다. 최근 서울신문과 한국리서치가 조사한 결과를 보면 학력과 소득이 높고 전문직일수록 그리고 대도시 거주자일수록 각종 문화

---

3) 문화바우처제도는 1969년 피코크(Alan Peacock)가 문화예술활동에서 불평등문제를 해결하기 위한 수단으로 바우처제도를 제시한 이후 활용되어 왔는데, 저소득층의 문화상품이나 서비스에 대한 선택권을 보장하고 공급자 간의 경쟁을 유발함으로써 문화경제학에서는 문화 바우처가 정부보조금이 지닌 배분적 효율성 문제를 수반하지 않고 형평성문제를 해결할 수 있는 정책 수단으로 본다(Peacock & Wiseman, 1964; Towse, 2005: F262-F276, 정광호・최병구, 2006: 63-89).

예술 행사 참여 비율이 높게 나타난다(서울신문, 2006년 4월 17일자 3면). 그 밖에도 성별, 나이, 신체장애나 인종과 같은 인구학적 변수, 그리고 어린 시절의 경험이나 부모의 습관, 교사의 태도 등에 관련해서도 연구가 행해지고 있다(Bowden, 2002; Trienekens, 2002: 281-298; DiMaggio & Useem, 1978: 179-197; Stichele & Laermans, 2006: 45-64). 그 밖에 도농 간 교육과 문화 격차를 다룬 연구와 도시지역 간 경제, 사회, 문화 격차를 다룬 연구가 있다(최윤정 · 이금숙, 2005: 91-105; 윤용중, 1998: 165-184).

제 3 절 지역문화와 지역 발전

1 문화자치

지역문화란 일정 지역을 기반으로 형성되고 전승되는 공동체적 문화라 할 수 있다. 흔히 우리 사회에서 취급되듯이 중앙문화에 반하는 변방문화나 지방문화로 여겨져서는 안 된다. 중앙문화에 비해 공간적으로 한정된 부분문화의 성격을 지니지만 지역적 개성을 반영하는 문화적 특수성뿐 아니라 우리의 생활 속에 살아 숨쉬는 문화적 보편성을 동시에 가지고 있기 때문이다. 지역문화는 지역적으로 존재하되 지역 주민들의 삶과 운명을 같이하기 때문에 지역사회 안에 공동체 성원으로 살아가는 사람들의 집단적인 삶을 중요시하게 된다. 그러므로 지역문화에는 지역의 역사적 전통과 가치, 문화적 정체성이 스며들어 있게 마련이다(임재해, 2000: 240).

이러한 지역문화에는 지역사회의 모습과 변화가 담겨 있다. 지역문화는 지역사회의 급속한 변화를 거치면서도 지역 주민의 삶과 유리되지 않고 스스로 살아남아 끈질긴 생명력을 유지할 수 있을 때 발전하게 된다. 따라서 지역문화란 곧 문화의 지역적 자생력이라 할 수 있으며, 이것은 곧 문화자치를 필요로 하게 된다. 문화자치는 지역문화의 형식과 내용이 지역적 특성을 반영하게 되며, 그것이 지역 주민 스스로의 책임과 주도 하에 발전해 나가는 것을 의미한다. 지역문화는 지역 주민의 삶의 모습 그 자체일 뿐 아니라 지역 주민의 생활 전반을 구속하기 때문에 문화자치는 어느 누구의 간섭도 받지 않고 지역 주민에 의해 독자적으로 발전하고 영위될 수 있어야 한다는 문화의 지역성 내지 독자성과 자율성을 전제로 한다.

그러나 좀 더 현실적이고 좁은 관점에서 지역문화를 문화정책이나 문화행정과 관련지어 볼 때, 문화자치는 '지역문화정책의 수립과 집행을 지방자치단체 스스로 확보해 나가는 것'으로 지방자치단체의 정치행정상의 자율화와 분권화를 의미한다. 그러므로 지역문화가 중앙문화와 대등한 관계를 이루기 위해서는 지방자치가 성숙되어야 하며, 지방자치가 민주주의의 근간이듯이 문화자치는 문화민주주의의 다름 아니다.

그러나 문화자치는 일반적인 지방자치와 달리 다른 영역으로부터 문화영역 그 자체의 영역적 독립이 선행되어야 한다. 정책적인 관점에서 볼 때, 문화 영역은 지금까지 별도의 정책적 대상으로 주목받지 못해 왔을 뿐 아니라 종종 정치에의 종속을 벗어나지 못한 채 문화 논리 대신 정치 논리에 의해 지배되어 왔기 때문에 중앙으로부터의 탈피에 앞서 정치로부터의 독립이 더욱 시급하다. 따라서 문화자치의 의의는 첫째, 문화의 중앙집중을 탈피하여 지역적 자율성을 확보하는 데 있으며, 둘째, 정치를 비롯한 다른 영역으로부터의 독립을 통해 자신의 고유 영역과 논리를 확보하는 것, 그리고 마지막으로 풀뿌리 민주주의로서 지역 주민의 풀뿌리 문화활동을 키워 나가는 데 있다.

이러한 문화자치의 실현을 위해서는 다음과 같은 몇 가지 방안이 추진되어야 한다. 첫째, 지역문화의 발굴과 지식 기반을 확충해야 한다. 지역이 가지고 있는 문화적 유산과 향토문화를 비롯한 지역문화를 발굴해내고, 이에 대한 교육과 연구, 홍보를 통해 지역문화에 대한 지역 주민의 이해의 폭을 넓히고 지식문화 지도 및 사이버 문화정보 구축과 보급을 통해 지적 인프라를 구축하는 것이다. 둘째, 지역문화를 이끌어 갈 수 있는 지역의 인적자원을 적극 발굴하고 육성해야 한다. 이를 위해 지역의 문화예술인을 지원하고 양성할 뿐 아니라 자생적인 지역문화예술단체나 문화운동단체를 육성해야 한다. 셋째, 지역 주민의 참여를 활성화해야 한다. 지역문화는 다른 지역과 다른 그 지역만의 고유한 생활방식이며, 삶의 모습으로 지역민의 일상생활 속에 구현되어야 하며, 지역민의 삶의 질 제고로 연결되어야 하기 때문에 지역민들의 적극적인 동참 없는 문화자치는 일시적인 허구에 그칠 수밖에 없다. 넷째, 이러한 문화자치의 실현을 위해 지방자치단체는 기초 단위로서 실질적 행정 시책의 주체가 되어 문화발전계획을 입안하고 지역 특성에 맞는 프로그램을 집행해 나가야 할 것이다.

2 지역활성화 효과

지역문화정책의 목표는 지역 주민의 문화복지와 지역활성화라는 두 가지로 축약된다. 지역문화는 지역민의 삶과 더불어 발전할 뿐 아니라 그 궁극적인 가치도 지역민의 삶의 질을 높이는 데 있다. 지역문화는 지역 주민의 삶과의 밀착성으로 인해 생활문화로 나타나고 이 때문에 다른 어떤 문화보다 지역 주민의 생활 방식에 미치는 영향이 크다고 할 수 있다. 따라서 지역문화정책의 일차적인 목표는 지역 주민의 문화복지 증진에 주어진다. 일찍부터 스웨덴을 비롯한 사회복지 국가들은 문화(향유)권을 기본권의 범주에 포함하고 이를 위해 문화복지에 초점을 두어 왔다.

그러나 1990년 이후 국가 간의 경쟁이 가속화되면서 많은 도시정부와 지방자치단체들은 문화복지보다 지역경제 활성화의 효과에 더욱 관심을 갖는 경향이 있다. 우리나라에서도 민선자치 시대가 열리면서 주민복지 증진을 기치로 지역문화정책에 대한 관심이 제고되고 있지만 또 다른 한편으로는 지역활성화의 수단으로 더욱 주목을 끌고 있음을 볼 수 있다. 더욱이 전통적인 낙후지역이나 재정자립도가 낮은 지방자치단체들일수록 상대적으로 지역문화에 대해 경쟁적으로 투자하고 있는 현실은 단순히 주민복지 증진을 위한 것이라고 보기 어렵게 한다.

일찍부터 서유럽의 도시들은 문화예술이 갖는 '도시재생(urban regeneration)'과 '도시재개발(urban redevelopment)' 효과에 관심을 갖고 도심부의 노후화 및 공동화 현상에 미술관이나 박물관 등을 입지시키는 전략으로 대응하여 상당한 성과를 거두어 왔다. 대표적인 나라가 영국인데, 영국은 산업혁명으로 인해 도시화가 가장 먼저 진행되었던 만큼 도심부 쇠퇴 현상에 직면해서 문화예술 시설에 대한 공공투자를 대폭 확대했다. 그 결과 도심부 거주자의 자긍심(self-reliance) 회복과 도덕재무장, 복지 의존자의 감소 등의 효과가 입증되었다. 최근 탈공업화 시대 들어 도시정부들은 더욱 적극적으로 문화예술 시설이나 활동을 경제적인 발전과 투자의 촉진을 위한 매개체로서 이용하는 경향을 보여 준다. 그에 따라 각 도시들은 기업의 투지 유치에 걸맞은 이미지를 창출하기 위해, 그리고 기업의 전문관리층이나 전문기술직의 높은 생활의 질에 대한 요구에 대응하기 위해 도시의 문화예술활동과 문화공간 및 시설에 관심을 보이고 있다(Edwards & Dakin, 1992: 359).

이에 따라 문화예술에 대한 투자와 지역 발전 간에는 긍정적 상관 관계가 있다는 주장이 제기되고 있다(Levitt, 1991). 문화예술은 경제 발전을 위한 필수적인 요인이며, 문예 지원이 많은 지역사회는 기업이 위치하기에 가장 좋은 장소라는 것이다. 마이애미, 시애틀, 미니애폴리스 등이 그 사례이며, 기업과 문화는 상호의존적인 체계를 구성하므로 하나가 없이는 다른 것도 있을 수 없다는 것이다. 미국이 국립예술기금을 통해 도시의 문화예술에 대한 재정적인 지원을 했지만 그것은 곧 미국 경제의 활력을 위한 지원이었다고도 볼 수 있다.

최근 도시들은 대규모 미술관이나 박물관을 짓거나 그러한 개발업자들에게 세금을 감면해 주는 인센티브정책을 추진하고 있다. 그 밖에도 예술특구(arts district)를 설정하거나 예술축제 등을 재정 지원하고, 문화예술 이벤트를 정기적으로 개최하는 등의 시도를 보이고 있다. 이를 통해 수입을 얻고, 관광객을 유치하며, 지역의 이미지를 홍보하는 한편 쇠퇴하는 지역경제를 자극할 수 있기를 기대한다. 미국의 팜비치(Palm Beach)나 에스콘디도(Escondido), 샌디에이고 외곽지역은 아트센터 건립에 수백만 달러를 투자했으며, 인구 십만 미만의 작은 도시인 찰스턴(Charleston)도 콘서트홀과 아트뮤지엄, 과학박물관을 복합한 80백만 달러 프로젝트를 추진하면서 주정부가 2천 2백만 달러를 지원하고 시정부와 민간기업, 개인 기부, 연방정부의 보조금 등으로 재원을 충당했다. 필라델피아는 330백만 달러의 대형 아트 프로젝트를 통해 문화예술 시설들을 연결하는 작업을 하면서 주정부와 도시정부가 각각 1억 1백만 달러를 지원했다. 인구 85만의 산호세의 경우 예전에는 샌프란시코 남쪽의 작은 농업지역으로 시청과 신문사가 다운타운에서 옮겨가면서 쇠퇴 위기를 맞았으나 1976년 공연예술센터를 만들면서 이 주변에 계속적으로 문화시설들이 생겨나고 도시정부 예산의 2%를 대중예술에 투자함으로써 예술특구로 번영을 되찾게 되었다.

그러나 모든 문화예술 투자계획이 성공한 것은 아니다. 인구 125,000명의 에스콘디도는 아트센터 건립에 8천 1백만 달러를 투자했지만 성과를 거두지 못했다. 그것은 원래 베드타운의 성격을 지닌 지역에서 샌디에이고 같은 다른 지역 관광객을 끌어들인다는 계획 자체가 비현실적일 수밖에 없었기 때문이다. 기본적으로 문화예술이 지역경제에 미치는 효과에 대해서는 반대 의견도 많다. 관객을 모을 수 있는 치밀한 계획이나 도시 전체의 발전과 결부된 프로젝트 없이 다른 지역에서 성공했다고 그것을 따라서 할 경우 속 빈 강정이 되거나 도시 전체에 재정적인 부담만 될 수 있다. 무엇보다 그러한 문화예술 관련 프로젝트가 국민의 세금을 투자할 만큼의 정책적 우선순위가 되는지, 그리고 그러한 투자에 대한 정치적인 합의 하에 추진된 것인지에 대해서도 비판이 제기될 수 있다.

제 4 절 문제점과 개선 방안

1 지역문화정책의 문제점

지역이 주도하는 지역문화정책은 주민복지 향상과 지역경제 활성화라는 성과에도 불구하고 한정된 자원으로 지역 발전을 이끌어 나가야 하는 지방정부의 입장에서는 문제가 있을 수 있다. 지역문화정책이 안고 있는 기본적인 문제점과 우리나라 지역문화정책의 문제점을 살펴보기로 한다.

첫째, 지역문화정책은 지역 간 문화 격차와 계급 격차를 초래할 수 있다. 문화 서비스는 새로운 행정 수요로서 공공 부문이 지역 주민들을 위해 담당해야 할 새로운 영역으로 자리잡아 가고 있다. 따라서 지방정부들의 문화행정 부문의 역할 증대는 필연적이나 지방정부에 의한 문화 서비스 공급은 한편으로는 지역 간 격차의 문제를, 또 다른 한편으로는 계급 간 격차의 문제를 야기할 수 있다. 그동안 지역 격차는 주로 경제적 격차를 의미하는 것으로 해석되어 왔으나 문화 부문이 삶의 질을 결정하는 주요 척도로 등장하게 됨에 따라 문화의 격차가 중요한 변수로 대두되고 있다. 문화의 지역 간 격차는 특히 도시와 농촌, 그리고 인구 과다지역과 인구 과소지역 간에 더욱 심화되고 있다.

또한 문화의 계급 격차와 관련해서는 지방정부가 문화 서비스 공급을 담당하게 될 때, 이러한 지역문화정책은 대부분 고급문화 프로그램으로 채워지고 일반 대중문화는 제외됨으로써 대체적으로 중산층에게 그 수혜가 한정되는 문제점을 야기하게 된다(Warren, 1993). 국가 주도의 문화정책이 지역이 주도하는 지역문화정책으로 분권화됨에 따라 대도시 밖의 문화예술의 향유 경험이 없는 사람들에게 향유 기회를 제공함으로써 기회의 평등에 기여할 것이라는 기대와 달리 문화예술 지원의 민주화가 문화예술 소비의 민주화를 보장하지 못하는 것으로 나타난다. 대부분의 지역문화 예술행사의 경우보다 수입이 많고 교육 수준이 높은 사람들이 청중의 대부분을 구성함으로써 지역문화정책이 문화예술 소비자의 사회적 구성을 확대하지 못하고 있음을 보여 준다(DiMaggio & Useem, 1978: 195). 특히 문화정책이 도시재개발전략으로 이용될 경우 도심의 문화시설 건설은 도심지에 거주하는 소수인종이나 저소득층의 축출을 가져온다는 비판도 제기된다.

둘째, 지역문화정책은 행정분권화의 문제점을 노출할 수 있다. 라딘 등(Radin et al., 1996)은 "분권화가 중앙정치의 부정적 양상을 지방 차원까지 확대시킬 수 있으며, 정부간 딜레마의 짐을 지울 뿐 그것을 깨끗이 해결하지는 못한다"고 비판한다. 또한 자치단체의 역할 강화는 분권화의 일면에 중앙정부의 또 다른 규제일 수 있다는 우려도 있다.[4] 또한 지역문화정책이 관심을 끌게 됨에 따라 많은 자치단체가 이에 투자하고 있지만 그것이 실질적인 성과를 거두는 경우는 그리 많지 않다는 것도 문제이다. 재정이 열악한 자치단체의 경우 문화예술 투자가 과연 복지나 교육에 대한 투자보다 시급한 것이냐에 대한 정책적 우선순위에 대한 의문이 있고, 실제 많은 자치단체들이 투자에 대한 철저한 타당성 검증 없이 서로 중복 투자함으로써 낭비와 비효율성이 문제되고 있다. 또한 자치단체가 주관하는 많은 지역문화행사들은 지역 내 특정 정치인들의 경력 수단으로 이용될 뿐 예술가나 청중에 대한 기여는 이차적이 된다. 실제 예술의 질을 높이는 데 기여하기보다는 정치인들의 과시용이나 선심용으로 전락하는 경우가 많다.

셋째, 지역문화정책의 이데올로기성에 대한 비판이 있다. 지역문화정책은 공공정책으로서 경제적 기준만이 아니라 민주적 기준도 고려되어야 하는데 많은 자치단체가 주관하는 지역문화정책은 오히려 예술적·문화적 표현을 억압하고 통제하며 전용하고 있다는 것이다(Warren, 1993). 문화정책이 이데올로기나 창조성, 정체성, 민주적 통치 등의 문제와 밀접한 관계를 맺고 추진되기 때문에 문화예술을 통해 전달되는 상징과 의미는 지역 내 헤게모니 권력관에서 변화의 중심적 역할을 한다. 지역문화정책에서 나타나는 이데올로기적 대립은 예술의 자유와 그것을 억압하는 주도 세력 간의 알력, 그리고 창조성과 위법성 간의 알력으로 표출되기 쉽다.[5]

---

4) 1980년 스웨덴에서는 지방정부에 대한 중앙정부의 규제 기능을 축소시키는 개혁을 단행하면서 분권화와 규제 완화를 표면상 명분으로 내걸었지만 결과적으로는 중앙정부가 지방정부의 지출에 대한 통제를 강화하는 재정적 집권화의 효과를 가져왔다. 중앙정부가 세금을 더 이상 인상할 수 없게 되면서 분권화를 통해 기능은 지방정부에로 이양했지만 지방정부의 지출 증가를 전체적으로 억제함으로써 재정적으로는 통제를 강화한 것이다(Elander & Montin, 1990: 165-180).

5) 예술의 자유와 억압 세력 간의 알력은 주로 공식적 정책과 거리 공연(포스터, 낙서 등 subcultural voice를 반영함)의 자유 간의 갈등으로 혁신적인 내용의 공연 허용 여부를 놓고 이루어진다. 창조성과 위법성 간의 알력: 경찰력을 동원하여 질서 유지 명목으로 혁신적 내용을 억압하는 것으로 알레시오(Alessio, 1992: A8)에 따르면 온타리오 주 해밀턴(Hamilton)의 정치 엘리트들은 이상적인 도시 경관을 그래픽 예술과 사진을 통해 제시함으로써 고의적으로 그 지역과 공업지의 배후지를 선호하도록 왜곡시킴으로써 예술적인 노력을 도시의 새로운 질서정연한 기계적 비전을 정당화하는 데 사용했다고 한다.

이러한 지역문화정책의 문제점은 어느 사회에서나 나타나는 보편적인 것으로 우리나라에서도 마찬가지이다. 여기에 우리나라 지역문화정책의 실태에 따른 문제점을 추가해 보면 다음과 같다.

첫째, 지역문화정책의 전문성과 지속성 결여를 들 수 있다. 일반적으로 지역문화정책을 추진하는 자치단체의 문화예술에 대한 마인드와 이해가 부족해서 전문성이 떨어지고 지역문화정책을 지속적으로 추진하고자 하는 의지가 미약하다. 특히 문화행정직 공무원의 순환보직으로 인해 정책 추진의 일관성을 확보하지 못하고 있다.

둘째, 지역문화정책이 성과를 거두기 위해서는 도시정책이나 지역정책 전반과의 연계 하에 종합적으로 추진되어야 하나 그렇지 못한 점이 있다. 지역문화정책은 조직 내 모든 시책에 문화성을 가미할 수 있는 종합적이고 수평적인 접근이 필요하나 일반적으로 공보나 문화과(계)의 계선조직의 틀을 벗어나지 못하고 있다. 도시기본계획에 문화계획이 독립 항목으로 설정되어야 하는데도 도시기본계획 작성지침에 의해 사회개발계획의 하위 항목에 포함되어 있다. 그러므로 문화계획이 단순히 지역 행사성 프로그램 수준에 머물고 실질적으로 도시 전체를 디자인하거나 문화화하는 수준에 이르지 못하고 있다. 최근 서울시가 '디자인 서울'을 추진하면서 사업 총괄 책임을 부단체장급으로 하고 각종 건축물과 공간, 시설물, 옥외광고물 등을 포괄하는 도시경관 변화를 시도하고 있는 것은 종합적 문화계획의 필요성을 반영한 것이라는 점에서 긍정적으로 평가된다.

셋째, 지역 개발 관련 정책결정에 문화계 인사의 참여가 배제되어 있으므로 문화적인 시각이 반영되지 못하고 있다. 문화도시는 거의 모든 자치단체에서 목표로 내세우고 있지만 실제로는 성장과 개발 중심의 접근이 우선시되고 문화적인 접근은 후순위로 밀려 있다. 그것은 문화도시나 지역문화정책이 현실성과 구체성이 결여된 채 목표 실현을 위한 로드맵이 없고 행정조직 내에서 문화예술 부서와 지역 개발 부서 간 횡적인 연계도 부족해서 정책결정 과정이 공유되지 못하기 때문이다.

넷째, 지역문화정책은 그 궁극적인 목표가 '시민자치와 시민문화 창달'에 있으나 지나친 관 주도로 말미암아 시민 참여와 시민 주도의 이념이 소홀히 되고 있다. 지역문화정책의 대상이 되는 시민의 문화적 권리 보장과 문화향유권의 관점에서 지역문화정책을 추진하기보다는 다른 시책과 마찬가지로 국가문화정책의 테두리 안에서 위임받아 상의하달식의 집행에 초점을 두는 경향이 있다. 무엇보다 그러한 관 중심의 정책결정 과정으로 인해 시민의 욕구와 유리되거나 동원된 참여 하의 지역문화 행사 위주로 전락하고 있다. 지역문화를 공무원들이 정책적 개입을 통해 선도할 수 있다는 시각 자체가 시민문화 창달에 가장 큰 장애 요인이 된다.

2 개선 방안

우리나라 지역문화정책의 문제점을 제거하고 개선하기 위해서는 다음 몇 가지 방안을 검토할 필요가 있다.

첫째, 지역문화정책을 수립하고 주관하는 조직과 부서의 전문화가 필요하다. 이를 위해서는 문화행정 전문가를 충원하고 활용하는 방안을 검토할 필요가 있다. 최근의 인사정책이 직렬 통합 추세로 나아가고 있기 때문에 별도의 직렬로 구분할 수는 없지만 문화행정의 전문성을 반영하는 인사정책이 필요하다. 공무원들의 문화예술 마인드를 높이고 공무원 교육에도 문화행정 관련 과목을 편성하는 한편 문화행정 전문가를 우대하는 인사행정이 필요하다. 무엇보다 문화예술 부서를 한직으로 보거나 관광 부서의 일환으로 간주하는 태도를 버려야 한다. 특히 자치단체 산하의 미술관이나 박물관 등 문화예술기관 운영에는 조직 내 인사 적체를 해소하기 위한 수단으로 인식하여 일반직 공무원을 파견하기보다는 전문가 중심의 책임운영제를 활용할 필요가 있다. 최근 공기업이나 산하기관에 대한 경영평가가 확산되고 있는 추세를 반영해 전문가에게 임기 기간 동안의 구체적인 목표와 비전을 가지고 운영하게 하되 실질적인 평가를 통해 경영혁신을 유도할 필요가 있다.

둘째, 지역문화를 도시정부가 주도할 수 있다는 시각을 버리고 기업과 문화예술단체와 전문가, 그리고 시민사회단체와 일반 시민에 이르기까지 폭넓게 다양한 계층이 참여하는 지역 거버넌스를 구축해야 한다. 이제 지역 주민은 도시정부가 공급해 주는 문화를 소비하는 객체가 아니라 지역 주민 스스로 문화를 개발, 생산하는 주체여야 한다. 다만 행정은 다양한 문화 체험 기회를 제공하고 문화자원과 유산을 보존하며 다양한 문화 창출을 지원하는 역할에 초점을 맞추어야 한다. 기업도 지역문화가 기업의 이미지와 사회적 책임성을 제고시켜 준다는 관점에서 각종 문화예술에 대한 후원과 문화사업에의 참여를 중시해야 한다. 지역문화의 발전을 위해서는 전문가 양성을 위한 다양한 후원과 문화예술 교육 시스템도 중요하다. 결국 지역문화는 행정의 지원과 기업, 전문가, 시민단체 등 지역 주민 전체의 시민의식 성장과 함께 협력적 연대 노력이 필요하다.

셋째, 문화 친화적인 지역발전계획을 수립해야 한다. 비안치니(Bianchini, 1993)는 문화계획은 생활체육, 도시경제, 교통, 조경, 환경, 관광, 토지 활용, 건물환경, 주택, 도시설계, 도시 안내, 도시 이미지, 청소년 등의 도시 제반 계획과 연계 추진하는 통합전략이 필요하다고 주장한다. 도시계획에는 문화계획 및 문화시설의 설치계획을 포함하고 토지이용계획에 문화시설용지를 포함하며, 대규모 공동주택단지 조성이나 재개발사업 시 문화복지 수요를 고려하여 일정 규모의 문화시설을 설치하는 혼합도시 개발 방식을 도입할 필요가 있다(Snedcof, 1990). 최근 거론되는 예술특구나 문화지구는 도시의 특정 지역에 문화시설과 문화 업종을 집중·육성하여 문화환경을 조성하는 것이다. 댈러스나 뉴욕, 피츠버그 등이 이러한 예술특구가 문화지구 조성 사례라 할 수 있다. 이러한 예술특구나 문화지구를 조성하려면 도시계획과의 통합적인 계획 수립이 필수적이다. 그러기 위해서는 도시계획위원회 등 도시정책 과정에 문화 관련 인사의 참여를 확대해야 한다. 도시가 문화적인 시각에서 종합적으로 접근될 수 있도록 도시계획위원회에도 문화 전문가를 참여시키고 도시계획과 문화예술 관련 계획을 접목시킴으로써 하드웨어와 소프트웨어의 균형을 맞추어 나가야 한다.

넷째, 지역문화가 발전하기 위해서는 지역의 고유한 특성과 역사성을 존중해야 하지만 이와 동시에 서로 다른 문화, 심지어는 반문화(反文化)까지도 용인할 수 있는 관용적 문화 풍토를 배양할 필요가 있다. 미국 문화가

정부의 별다른 지원 없이도 성장할 수 있었던 배경에는 이질적인 이민문화를 받아들여 융합하는 용광로(melting-pot)문화에 있었던 것처럼 지역문화도 과거에 머물러 있기보다는 폭넓은 교류를 통해 개방성과 다양성을 확보하는 것이 필요하다. 최근 우리 지역 농촌의 결혼이민자 가정이 늘어남에 따라 이제는 농촌까지도 문화적 다양성이 요구되고 있는데, 자국문화로의 동화만 강조하는 문화적 폐쇄성과 획일화는 지역문화 발전의 가장 큰 저해요인이다. 지역문화정책이 전통문화나 고유문화의 보존에만 매몰되면 지역문화를 통해 도시민의 삶의 질을 개선하기는 어려울 뿐 아니라, 도시 발전의 경쟁력을 확보하기도 어렵게 된다. 시민사회 내 다양한 문화적 담론이 지역문화 의제와 방향을 설정하는 시민문화의 성숙을 위해서도 자유로운 의견 개진과 창의적 표현을 장려하며, 새로운 문화적 실험까지도 인내하는 지역사회 내의 개방적이고 관용적 분위기 조성이 필요하다.

Chapter 06

문화정책의 정부간 관계

제 1 절 중앙-지방 간 관계의 변화

지방자치제의 실시로 전통적인 중앙-지방 간의 관계가 변모함에 따라 중앙정부와 지방정부, 그리고 지방정부 간 경쟁과 대립, 갈등이 발생함으로써 그 역할 조정이 요구되고 있다. 과거 복지국가 시대에는 중앙정부가 정책을 수립하고 지방정부는 하위 기제로써 집행 역할을 수행하는 것으로 역할을 분담하는 한편 중앙은 각종 규제를 통해 지방을 통제해 왔다. 그러나 분권화 시대에는 지방의 기능 확대와 함께 지방의 입지가 강화되고 중앙의 규제가 더 이상 수용되지 않음으로써 지방은 스스로의 책임 하에 각종 개혁과 전문화를 추구하게 되었다. 이에 따라 중앙의 지방에 대한 통제도 재정 지출과 같은 간접적 통제 방식으로 전환되고 있으며, 정부간 갈등 조정 역할의 필요성도 제고되고 있다.

중앙-지방 간 관계의 변화는 문화정책에서도 예외는 아니어서 많은 변화가 나타나고 있다. 국가 주도의 문화정책은 지방 주도의 지역문화정책으로 변화하고 있으며, 국가가 문화정책을 통해 획일적으로 국민의 문화생활을 책임지던 과거와 달리 지방 스스로 지역민의 삶의 질 제고 차원에서 문화에 관심을 갖고 역할을 확대해 나가고 있다. 최근에는 문화가 지역활성

〈표 6-1〉 정부간 관계의 변화

자원	복지국가 시대(1946~1975)	분권화 · 탈규제 시대(1976년 이후)
법적 측면	지방을 복지국가의 기제로 사용	지방의 입지 강화 분권화에 의한 지방 기능 확대
규제적 측면	중앙은 규제를 통해 지방통제	중앙의 지방 규제 약화
재정적 측면	중앙과 지방 모두 급격한 성장	중앙의 지방재정 통제 지방의 기업경영 방식 도입
정치적 측면	중앙 주도의 정치 지방정치 빈약	지방자치제 강화 지방정당 강화
전문성 측면	중앙의 지원 하에 지방전문화	지속적 전문화 신(新)전문조직 등장

화나 지역 이미지 창출의 한 수단으로 인식되면서 자치단체 간에도 문화경쟁이 더욱 치열해지고 있다. 각종 국제행사나 문화시설 건립 등을 둘러싼 과도한 유치 경쟁과 지방자치단체마다 경쟁적으로 개최하는 수많은 축제로 인한 자원의 낭비 등이 문제로 대두되면서 정부간 합리적 역할 분담의 필요성도 더욱 커지고 있다.

제 2 절 정부간 관계 모형

1 일반론적 정부간 관계 모형

지식사회에서 문화가 국가경쟁력의 핵심 가치로 대두되면서 자연 문화정책을 둘러싼 정부간 관계에 대한 논의가 관심을 끌고 있다. 초유기체적인 문화의 특성상 중앙정부 혼자서 문화정책을 견인할 수도 없을 뿐 아니라 국민의 문화접근성을 보장하고 문화적 다양성을 제고하기 위해서는 중앙정부와 지방정부 간의 바람직한 역할 분담 체계와 연계 방안을 필요로 한다는 점도 문화정책의 정부간 관계에 대한 인식 제고에 기여했다(박혜자, 1998).

지금까지 정부간 관계는 미국과 영국 그리고 일본 등에서 각국의 정치체제와 현실적 상황 속에서 연구되었으며, 한국의 정부간 관계 연구와 현실적 적용도 이와 다르지 않다. 그러므로 여기서는 이들 세 국가의 정부간 관계 연구를 살펴보고, 한국적 상황에의 적용가능성을 검토하되 문화정책을 중심으로 정부간 관계 설정의 전제 조건을 논의한다.

우선 정부간 관계(IGR)란 용어는 연방주의를 지향한 미국에서 1940년대부터 사용되기 시작하여, 1950년대 미 의회에서 '정부간 관계(IGR)'라는 용어를 공식적으로 처음 사용함으로써 기존의 연방주의(Federalism)라는 용어를 대체하게 되었다. 이러한 정부간 관계는 이론의 발전적 측면에서 크게 전통적 입장과 현대적 입장으로 구분할 수 있다.

그리피스(Ron Griffith)는 유럽의 중앙·지방 관계의 전통적인 견해와 관련하여 세 가지 조건을 강조한다. 첫째, 서비스를 제공하는 주체로서 지방정부의 역할이 중요하다는 것이다. 둘째, 중앙과 지방 관계는 일방적 통제 관계가 아니라 지방정부도 중앙정부에 대해 영향력을 행사할 수 있다는 것이다. 셋째, 대부분의 서비스는 전국적으로 균일해야 한다는 점에서 최저기준이 필요하다는 것이다. 그리피스는 이러한 세 가지 조건을 통해 크게 중앙과 지방 관계를 '대리인모형(agent model)'과 '동반자모형(partnership model)'으로 설명한다.

먼저 대리인모형은 지방정부를 중앙정부의 대리인(agent)으로 파악한다. 이는 지방정부를 중앙정부가 위임한 사무를 수행하는 집행적 기관으로 인식하고 정책집행상의 재량권을 인정하지 않는다. 이러한 시각은 중앙집권적인 정부구조를 반영하는 것으로 지방정부를 중앙정부의 입법적 산물로 파악하고 중앙정부의 보조금에 의존하는 형태로 이해한다. 반면 동반자모형은 지방정부가 서비스를 제공하는 데 대해 중앙과 대등한 입장에서 중앙과 지방 간의 관계를 동반자적 관계로 인식한다. 이 모형은 주로 지방자치를 주창하는 사람들에 의해 선호되고 있는데, 이들은 중앙과 지방이 동등한 입장으로 복잡한 형태의 상호작용을 거듭하면서 지방도 중앙의 정책결정에서 어느 정도의 영향을 미칠 수 있고, 자체의 활동에서 상당한 재량권을 확보하고 있다고 본다. 최근 행정학에서 등장하는 조정 및 협력 관계의 강조는 동반자모형을 반영하는 것으로 현대적 의미의 정부간 관계에서 다시 조명받고 있다.

그러나 대리인모형과 동반자모형은 현실적 차원에서 중앙과 지방의 관계를 설명하는 데 한계가 있다. 즉 중앙정부와 지방정부의 역할을 총체적으로 파악하기보다는 중앙정부와 지방정부 중 어느 한편의 입장만을 반영하고 있다. 이로 인해 중앙정부와 지방정부 간에 동태적 측면을 설명할 이론의 필요성이 제기되었고 라이트(D. S. Wright)와 로즈(R. A. W. Rhodes), 그리고 무라마쓰(村松妓夫)의 이론이 그 대표적인 예이다.

현대적 정부간 관계를 제시하는 라이트의 모형(1988)은 크게 대등권위모형, 중첩권위모형, 포괄권위모형 등으로 구분된다.[1] 우선 라이트는 미국의 정부간 관계를 기존의 연방주의와 구별하여[2] 정부간 관계의 이론적 논거를 구성 요소와 이의 주요한 특징에서 찾는다. 즉 정부간 관계의 구성 요소를 행위자(actor), 장소(where), 시간(when), 과제(what)의 네 가지로 전제하고, 그 주요한 특징을 법적 요소, 인적 요소, 규칙적인 상호작용, 그리고 모든 공직자 및 정책과제 등으로 제시한다.

이러한 논거를 통해 라이트는 대등권위모형(coordinate authority model)은 연방정부와 주정부 간의 대등적 관계(이원적 연방제)를 상정하는 한편 지방정부는 주정부에 내포되어 의존적인 관계로 설정한다. 이는 지방정부

1) 이들 모형에 대한 국내의 번역이 상호 달라 오재일(1998)의 설명을 참조했다.

2) 라이트에 따르면 첫째, 정부간 관계는 기존의 연방주의와 달리 중앙정부와 지방정부 수준의 관료들의 개별적인 상호 관계를 좀 더 중요시한다고 주장한다. 즉 연방주의는 연방체계의 구조를 다루는 데 반해, 정부간 관계는 생리 현상을 파악한다는 것이다. 따라서 연방주의가 연방정부와 주정부에 초점을 두는데 반해 정부간 관계는 모든 정부의 수준을 반영한다. 둘째, 연방주의는 법치주의의 공식적 측면을 강조하지만 정부간 관계는 법적 차원을 포함한 비공식적 차원을 아우른다는 것이다. 셋째, 연방주의는 계층제적 관계를 상정하지만, 정부간 관계는 이를 반드시 필요한 전제로 인정하지 않는다. 넷째, 연방주의는 정책문제에 대해 별다른 관심을 보이지 않지만, 정부간 관계는 정책과 집행에 관심을 보인다. 끝으로 연방주의는 그 의미가 매우 불명료하고, 분석상 효용가치를 상실한데 반해 정부간 관계는 비교적 시각을 통해 구체적이고 가치 중립적이라는 것이다.

가 입법권이 없고, 지방정부의 설립은 주정부의 의지에 달려 있으며, 주정부가 허용하는 권한만을 사용한다는 데 근거를 두고 있다. 이 모형은 연방정부와 주정부 간에 우열 관계가 성립하지 않고, 갈등이 발생하면 법원의 판결에 의존하게 된다. 하지만 대등권위모형은 연방정부와 주정부의 동태적 측면을 파악하지 못하고, 복잡한 사회 현실을 반영하지 못한다는 비판을 받았다.

라이트의 두 번째 모형은 포괄권위모형(inclusive authority model)이다. 포괄권위모형은 연방정부가 권한을 확대할 경우, 주정부와 지방정부의 권한은 축소되어 계층제적 속성을 반영하는 것으로 파악한다. 즉 연방정부는 주정부와 지방정부를 모두 포괄하고 주정부는 지방정부를 포괄한다고 보기 때문에 전통적인 대리인모형과 마찬가지로 주정부와 지방정부는 연방정부의 일선기관으로 인식한다. 하지만 이 모형은 주로 미국의 보수주의자와 자유주의자에 의해 선호되는 것으로 연방정부에 힘을 부여하고, 지역 단위의 정치력 부재 그리고 계층제적 측면을 강조한다는 점에서 비판을 받았다.

끝으로 중첩권위모형(overlapping authority model)은 계층제적인 것과 자율적인 것의 이원적 형태를 상정하고 있는데, 상당한 정부활동과 기능이 세 수준의 서로 다른 정부 간에 동시에 이루어지며, 한 정부의 자치권 또는 재량권은 상대적으로 협소하기 때문에 정부 간의 협상이 매우 중요하게 된다. 따라서 이 모형은 협조적 연방주의를 주창하며, 정부간 상호 협상을 통해 자원의 교환과 합의가 이루어진다는 데 초점을 두고서 동반자적 관계를 강조한다.

지금까지 라이트의 모형이 미국의 현실을 바탕으로 했다면, 로즈의 권력의존모형(power-dependence model)은 영국의 정치·행정 상황에서 비롯되었다(Rhodes, 1988). 로즈의 모형은 라이트의 동반자 관계보다 한층 발전된 형태로서 각 정부 간의 상대적인 의존성을 강조한다. 즉 기존 연구가 주로 재원이나 법 등 제도적 접근에 치중하고 있다고 비판하고, 중앙과 지방 분석에는 조직간 분석(inter-organizational analysis)이 중요하다고 주장하여, 조직을 개방 체제로서 보고 조직과 환경과의 관계를 자원과 정보의 교환 장소로 간주한다.

로즈의 이 같은 입장은 종래 영국의 중앙과 지방과의 관계에 대한 비판에서 제기되었다. 그는 우선 과거의 중앙과 지방 간의 관계가 재원이나 법

등 제도적 차원에 초점을 두었다고 비판하고, 새로운 이론적 접근으로써 조직 간 분석이 중요하다고 본다. 나아가 개방 체제로서 조직 간 상호작용을 토대로 '권력'과 '의존'이라는 개념을 강조한다. 그는 특히 '권력'을 자원(resource)으로서 권력, 규칙에 기초한 상호작용(rule-governed interaction)으로서 권력, 그리고 편견의 동원(mobilization of bias)으로서 권력 등으로 규정하고, 조직 간 분석에서 이 세 가지 차원의 권력을 분석해야 한다고 역설했다.

그러므로 권력의존모형은 조직 네트워크라는 개념을 통해 중앙과 지방과의 다양한 관계성을 인식하고, 중앙과 지방 관계를 하향식으로 인식하는 종래의 접근을 수정하는 한편, 권력과 교환이라는 개념을 통해 중앙과 지방 간의 관계를 단순한 통제만의 관계가 아니라고 지적한다. 또한 제도적 복잡성이 정부의 효과성과 책임성에도 중요한 역할을 한다는 사실을 강조한다. 결국 이 모형은 여러 수준의 정부 단위 간의 상호작용과 복잡성, 그리고 역동성을 통해 기존의 제도적인 차원의 정부간 분석에서 정부 단위 간의 상호작용(협상, 교섭 그리고 게임 등)으로 전환을 시도한다. 특히 로즈는 조직 간 분석을 정부간 관계로 전환시켜 권력 의존 시각에서 미시적 분석과 거시적 분석을 다룬다. 미시적 분석은 주로 다원주의에 기초해 정부간의 상호작용을 분석하고, 거시적 분석은 조합주의를 토대로 상호주의의 기초 맥락을 분석한다.

끝으로 한국적 상황과 비교하여 시사점을 발견할 수 있는 모형은 무라마쓰(村松岐夫, 1989)의 이론이다. 무라마쓰의 정부간 이론은 주로 일본의 상황을 반영한 것으로, 정통파 이론인 전전·전후연속론(戰前·戰後連續論)과 전전·전후단절론(戰前·戰後斷絶論)의 논쟁에 기초하고 있다. 무라마쓰는 정통파 이론이 정부간 관계를 '수직적 행정통제모형'으로 인식하고 있지만, 이 모형이 일본의 사회 변화를 적절히 반영하고 있지 못하다고 비판하고 전전·전후단절론을 기초로 '수평적 정치경쟁모형'을 제시한다.

무라마쓰는 중앙 수준의 정치와 지방자치는 상호 연동하고 있으며, 그 연동의 성격은 행정적 부분과 정당의 활동이라든가 선거로부터 설명되어야 하는 정치적 부분도 있다고 주장한다(오재일, 1999). 이는 중앙과 지방 관계에서 행정적 요인뿐 아니라 정치적 요인의 중요성을 시사하는 것으로, 양자의 관계에서 지방으로부터의 정치적 압력과 경쟁에 의해 중앙과 지방의 관계가 규정되는 경우도 있다는 것이다. 수평적 정치경쟁모형에서 경쟁을 수평적이라 한 것은 지방 간의 '경쟁(競爭)'을 중요시하기 때문이고, 정치적이라고 한 것은 그 경쟁 과정이 '선거(選擧)'에 기초하고 있기 때문이다.[3)]

우리나라의 정부간 관계를 설명하기 위해서는 우선 한국적 상황에서 중앙정부가 지방정부를 완전히 포괄하고 있는지에 대해 문제의식을 가질 필요가 있다. 이러한 입장은 무라마쓰의 수직적 행정통제모형과 라이트의 포괄권위모형에서 두드러진다. 또한 이에 대해 부정적이라면, 중앙정부와 지방정부가 서로 독립성을 가지고, 상호 자율성과 자주성을 인정해 주는지 자문할 필요가 있다. 이는 전술한 라이트의 대등권위모형이 대표적인 경우이다. 끝으로 이들 모형의 중간적 입장에서 각 정부 수준에서 상호 의존과 상호 협력을 기초로 하는지 검토할 필요가 있다. 무라마쓰의 수평적 정치경쟁모형과 로즈의 권력의존모형은 이 같은 입장을 반영한다.

〈표 6-2〉 중앙-지방 관계에 관한 이론모형 비교

	모형 분류			**관련 학자**
관계모형	대리인모형	-	동반자모형	Griffith(1966)
	포괄권위모형 (inclusive authority model)	중첩적 권위모형 (overlapping authority model)	대등권위모형 (coordinate authority model)	Wright(1978)
	-	권력의존모형(power-dependence model)	-	Rhodes(1981)
	수직적 통제모형	-	수평적 경쟁모형	村松岐夫(1989)
내용	지방정부가 중앙정부에 완전히 종속되어 있는 관계로서 자율적이지 못하고 수직적·계층제적인 형태	중앙-지방은 상호의존관계에 기초하여 정치적 타협과 협상을 벌이는 관계임	지방정부가 중앙정부와 독립적이면서도 자율성을 띤 관계임	

3) 무라마쓰의 이론에서 수평적 정치경쟁모형의 토대가 되었던 것은 소위 일본의 혁신자치단체의 등장에 착안한 것으로 중요한 의미를 가진다.

여기서 주목할 점은 한국적 상황에서 구체적으로 정부간 관계를 설정할 때, 현실과 이상을 구분하는 것이다. 한국의 경우, 현실적 차원에서 계층제적인 수직적 행정통제모형 또는 포괄권위모형이 지배적이었지만, 지방자치제 실시 이후 권력 의존 또는 수평적 정치경쟁모형이 이상적인 것으로 인식되기 때문이다. 이러한 일반론적인 정부간 모형은 후술하는 문화정책의 정부간 모형에서 '이념형(ideal-type)'으로서 작용하지만 이에 대해서는 좀 더 구체적인 논의가 필요하다.

2 문화정책의 정부간 관계 모형

지방분권화 추세와 함께 문화정책에서도 정부간 관계의 변화가능성이 나타나고 있지만, 그동안 문화 부문에서 정부간 관계에 대한 연구는 대단히 한정되어 있다. 또한 정부간 관계를 분석하는 기준으로 권한이나 기능배분보다는 정부조직이나 재정분석을 통해 중앙과 지방정부 간의 관계를 살펴보는 연구가 일반적이다.[4)]

우리나라 문화정책을 내용면에서 로위(Lowi, 1972)의 분류에 의거하여 살펴본다면, 주로 규제적 정책에 중점을 두어 온 한편 약간의 예술 창작활

4) 이와 달리 히다카(日高昭夫, 1994: 25-26)는 정책결정 과정에 초점을 두어 정부간 관계를 규정하고 있다. 다음 표에서와 같이 국책 사업 프로그램의 설계하고 추진할 때 중앙정부 또는 지방정부 중 누가 정책결정과 정책발의를 담당하는가에 따라 집권-분권 패턴을 살펴볼 수도 있다.

구분	중앙정부		지방정부		대표적 사례
	정책결정권	정책발의권	정책결정권	정책발의권	
유형 1	○	○		○	북해도개발법(1950)
유형 2	○	○	○		저개발지역공업개발촉진법(1961)
유형 3	○	○	○	○	공업정비특별지역정비촉진법(1964)
유형 4	○	○	○	○	신산업도시건설촉진법(1962)
유형 5	○		○	○	테크노폴리스법(1983), 리조트법(1987)
유형 6		○	○	○	지역창생(1987)
유형 7			○	○	고유의 자치입법, 독자정책

동 및 보존활동에 대한 배분적 정책이 부수적으로 실행되어 국민의 문화 수요 표출과 충족이라는 자생적인 발전 과정에 따른 자유주의 입장을 취하지 못하고 중앙정부 스스로 목표의 설정과 수단의 선택, 집행을 추진해 나가는 구성주의 입장의 정책을 취해 왔다. 그러나 지방분권 및 정부간 관계 변화에 따라 지방정부가 점차 자율적 행정의 주체로 등장하게 되면서 과거 수직적이고 일방적인 정부간 관계의 틀이 다원화된 행정 체제로 변모하고 있다.

그러나 지방정부의 자율성이 강화되는 과정에서 지방의 문화정책과 중앙정부의 문화정책이 상호 유기적 관계를 상실하면서 정책 수행 과정의 복잡화와 주체들의 다양화에 적합한 상호조정 과정은 아직 형성되지 못하고 있고, 지방정부에 대한 중앙정부의 정책조정 기능은 현저하게 약화되는 등 새로운 문제들이 나타나고 있다(문화행정혁신위원회, 2003: 12). 더구나 현행 중앙정부 주도의 지역 발전 추진 방식은 중앙정부의 시책 및 추진사업이 지역적 수요나 우선순위를 제대로 반영하지 못할 뿐만 아니라 중앙정부 부서 간 및 중앙-지방정부의 추진 시책 간 조정・연계 미흡의 문제를 야기하여 지역 개발 투자 및 지원 효과를 저하시키는 주요 요인으로 지적되고 있다(차미숙 외, 2003: 1-2). 특히, 문화 부문에서도 중앙정부의 의존에서 벗어나 문화행정 사무의 실질적인 지방 이양과 문화재정의 이양, 자주입법권 등 지역 스스로 문화 수요를 창출하기 위한 문화자치 내지 문화분권화의 노력이 요구된다.

무엇보다 일반론적 차원의 정부간 관계를 문화정책의 정부간 관계에 적용하는데는 상당한 주의를 필요로 한다. 이를 문화정책의 특징을 고려하지 않고 적용했을 때, 정부간 관계보다는 연방주의 등 전통적인 중앙과 지방간의 관계에 사로잡힐 가능성이 크기 때문이다. 지금까지 연구는 주로 정부간 관계를 전통적인 입장에서 정책의 방향과 조직, 재정 그리고 기능적인 차원에 초점을 두고 있다. 하지만 앞에서 살펴본 것처럼, 이는 주로 제도적 차원에 한정되어 있고, 정부간의 동적인 측면, 즉 상호 협력, 정치 경쟁적 맥락이 경시되는 경향이 있다.

기존의 문화정책 또는 문화산업정책의 연구에서 정부간 관계를 설정하는 주요 지표는 정부조직 분석을 통한 정부간 관계 모형이다(Schuster, 1985; Cummings & Katz, 1987). 즉 문화행정 조직을 그 조직 형태와 집행하는 방식에 따라 대체로 문화부모형과 부처분산형 모형 그리고 위원회모형으로 구분하고, 문화부모형은 적극적인 문예 지원으로 문화의 향유권과 접근권이 제고될 뿐 아니라 안정적인 지원으로 지속적인 성장을 도모할 수 있는 반면에, 장기적으로 정부의 적극적인 지원과 개입이 관료주의적 폐해와 창조적인 발전을 저해함으로써 지역적인 다원성과 자율성을 후퇴시키는 단점을 갖고 있다는 것이다.

이에 반해, 부처분산화모형은 문화예술의 질을 높이는 데 주력하기 때문에 경쟁력을 높일 수 있는 장점이 있는 반면에, 문화의 엘리트주의에 빠질 우려가 있다고 한다. 끝으로 위원회모형은 다른 부문과의 연계성을 높일 수 있고 문화예술의 정부 의존성을 낮추고 민간과의 관계를 활성화함으로써 다원적인 예술활동을 촉진할 수 있지만, 지방정부 차원에서 지나친 경쟁의 난립이나 지역 간 문화의 격차를 심화시킬 수 있다고 지적한다.[5] 이러한 모형은 정부간 관계에서 중앙집권형에서 분권형에 이르는 스펙트럼에 위치하며, 문화부모형은 중앙정부 주도형, 부처분산화모형은 공동 주도형(중첩모형), 그리고 위원회모형을 지방정부 주도형 모형으로 환원된다(박혜자, 1998; 구광모, 1999).

이러한 입장은 각국의 사례를 통해 추출한 것이지만, 문화정책의 동태적 측면을 파악하는 데 그 적실성 여부가 문제이다. 문화부모형의 경우에도 중첩모형 또는 지방 주도형 모형을 취할 수 있는 가능성이 있기 때문이다.

5) 이러한 입장에 따르면, 대체로 중앙정부의 문화정책에 대한 개입의 정도를 반영, 중앙정부의 개입 의지가 강하면 강할수록 문화부모형을 택하고, 이에 대한 우려가 높을 경우 위원회모형을 선택하고 있다고 한다. 또한 이 모형은 중앙정부와 지방정부의 관계에 의해 영향을 받는데, 중앙정부의 권한이 강하고 지방정부의 자율성이 낮은 경우 문화부모형을 선택하는 경향이 있다는 것이다. 재원구조상 중앙정부의 재정 규모가 크고 문화예술 지원 방식이 좀 더 구체적이고 직접적일 경우 문화부 모형을 택하는 경향이 있으며, 문화정책의 목표가 국민의 복지적 측면에 있을 경우 중앙정부는 재분배 역할을 수행하기 위해 문화부모형을 택하는 경우가 있는 반면, 지역적 다원성을 추구하는 경우 위원회모형을 택하는 경우가 있다고 한다(박혜자, 1998).

또한 부처분산화모형이 반드시 공동 주도형으로 반드시 축약될 수 없고, 위원회모형 또한 지방 주도형 모형으로 연결하기에는 무리가 따른다.[6] 이는 전술한 대로 공식적 조직구조와 기능의 관점에서 파악, 문화정책에서 비공식적 조직구조와 기능의 작용가능성을 간과하고 있기 때문이다.

또한 한국의 문화관광부 조직과 관련 기관인 교육부, 행정자치부, 정부통신부 분석, 그리고 지방자치단체의 문화 부서의 정책 및 역할 분석을 통해 한국적 상황에서 문화관광부 중심의 문화정책협의체의 창설을 주장한 학자(이대희, 2000)도 있으나, 이 또한 문화관광부의 중심적 역할을 인정함에 따라 구조로서 조직의 시각을 탈피하지 못한다.

문화정책의 두 번째 정부간 관계는 중앙정부와 지방정부의 재정분석을 통해 볼 수 있다(구광모, 1999; DiMaggio, 1991; Trosby, 1994). 정부간 관계에서 재정은 자원의 배분 관계를 보여 주는 것으로 중요한 의미를 갖는다. 기존에는 중앙정부가 재정자원을 독점하고 보조금 등의 형태를 통해 지방정부에 배분해 줌으로써 중앙정부의 정책 논리로 지방을 유인하는 중앙집권적인 관계를 보여 왔다. 그러나 점차 지방자치단체의 문화예산이 확대되면서 이러한 정부간 관계에도 변화가 감지된다. 이와 관련하여 문화관련 재정분석으로서 중앙정부와 지방정부의 예산에서 문화예술비의 점유율 분석이나 보조금 비율과 자체 예산 비율 등의 지표를 통해 정부간 관계의 현실을 조명할 수 있다.

마지막으로 문화정책의 내용분석을 통해 정부간 관계를 파악하는 것으로 주로 총예산과 인구 수, 공연시설이나 전시시설 같은 하드웨어, 재정자립도나 문화 욕구 등의 지표가 사용된다.

---

6) 독일의 경우 부처분산화모형이라 할 수 있으나 위원회모형을 택하고 있는 미국과 마찬가지로 문화예술에 대한 권한과 책임이 대부분 지방정부에 이양되어 공동 주도형보다는 지방정부 주도형에 가깝다.

제 3 절 정부간 기능 배분의 원칙과 실태

1 기능 배분의 원칙

정부를 계층별로 보아 중앙정부와 광역자치단체, 기초자치단체로 구분할 경우, 업무의 효율성과 서비스 비용 절감, 서비스의 질 제고 등을 위해서는 어떠한 기능을 어떤 계층의 정부가 담당하는 것이 효과적일 것인가 하는 문제가 제기된다. 정부간 기능 배분의 문제는 행정의 성과를 중시하는 방향으로 지속적인 혁신이 추진되면서 각 정부의 역할과 권한, 책임을 좀 더 명확히 정의할 필요성이 대두되었다. 이러한 행정개혁은 가급적 중앙정부의 역할을 축소하고 지방정부의 자율성과 책임을 강화하는 방향으로 추진되면서 중앙정부의 권한과 기능이 상당 부분 지방정부로 이양되고 있다. 1980년 후반 들어 세계적으로 지방 이양이 추진되어 왔으며, 영국과 일본의 뒤를 이어 우리나라에서도 1999년 '중앙행정 권한의 지방이양 촉진 등에 관한 법률'과 2004년 '지방분권특별법', 2008년 '지방분권 촉진에 관한 특별법'이 제정되었다.[7)]

중앙과 지방정부 간 기능 배분의 관점에서 중앙정부의 주도가 필요한 경우는 최소화되어야 한다. 이에 따라 중앙정부의 주도가 필요한 경우는 다음 세 가지 경우로 제한된다. 첫째, 프로그램의 외부 효과가 클 경우, 둘째, 중앙집권적 기준을 통해 효율성을 높일 수 있을 경우, 셋째, 소외계층이나 지역에 대한 접근을 통해 형평성을 높일 수 있을 경우이다. 피터슨 등(Perterson et al., 1986)에 의하면, 지방정부 우선의 원칙에 따라 지방정부는 문

7) 김대중 정부는 '중앙행정 권한의 지방이양 촉진 등에 관한 법률'을 제정하여 지방이양추진위원회를 설치했고, 노무현 정부는 '지방분권특별법'을 제정하여 정부혁신·지방분권위원회, 이명박 정부는 개정된 '지방분권 촉진에 관한 특별법'에 의거하여 지방분권촉진위원회를 설치했다.

화적 다양성을 살리는 데 적합하므로 지역의 특성에 맞는 문화의 '개발정책(developmental policies)'을 수립하여 집행하는 기능을 하고, 중앙정부는 '재분배정책(redistributional policies)'을 통해 지역 간, 계층 간 문화적 격차를 해소하고 형평성을 제고하는 기능을 하는 것이 적합하다고 한다.

그러나 중앙정부와 지방정부 간 실제 기능 배분은 국가마다 상황에 따라 다소 차이가 있다. 정부간 기능 배분에 따라 중앙집권형과 지방분권형으로 대별해 볼 경우, 중앙집권형은 프랑스와 같은 중앙이양모형과 스웨덴과 같은 중앙분권모형으로 나뉘며, 지방분권형은 독일, 캐나다, 미국과 같은 순수이양모형과 이탈리아와 같은 역할 분담적 혼합이양모형, 영국이나 네덜란드 같은 협력적 이양모형으로 세분화될 수 있다(구광모, 1999: 85-93).

순수이양모형은 연방제 국가로서 전국에 동일 수준의 문화 서비스를 보장해야 한다는 합의가 없기 때문에 지역적 다양성과 자율성을 강조하여 국가 차원의 문화정책을 수립하지 않고 지역을 지원하는 기능만을 담당한다. 역할 분담적 혼합이양모형인 이탈리아의 경우 중앙정부는 문화예술 발전을 위한 일반 원칙을 수립하고 이에 따라 정부간 역할 조정을 담당한다. 광역자치단체는 문화 발전을 위한 계획과 진흥 역할을 담당하며, 기초자치단체는 이를 현장에 집행하는 역할을 하는 것으로 역할 분담되어 있다. 협력적 이양모형인 영국에서는 영국예술위원회와 별도의 독립적인 민간기구로서 지역예술협회가 있어 집행 기능 이상의 권한을 가지고 기능하고 있으며, 네덜란드에서는 민간예술단체를 국가와 지역이 상호 협력하여 지원하고 있다.

프랑스와 같은 중앙이양모형은 전통적으로 정책결정이 중앙정부에 의해 주도되며, 광역자치단체는 문화예술시설 건립을 지원함으로써 문화예술의 진흥을 위한 장소 제공의 역할 분담만을 해왔으나, 최근 특별문화보조금제도를 도입하여 지방으로의 기능 이양을 추진하고 있다. 중앙분권화모형인 스웨덴의 경우 정책결정은 중앙집권이 유지되고 있으나 집행 기능은 상당 수준 분권화되어 있다.

최근에는 세계적인 분권화 추세 속에서 지방의 역할이 강조되면서 지방분권모형을 지향하는 경향이 있다. 특히 일본의 경우를 살펴볼 필요가 있는데, 일본은 행정 전반에 걸쳐 전통적으로 중앙집권형을 유지해 왔으나 1970년 지방자치의 정착과 함께 이탈리아에 근접한 분권형으로 바꾸어 가고 있다.

일본의 경우 국가의 기능은 전국적이고 기본적인 차원의 진흥정책이나 지원책을 담당한다. 이를 위해 국가는 문화예술인의 생활권 보장을 위한 지원과 인재의 육성, 문화예술의 창작활동을 보장하기 위한 지원, 문화예술에 대한 시민의 접근권과 향유권 보장 업무, 문화예술 사업에 관한 종합적인 조사·연구, 자료·정보의 제공 및 각종 기록, 정보의 보존, 전통예술의 보존과 문화재 관리 등을 담당한다. 다음으로 광역자치단체인 도도부현은 광역적 조정 기능을 담당하며, 시정촌 간의 시설이나 사업의 과잉 경합이나 공백을 피하고 효과적인 사업이 되도록 광역적인 조정을 하되 '상급관청적 지도'나 권한이 아닌 시민자치의 기반 위에서 시행한다. 좀 더 구체적으로는 시정촌과 의사소통 및 연계 강화를 위한 시정촌 → 도도부현 → 국가로 흐르는 정보의 공급과 연구분석, 정책 이념의 혁신과 정책의 재구축, 문화 진흥 비전이나 문화 진흥 조례를 통한 비전 제시, 예술가나 예술단체

〈표 6-3〉 일본의 정부간 역할 배분

국가 …… 전국적, 기본적 업무
① 문화예술인의 생활권 보장 차원의 지원과 인재 육성
② 창조활동 보장 차원의 지원: 예술작품의 구입, 사업 조성, 예술가 및 예술단체 지원, 예술 창조활동 참가 지원
③ 문화예술 접근권과 향유권 보장을 위한 지원
④ 문화예술사업에 관한 종합적인 조사·연구, 자료·정보의 제공 및 각종 기록, 정보의 보존
⑤ 전통예술 등 멸실되기 쉬운 문화예술의 보존·계승 등

도도부현 …… 광역적 업무, 양적 보충, 질적 보완, 조정, 유도
① 국가와 시정촌 간 의사소통 및 연계 강화를 위한 정보의 공급과 연구분석, 정책 이념의 혁신과 정책의 재구축
② 문화 진흥 비전이나 문화 진흥 조례를 통한 비전 제시
③ 예술가나 예술단체에 대한 지원

시정촌 …… 지역적·자주적 업무
① 국가와 도도부현이 담당하는 이외의 업무
② 지역 특성을 반영, 지역 전통을 살리는 업무

에 대한 지원을 위해 시민·예술가·행정 간의 상호 비평과 대화 등의 기능을 수행한다.

우리나라의 경우 정부간 역할 배분은 지방자치법 제9조와 10조, 11조 등에 나타난 기능 배분을 통해 살펴볼 수 있다. 정부간 기능 배분 원칙에 비추어 볼 때, 일반적으로 중앙정부의 기능은 국가의 존립에 관련된 업무나 전국적이고 통일적인 기준이 필요한 업무를 담당하며, 고도의 전문성을 요하는 업무를 수행하게 되어 있다. 이를 문화 부문에 적용할 때, 중앙정부는 국가 간 가속화되는 문화경쟁에 대응하여 자국 문화를 보호하고 세계적으로 확산시키기 위한 노력을 하는 동시에 문화적 수월성을 제고하고 문화의 지역 간 격차를 해소하는 역할을 한다.

이를 위해 첫째, 중앙정부는 문화 발전을 위한 장기종합계획을 수립하고 문화예술 진흥 관련 입법을 추진한다.

둘째, 중앙정부는 민족적 정체성 유지를 위해 전통문화와 민족문화를 보호하며, 문화재 보존과 외국과의 문화예술 교류, 저작권 보호 등을 수행한다.

셋째, 문화예술의 진흥을 위해 문화예술 전문인력을 양성하고 이를 지원한다.

넷째, 국민의 문화예술 향유 기회를 확대하고 지역 간 문화 격차를 해소하기 위해 도서관과 공연장, 미술관, 박물관 등 문화 인프라를 구축한다.

다섯째, 문화의 산업화 경향에 따라 도서, 출판, 방송, 영화, 게임 등의 문화산업을 지원 육성한다.

광역자치단체의 기능은 크게 네 가지로 나뉘는데, 광역 기능과 보완·대행 기능, 연락·조정 기능, 감독·지도 기능으로 구성된다(지방자치법 제10조 1항 1호). 이를 기준으로 광역자치단체는 주로 주민의 접근성과 이용성을 제고하는 역할을 수행한다. 구체적으로는 기초자치단체 간 유사한 문화예술 프로그램의 중복과 갈등을 조정·중재하며, 기초자치단체 차원에서 수행하기 어려운 광역적인 문화사업을 직접 담당한다. 또한 자치단체의 전문성과 재원의 부족을 보완해 주며, 중앙과의 관계에서 기초자치단체가 지원을 받을 수 있도록 협조하거나 평가를 대행한다.

기초자치단체의 기능은 주로 업무의 성격상 현지성이나 주민밀착성이 강한 업무를 수행한다. 기초자치단체는 주민의 최근접 거리에 위치하여 주민 참여를 고양하고 지방의 특색 있는 향토문화를 발굴하고 보존하는 역할을 한다. 일반적으로 자치단체의 문화행정의 중점 과제는 당초에는 지역의 전통문화나 문화재를 통한 해당 지역의 역사성에 주목하고 시민의 문화활동 진흥이나 커뮤니케이션 증폭, 그리고 그 시설 기반을 조성하는 데 놓여지게 된다. 그 단계를 넘어서면 도시디자인 확립, 공공시설의 문화화 등 도시의 어메니티(amenity) 조성이나 문화적인 공공공간 정비가 제2단계의 주제가 되며, 3단계에 이르면 행정 시책 전반을 문화와 접목시키는 '행정의 문화화'가 정책적 관심사가 된다(中川幾郎, 1995: 2).

문화정책의 집행전략은 대체로 지방정부가 일차적인 책임을 갖지만 중앙과 지방정부 간 파트너십이 중요하다. 문화의 특성상 문화적 다양성과 접근성을 높여 줄 수 있는 지방정부의 역할이 중시되지만 지방정부의 역량 부족과 재정 취약으로 인한 의존성, 그리고 지역 간 불평등성의 문제가 제기된다. 결국 중앙정부와 지방정부 어느 누구도 혼자서 성과를 거둘 수는 없기 때문에 문화예술 진흥이라는 공동의 목표 수행을 위해 점차 협상과 교섭을 필요로 하는 상호의존형을 지향해 나갈 수밖에 없다.

2 기능 배분 실태

문화체육관광부에서 수행하는 문화 관련 기능을 중심으로 국가와 시도와 시군구 간의 기능 배분을 살펴보면 <표 6-4>와 같다. 국가 기능은 관련 법령을 중심으로 살펴보았고, 시도와 시군구 기능은 지방자치법 제10조 2항의 단서 규정에 의해 [별표 1]에서 명시되고 있는 기능을 중심으로 했다. 종무 기능의 경우 지방자치법에서 시도와 시군구의 기능으로 명시되지 않고 있다. 지방자치법에서는 시도와 시군구의 기능을 관광이나 체육 진흥, 문화시설 운영·관리의 경우 시설관리 중심으로 한정하고 있는 반면, 문화진흥이나 문화산업은 지나치게 추상적 규정으로 기능 수행의 권한과 책임을 모호하게 규정하고 있다. 더구나 시도와 시군구 간의 기능 배분은 지방

〈표 6-4〉 문화관광 기능의 정부간 기능 배분

국가		지방(지방자치법)	
기능	관련 법령	시도 기능	시군구 기능
1. 종무 기능	• 전통사찰보존법 • 향교재산법	–	–
2. 문화 진흥 기능 • 문예진흥정책 수립 • 전문예술인 양성 • 예술진흥 · 연구 · 교류 • 민족예술 진흥 · 보급	• 공연법, 대한민국예술원법, 문화예술진흥법, 저작권법	지방문화예술진흥 지방문화예술단체 육성	좌동
3. 문화산업 진흥 • 출판 · 인쇄산업 진흥 • 방송 · 영상 · 광고산업 진흥 • 멀티미디어 콘텐츠 · 문화상품 진흥	• 문화산업진흥기본법, 영상진흥기본법, 영화진흥법, 음반 · 비디오 및 게임물에 관한 법률, 정기간행물등록 등에 관한 법률, 출판 및 인쇄진흥법	문화산업의 육성 · 지원 우수토산품 개발 및 관광 민예품 개발	좌동
4. 관광 진흥	• 관광기본법, 관광진흥개발기금법, 관광진흥법, 국제회의산업 육성에 관한 법률, 한국관광공사법	도립 · 군립 및 도시공원, 녹지 등 관광휴양시설의 설치 및 관리	좌동
5. 체육 진흥	• 월드컵지원법, 경륜 · 경정법, 국민 체육진흥법, 아시아경기대회지원법, 하계유니버시아드대회지원법, 체육시설의 설치 이용에 관한 법률, 한국마사회법	공공체육시설 운영, 관리	좌동
6. 문화시설 운영 · 관리	• 도서관 및 독서진흥법, 독립기념관법, 박물관 및 미술관진흥법, 지방문화원진흥법	도서관 · 박물관 · 공연장 · 미술관 · 음악당 등 공공교육 · 문화시설의 설치 및 관리	좌동 문화원 운영 · 관리

참고: ① 문화관광 관련 법령 중 문화재보호법과 한국방송광고공사법은 문화재청과 한국방송위원회의 주기능으로 간주하여 여기에서는 제외했다.

출처: 박혜자 · 오재일(2003), "문화행정에 있어 분권화와 정부간 기능 배분에 관한 연구,"「한국행정논집」: 193을 수정 보완했다.

〈표 6-5〉 문화관광 업무의 지방 이양 실적

기간	사무 이양 건수
1991~1998년	56건
1999~2007년	101건(관광지 지정 및 조성계획/ 관광특구 지정 관련 사무, 도립공원 지정, 영화 상영의 제한 및 영업 정지, 무료 정기간행물 등록, 우수공예 문화상품, 우수 전통식품 지정, 음반 비디오물 및 게임 관련 사무, 불법 영업에 대한 폐쇄·수거 조치 등)

문화원의 운영·관리를 제외하고는 명확한 구분 없이 동일시되고 있어 기능 배분 원칙의 적용을 확인할 수 없다. 이 때문에 행정계층 간 기능 배분의 주요 원칙이라 할 수 있는 업무의 '불경합성의 원칙'[8]이 지켜지지 않고 있어 시도와 시군구 간 업무 중복과 갈등의 개연성을 내포하고 있다.

지방분권화정책에 따라 실제 문화 부문의 정부간 관계에 어떠한 변화가 초래되고 있는지를 살펴보면, 지방 이양이 추진되기 시작한 1991년에서 1998년 사이에 56건의 문화관광 사무가 지방 이양되었고, 1999년 이후 2007년까지 101건이 지방 이양되었다. 약 20년에 걸쳐 157건의 사무가 이양된 셈으로 문화관광부 전체 사무 1,556건의 약 6.4%가 이양된 셈이다. 특히 지방이양사무 중에는 국가사무의 지방 이양도 있지만, 시도 사무가 시군구 사무로 이양되는 경우도 있고 위임사무가 지방이양사무로 이양되는 경우도 있기 때문에 지방 이양의 성과는 더욱 제한적일 수밖에 없다.[9] 무엇보다 이러한 지방이양 추진 방식이 기능별 이양보다는 단위사무 위주로 진행됨으로써 실제 분권화의 효과는 미미한 반면 지방의 입장에서는 지방 이양으로 권한이 증가했다고 느끼기보다는 국가로부터 재정 책임을 떠안은 것으로 인식하는 경향이 있다.

8) 지방자치법 제10조 3항은 불경합성의 원칙으로 시도와 시군구는 자치사무를 처리할 때 서로 경합하지 않아야 한다고 규정하여 사무의 귀속과 권한, 책임 소재를 명확히 하고 있다.
9) 위임사무는 행정 현장에 있는 공무원들에게는 이양 이전에도 실질적으로 처리해 왔던 사무들이기 때문에 분권화의 가시적인 효과를 실감하지 못하게 하는 주요 원인이 된다.

지방이양사무를 기능상으로 볼 경우, 문화산업 진흥 기능과 관광 진흥 기능의 이양이 가장 활발하고 상대적으로 문화예술 진흥 기능과 청소년 육성 기능의 이양이 더딘 편으로 나타난다. 이것은 지방자치제 실시 이후 지방자치단체들의 관심이 지역경제 활성화와 관련해 관광이나 문화산업 등으로 모아지는 것을 반영하는 것으로 볼 수 있을 것이다(박혜자, 1998: 225-228). 상대적으로 문화산업 진흥 기능이 단순 집행적 사무 중심으로 이양된 데 비해, 관광 진흥 기능의 경우 자치단체의 지역 특성을 반영할 수 있는 사무가 이양됨으로써 자율성이 제고되고 있는 것으로 보인다. 또한 박물관·미술관과 지방문화원 등의 설립 및 등록 기능이 시도로 이양됨에 따라 지역 단위별로 다양한 소규모 문화시설 설립이 촉진될 수 있는 기회가 마련되었다.

그러나 문예 진흥 기능의 경우 지방 이양 가능성이 상대적으로 낮은 분야이다(한국행정학회, 2002: 270). 그것은 국민의 문화향유권과 복지 차원의 지원 성격이 강해서 지방정부 입장에서는 이양의 메리트보다는 행·재정적 부담이라는 인식이 강하고, 중앙정부의 입장에서는 국민의 문화복지적 차원에서 국가의 역할이라는 인식이 작용하고 있기 때문이다. 이러한 이양사무의 성격은 결국 문화산업이나 관광 등 경제적인 기능은 지방의 역할로 점차 이양되는 한편 문화복지적인 기능은 여전히 중앙의 역할로 남게 됨으로써 문화관광부는 복지 기능을 중심으로 중앙집권모형을 유지하고 있음을 볼 수 있다. 이것은 반대로 문화관광 분야에서 지방분권형이나 공동주도형으로의 전환을 위해서는 지방정부와 문화복지적인 기능을 분담하거나, 그렇지 못할 경우 문화산업이나 관광 부문의 기능 확대를 통해 지방정부와 기능을 재배분할 필요가 있음을 시사해 준다. 문화복지 기능은 지역별로 최소한의 문화 향유 기회를 보장한다는 점에서 문화적 하한선(cultural minimum) 보장 기능을 수행하고, 이를 위해 문화 인프라 구축이 필요하다는 점에서는 중앙정부의 주도적 역할이 필요하지만, 생활문화 기능의 확대 추세에 따라 지방정부의 역할 확대에 대한 요구도 제고될 것으로 보인다.

제 4 절 향후 정부간 기능 배분의 방향

우리나라 문화 관련 기능의 지방 이양에 대한 분석을 통해 문화분권화에 미친 영향과 정부간 기능 배분상의 변화를 종합하면, 첫째, 문화 관련 기능은 문화예술적 기능을 중심으로 하여 이를 활용하는 문화의 경제 기능이 추가됨에 따른 기능 변화 추세를 보이고 있다.

둘째, 지방 이양에 의한 문화분권화의 주대상은 시도보다 시군구 중심으로 진행되고 있으며, 이에 따라 시군구의 현지성에 입각한 자율성은 높아지고 있지만 시도의 광역 조정 기능은 발휘되지 못하고 있다.

셋째, 집행적 사무 중심으로의 지방 이양을 통해 지방정부의 정책결정권을 제고하기 위한 문화분권화는 한계를 보이고 있다.

넷째, 문화산업과 관광 등 문화의 경제적 기능이 기대되는 분야에서 문화분권화의 가능성이 높게 나타난다(박혜자·오재일, 2003: 970).

그러나 국가 간의 문화경쟁이 가속화되면서 문화분권화는 일반적인 분권화 추세와 달리 새로운 논란을 제기하고 있다. 전통적으로 문화복지를 문화정책의 목표로 삼는 경우 문화부를 중심으로 중앙집권형을 유지해 왔으나 문화의 경제적 가치에 대한 인식이 제고되면서 이러한 중앙집권형은 점차 공동 주도형 내지 지방분권형으로의 전환을 모색하고 있다. 한국에서도 문화부 중심의 중앙집권형이 유지되고 있지만 점차 문화산업이나 관광 등의 분야를 중심으로 문화분권화의 가능성이 나타나고 있다.

문화 분야가 경쟁력을 갖기 위해서는 정부간 효율적 기능 배분이 중요함은 말할 것도 없다. 그러한 정부간 기능 배분은 문화예술 모든 영역에서 획일적으로 적용될 수는 없다. 문화예술의 어떤 영역이냐에 따라 그 기능이 달라질 수밖에 없고 정부간 기능 배분과 정부간 관계도 달라질 수밖에 없다. 문화예술 분야의 영역을 크게 문화예술의 진흥 부문과 문화복지 부문, 문화산업 부문으로 나누어 볼 때, [그림 6-1]에서 보듯이 문화복지는 상대

[그림 6-1] 문화정책의 영역별 정부간 관계

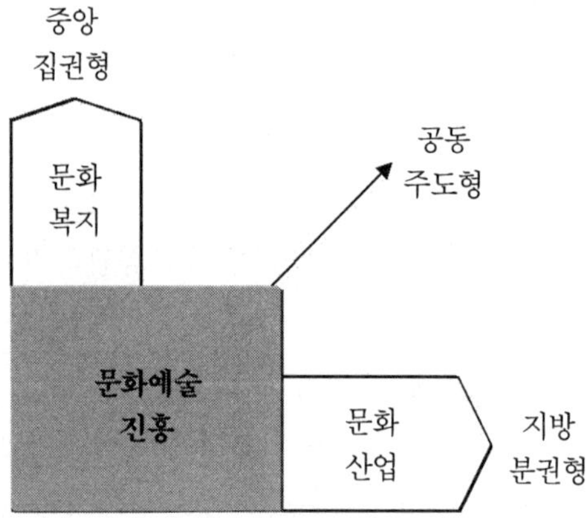

적으로 중앙정부의 역할이 더 필요하기 때문에 중앙집권형, 문화산업은 지방정부의 역할을 중심으로 한 지방분권형의 적용가능성이 더 높다. 문화예술 진흥의 경우 자국 민족문화의 국가적 경쟁력을 높이고자 하는 경우에는 중앙집권형이 요구되지만, 문화민주주의를 추구하고자 하는 경우에는 지방분권형이 더 적합성이 높을 수 있다는 점에서 공동 주도형으로 가야 한다(박혜자 · 오재일, 2003).

그러나 현실적으로 문화정책의 영역이나 정책 목표로서 문화복지와 문화산업, 문화예술 진흥 중 무엇이 우선순위인지는 현실적으로 시대와 상황에 따라 부침은 있지만 어느 하나의 명확한 선택은 불가능하기 때문에 결국 이 세 영역을 모두 아우를 수 있다는 점에서 공동 주도형이 관심을 받을 수밖에 없다. 실제로 선진국들을 중심으로 중앙집권형과 지방분권형이 공동 주도형으로 수렴되는 현상은 중앙정부와 광역자치단체, 기초자치단체 간 경쟁과 긴장 조성을 통해 목표에 대한 적극성을 이끌어 낼 수 있다는 점에서도 긍정적 효과가 기대된다. 결국 문화행정에서 정부간 관계는 중앙정부와 광역 및 기초자치단체 간의 효율적 기능 배분을 통한 협력 체제 구축 문제로 환원된다.

그럼에도 불구하고 한국의 중앙정부는 여전히 종무 기능에서 문예 진흥

기능, 문화산업, 관광, 체육 진흥, 청소년 육성, 문화시설 운영·관리 기능에 이르기까지 다른 어떤 나라보다도 포괄적인 기능을 수행하고 있다. 문화분권화는 기능의 지방 이양 이외에 이러한 포괄적 기능의 대폭적인 정비를 필요로 한다. 이에 따라 종무 기능은 대폭 축소하고, 문화 진흥 기능은 민족문화와 지역문화로 구분하여 중앙정부는 민족문화의 세계적 수월성 확보에 주력하고 지방자치단체는 지역문화의 개성화와 특성화를 통해 다양한 지역 이미지를 창출하고 지역 주민의 참여와 접근성 제고를 통해 문화예술의 토대 확장에 주력해야 한다. 이와 함께 중앙정부가 담당하던 예술인 양성이나 진흥, 연구, 교류 기능은 민간 이양과 지방 이양을 촉진할 필요가 있다(박혜자·오재일, 2003).

문화산업과 관광, 체육 진흥의 경우 그 성격이 주로 진흥과 지원 기능이고 지역적 특성을 반영할 필요가 있기 때문에 중앙과 지방 간 공동사무의 영역을 확대해야 한다. 문화정책의 수립 및 계획 기능도 지방자치단체의 역량을 키우고 지역적 여건을 반영하기 위해 역할 분담을 확대해 나갈 필요가 있다. 중앙정부는 정책 수립과 법적·제도적 지원 체계를 담당하되, 지방정부에는 지역경제 활성화 효과에 대한 기대 효과가 높은 지역문화산업과 관광산업의 육성을 위해 상당 정도의 자율성이 허용되어야 한다. 이러한 분야는 최근 지방정부의 관심이 높아지고 있기 때문에 자율성을 확대할수록 지역 간 경쟁을 통해 더욱 발전할 수 있다.

또한 현장성이 강한 단속과 등록 등의 단순 집행 기능과 생활체육 및 직장체육 등 주민생활과 밀착된 기능은 기초자치단체 중심의 포괄적 지방 이양이 추진되어야 한다. 문화시설의 운영·관리 기능은 책임운영기관화하거나 기초자치단체에 이양하고 광역자치단체는 광역적 차원에서 지역 내 중복 시설을 조정함으로써 지역민의 이용도와 형평성을 높여 나갈 수 있을 것이다.

Chapter 07 문화산업

제 1 절 문화와 경제

1 문화경제학의 등장

문화경제학(cultural economics)이라는 용어가 탄생하여 학계와 사회에 정착하기 시작한 것은 대개 1960년대 후반으로 미국에서 탄생하여 전 세계로 전파되었다. 이러한 문화경제학의 등장 배경으로 주로 다음과 같은 세 가지 요인을 들 수 있다(이케카미 준 외, 1999).

첫째, 소비자들의 문화적인 욕구를 들어 문화예술의 발전·보급이 경제 발전과 연계된다는 19세기 후반 영국에서 활약한 러스킨(John Ruskin)[1]과

1) 러스킨은 영국의 산업화가 낳은 여러가지 사회문제에 관심을 갖고 경제학적 연구를 통해 이를 연구하려고 노력했다. 사회경제에 대한 연구와 함께 미술평론가로서 활동했으며, 산업사회의 인간성 상실을 예술을 통해 극복할 수 있다고 생각했다. 경제학이란 과학이나 예술을 바탕으로 그 면면을 상업이나 소비활동 속에 구현함으로써 삶을 좀 더 풍요롭게 할 수 있어야 하며, 사회 구성원 역시 경제학적인 이익보다 과학과 예술을 토대로 한 소비활동을 해야 한다고 보았다. 따라서 재화난 용역은 교환가치가 아니라 인간의 참다운 삶에 기여할 수 있는 고유가치에 의해 평가되어야 함을 주장했다. 이러한 러스킨의 주장이 공감을 얻으며, 후에 영국과 미국에서 러스킨학회가 조직되기도 했다.

모리스(William Morris)의 사상 이후 케인스(John M. Keynes)[2]와 갤브레이스(John K. Galbreith), 피코크(Alan Peacock), 보몰(William Baumol)과 보웬(William Bowen) 등을 거치면서 문화경제학 탄생의 이론적 토대가 형성되었다.

둘째, 일반적으로 기업들이 이윤극대화에 대한 과거의 저가 생산·고가 판매라는 단선적이고 단기적인 이윤 추구로부터, 사회공헌 활동에 관심을 가지는 것이 기업 이미지 개선 등을 통해 장기적으로 기업 이윤에 긍정적으로 작용한다는 발상의 전환을 하게 된 것이 문화경제학 탄생의 또 하나의 요인이 되었다.

셋째, 문화에 바탕을 둔 지역의 마을가꾸기 사업을 통해 지역경제 발전을 촉진시킬 수 있다는 인식도 문화경제학 발전에 기여했다.

1966년 보몰과 보웬은 『공연예술: 예술과 경제의 딜레마』에서 공연예술을 하나의 산업으로 간주하면서 문화경제라는 용어를 처음으로 사용했다(Baumol & Bowen, 1966). 이어 1973년 미국문화경제학회가 창설되고, 1977년 『문화경제학회지』가 창간되었으며, 1979년 국제문화경제학회가 결성되었다. 이후 문화는 교양 수준의 제고와 같은 소비적 의미만이 아니라 생산이나 고용, 부가가치의 창출 등과 같은 경제적 지표로 표현될 수 있게 되었다. 특히 경제사회적 환경의 변화와 함께 문화의 가치가 제고되고 문화활동에 대한 수요가 커지면서 문화의 상품화·산업화가 추구되는 문화의 경제화 현상이 나타나게 되었다. 오늘날 문화경제는 문화가 생산의 요소가 되고 상품가치 구성의 핵심이 되며, 상품 소비의 준거가 되는 경제를 지칭하는 것으로 문화 자체가 경제적 재화로 상품화되는 현상을 의미한다.

---

2) 케인스(1883-1946)는 노동과 예술의 결합을 주장했던 러스킨과 모리스의 영향을 받아 그 자신이 직접 블룸스베리 그룹에 들어가 예술운동을 전개하고 예술 경영 일선에 뛰어들어 카마고발레협회와 음악및 예술장려위원회를 설립하고 케임브리지 예술극장을 건립했으며, 예술평의회 초대 회장을 지냈다. 예술이나 문화는 인간 사회의 목적이고 경제는 그 목적 실현을 위한 수단이지만 경제가 발전해도 문화예술의 유효 수효가 느는 것은 아니기 때문에 예술에 대한 공적 지원이 필요하다고 보았다. 정부의 예술 지원은 지원하되 간섭하지 않기 위해 별도의 자율적 기구를 두어야 하며, 중앙정부의 권한도 대폭 지방정부에 이양되어야 함을 주장했다.

2 문화경제학 이론

1) 스미스의 예술론

스미스(Adam Smith)는 그의 저서 『국부론(*The Wealth of Nations*)』에서 경제학을 체계화하면서 분업에 의한 생산활동이나 교환활동에는 인간이 과거의 지식이나 숙련 등의 문화적 요소를 계승하고 발전시키는 측면이 포함되어 있다고 보았다. 이후 『철학논문집』에서 예술의 본질을 창조, 즉 오리지널에 두고 이러한 창조성을 인간의 본성으로 보았다. 그러므로 예술의 창조성이 단순 분업으로 인해 잃어버린 정신적 활력을 되찾게 해 주며, 사회의 커뮤니케이션도 촉진시켜 준다고 봄으로써 문화에 대한 지출 근거를 제시했다.

2) 러스킨의 가치론

러스킨은 회화뿐만이 아니라 채색을 한 유리제품이나 도자기 또는 도안을 한 직물, 기타 사람들이 만들어내는 '인간의 진정한 창조성이나 독자적인 연구를 필요로 하는 생산물'을 사회적인 가치의 중심에 두려고 시도했다. 그는 종래의 경제학자가 다루지 않았던 인간의 진정한 창조성이나 독자적인 연구를 필요로 하는 생산물을 '고유가치'로 명명하고 예술성을 무시한 대량생산품과 구별하면서 양자는 대립 관계에 있다는 인식 하에 고유가치를 복제하여 대량 공급히는 것을 규제하고 억제하는 경제적인 메커니즘 구축을 주창했다.

3) 모리스의 장식예술론

러스킨의 후계자였던 모리스는 고유가치이론을 더욱 발전시켜 '실용성과 예술성' 또는 '실용성과 아름다움'이라고 하는 두 개의 요소를 통합하려고 시도했다. 산업사회가 되면서 장식예술이 갖고 있던 본래의 모습을 잃어버리고 현실에서 예술은 생산 및 노동과는 완전히 분리되어 버렸다고 비판한다. 이를 되찾기 위해서는 대량생산제품을 탈피하여 실용성과 예술성의 고유가치를 모두 구현한 제품을 만들어야 함을 주장하여 오늘날 문화산업 발전의 기반을 제시했다.

4) 피코크의 창조활동론

피코크는 창작과 복제의 개념을 공연예술(live art)까지 확대하여 저작권을 보호하는 것이 중요하다고 여겼다. 따라서 그는 공연예술 서비스의 공급에서도 소비자의 선택활동이 매우 커다란 비중을 차지하고 있다고 생각하여 중층적 시장을 통한 창작자와 소비자의 커뮤니케이션 과정을 떠받치고 있는 경제와 재정 시스템을 구상했다.

5) 보몰의 공연예술론

보몰은 창작활동이라는 인격성이 강한 문제를 공연예술산업에서 산출물의 특징이나 생산 과정의 기술과 생산성의 문제로 보고, 비용이나 편익으로는 파악하기 어려운 창작활동을 이론화하려 했다. 그는 공연예술 서비스의 공급에서 보조금이나 조세 지출을 도입하면 적자에 허덕이는 예술단체의 경영을 개선하고 서비스 공급가격을 낮출 수 있으며, 소득 격차와 상관없이 공공 서비스로서 예술 서비스의 향유 기회를 확대할 수 있다고 생각했다. 그는 이 점을 외부성 문제와 같이 제기하여 공연예술이 전문직이나 고액 소득자의 독점물이 되지 않도록 배려했다.

3 문화와 경제의 관계

문화와 경제와의 관계에 관심을 갖기 시작한 초기에는 문화가 가진 사회적 병리와 부조리에 대한 여과 및 순화 기능을 밝히는 데 초점이 두어졌다. 청소년 범죄와 같은 사회적 병리 현상은 청소년들의 문화 향유 장치나 기회가 부족한 상황에서 많이 발생한다는 점에 주목해 초기 경제학적 접근 방법들은 문화정책에 대한 지원을 사회적 비용 감소라는 측면에서 정당화시켜 주는 논리를 제공했다.

그러나 새로 등장한 문화경제학은 문화 투자가 국민경제에 대해 최종 소비적 의미를 갖는 것이 아니라 생산, 고용, 그리고 부가가치와 같은 경제지표에 대해 생산적이고 중간 투자적인 의미를 갖는다는 점을 강조하고 있다. 문화가 생산의 새로운 요소가 되고 상품가치 구성의 핵심이 되며 상품 소비의 준거가 되면서 문화경제라는 용어가 등장했으며, 최근 이러한 문화의 경제화가 실제 산업활동으로 구체화되는 문화산업의 영역이 급속히 확대되면서 문화의 경제적 논리는 더욱 강화되고 있다. 문화의 경제적 효과에 대해서는 크게 다음 두 가지 측면에서 살펴볼 수 있다.

첫째, 문화예술 투자는 그것이 초래하는 간접적인 파급 효과를 감안하면 상당한 경제성이 있다는 것이다. 많은 문화예술 투자가 그 자체로서는 생산성이 떨어지더라도 유지되고 있는 것은 다른 부문에 미치는 간접적 유발효과 때문이라는 것이다. 문화예술 지원을 받는 사업을 비롯해 축제나 관련 시설, 공연 등 많은 문화예술 행사가 유발하는 부수적인 경제 효과에 관한 것으로 문화의 산업 연관 효과를 비롯해 고용 효과, 생산 효과, 관광 효과, 소득 효과, 수출 효과 등을 들 수 있다. 문화예술의 경제적 영향 및 효과에 관한 이러한 연구들은 경제학적인 연구방법론의 도움을 받아 1970년대 이래 증가되어 왔는데 이러한 연구 결과들은 공공 부문의 문화예술에 대한 지원을 정당화하거나 문화재정을 확대하기 위한 과정에서 그 근거로 작용해 왔다.

뉴욕 메트로폴리탄지역 문화산업의 경제적 파급 효과에 대한 연구는 문화예술 투자액의 2배가 넘는 경제적 파급 효과를 확인시켜 주며(Heilbrun & Gray, 1993: 302-322), 런던시 문화예술 공연의 경우에도 청중의 40% 이상이 외부 관광객으로 문화예술의 관광상품으로서의 효과를 보여 준다(Myerscough, 1988). 일반적으로 문화예술에 대한 투자는 고용 창출을 비롯해 외부 자금 유입, 지역 개발 촉진, 연관 산업의 창출이라는 부수적 효과를 유발하는 것으로 밝혀지고 있다. 이 때문에 영국은 1970년대부터 도시 쇠퇴에 직면하여 도심부의 재개발사업에 문화예술을 활용했고, 유럽의 문화수도 지정도 이러한 문화의 경제적 파급 효과를 최대한 활용할 의도에서 시작되었다.

둘째, 문화예술은 그 자체로서 산업화될 수 있고 경제성도 높다는 것이다. 후기 산업사회에서 급속히 팽창하고 있는 정보, 광고, 통신, 산업미술, 패션, 디자인, 영화, 비디오, 텔레비전 등은 도시경제에서 새로이 등장하고 있는 주도적인 산업으로 그 간의 축적된 문화를 기반으로 산업화한 것이라 할 수 있다. 이와 같은 직접적인 문화산업의 경제적 효과는 소득 수준이 향상되고 문화적 접근성이 제고됨으로써 문화예술 시장이 과거와는 비교할 수 없을 만큼 확대된 데 따른 것이다. 문화의 대중화는 그 자체만으로 고부가가치산업이 되고 있다.

전자의 경우가 문화예술이 유발하는 외부 효과에 주목한다면, 후자는 최근 들어 문화산업 그 자체만으로 경제적인 부가가치가 다른 어떤 산업보다 높다는 것을 인식하게 되면서 문화의 경제화가 실제의 산업활동으로 구체화되고 있음을 볼 수 있다. 따라서 문화의 경제적 효과가 파급 효과에 한정되었을 경우에는 순수한 문화의 생산성만으로는 투자비를 감당할 수 없기 때문에 공공 부문의 지원이 요구되었지만 문화산업 자체의 생산성만으로 투자비를 감당할 수 있게 된 지금에 와서는 민간시장에서 자율적으로 가격이 결정된다. 결론적으로 문화예술의 경제적 효과는 간접적 효과만이 아니라 직접적인 경제적 효과도 높다는 인식이 확산되면서 문화예술에 대한 공공의 지원뿐 아니라 문화예술에 대한 민간의 자발적 투자도 급속히 늘어나고 있다.

제 2 절 문화산업의 개념과 특성

1 문화산업의 개념

오늘날 문화에서 독립된 경제가 있을 수 없고, 경제가 추구하는 개인의 효용극대화나 기업의 이윤극대화 논리의 적용도 문화의 제약을 받을 수밖에 없다는 뷰캐넌(Buchanan, 1995)의 말처럼 현대 사회에서는 문화가 곧 산업이 되며, 산업은 문화를 떠나 존재할 수 없게 되었다. 즉 '문화의 산업화, 산업의 문화화'라는 현상이 일반화되고 있다. 특히 정보통신 기술을 비롯한 과학기술의 발전은 필연적으로 예술 영역의 확대와 전달 수단의 고도화를 통해 문화의 산업화를 촉진하고 있고, 여기에 소득 수준의 향상과 노동 시간의 감소는 일반 대중의 문화 수요를 폭발적으로 증가시키면서 문화와 경제의 상관성에 초점을 둔 문화경제의 영역을 넘어 '문화산업(cultural industry)'이라는 새로운 산업의 탄생을 가져왔다.

문화산업이라는 용어는 프랑크푸르트학파의 아도르노와 호르크하이머가 그들의 저서 『계몽의 변증법』에서 처음 사용했다. 그들은 표준화되고 대량생산되는 상업적인 문화를 문화산업이라 지칭했는데, 대중문화는 대중들에 의해 자발적으로 만들어진 것이 아니라 대중매체의 조작된 욕구에 의해 생산되므로 문화산업이란 용어가 더 적절하다고 보았다.[3] 따라서 문화산업이란 용어는 문화경제적 시각이 아니라 자본주의적 문화 생산의 모순을 지적하기 위한 비판적 개념으로 사용되었다. 1960년대 이후 문화의 산업화 현상이 경제적 시각에서 다뤄지면서 '문화예술 분야를 상품화하여 대량 생산, 소비가 가능한 산업'이라는 개념으로 정착되었다.

이러한 문화산업은 기존 산업 분류로는 설명되지 않은 일종의 '틈새산업(niche industry)'으로 영국에서는 '창조산업(creative industry)', 미국에서는 '정보산업(information industry)'이나 '저작권산업(copyright industry)'과 동일시되고 있다.[4] 그 밖에 캐나다는 '예술산업(art industry)', 일본은 '오락산업(entertainment industry)', 우리나라를 비롯해 프랑스와 호주 및 일부 개도국 등은 '문화산업'으로 지칭하고 있다. 1990년대 들어서면서는

3) 프랑크푸르트학파의 문화산업에 대한 분석은 산업 자체보다는 문화산업의 메커니즘과 그로 인한 부정적 정치적 효과 등에 집중되어 있다(Mattelart & Piemme, 1982).

4) 영국에서는 창조산업을 개인의 창의성, 기술, 재능 등을 이용해 지적 재산권을 만들고 이를 상업적으로 활용함으로써 경제적 부가가치와 고용 창출을 가져오는 모든 산업으로 정의하고 있다(Department of Culture, 1998). 미국에서는 출판, 영화, 음반, 공연예술과 TV, 라디오 등의 문화산업을 문화산업의 정보 콘텐츠 추세를 중시하여 정보산업으로 분류하고 있다(Executive Office of the President, Office of Management and Budget, 1977).

디지털 기술과 온라인 기술의 혁명적인 발전으로 인해 첨단기술이 문화산업에 지속적으로 융화되고 새로운 창작산업으로 확대 발전되면서 신지식산업의 중추로 자리매김하고 있다(문화관광부, 2000: 5).

문화산업의 개념에 대해서는 문화예술진흥법(제2조 2항)에 의해 "문화예술의 창작물 또는 문화예술용품을 산업의 수단에 의해 제작, 공연, 전시, 판매를 업으로 하는 산업"으로 규정되어 있다. 또한 문화산업진흥기본법(제2조 및 시행령 제2조)에서는 "문화산업이란 문화상품의 기획·개발·제작·생산·유통·소비 등과 관련된 산업으로서 문화상품이라 함은 예술성·창의선·오락성·여가성·대중성(이하 문화적 요소)가 체화되어 경제적 부가가치를 창출하는 유·무형의 재화와 서비스 및 이들의 복합체"를 의미하는 것으로 규정되어 있다. 그리고 광의적으로는 문화예술을 상품화한 모든 산업이 이에 속하며, 협의적으로는 문화상품을 대량 생산, 판매하는 산업으로 본다.

2 문화산업의 영역

문화산업의 범주를 어디까지로 할 것인가에 대해서는 다양한 시각이 존재한다. 그것은 한 국가의 산업화나 과학기술의 수준에 따라서도 문화산업의 영역이 달라질 수 있으며, 기술의 발전에 따라 앞으로도 계속 확대될 수 있는 영역이기 때문이다. 1970년대 UNESCO는 문화산업의 경제·사회적 중요성을 부각시키면서 문화산업에 인쇄 자료 및 문헌, 음악, 라디오 및 텔레비전, 문화유산, 공연예술, 시각예술, 사회문화활동, 체육활동과 문화의 일반 운용 등을 포함하는 것으로 정의하고 있다. 웨인(Wynne, 1992)에 의하면 문화산업은 21세기 들어 각광받고 있는 유망 분야로 그 일반적인 영역으로 "공연예술과 비주얼 아트, 영화, 방송, 사진, 출판, 디자인, 패션, 전통유산(heritage industry) 등을 포함하며, 전통적으로 예술이나 팝문화로 간주되어 온 분야와 관련된 제반 활동"을 들고 있다.

우리나라에서 문화예술진흥법 제2조에 의하면, '문화예술'이라 함은 문학,

미술(응용미술 포함), 음악, 무용, 연극, 영화, 연예, 국악, 사진, 건축, 어문 및 출판을 말하는 것으로 규정되어 있다. 문화산업의 영역은 2000년 2월 한국문화산업진흥위원회에서 심의 · 의결된 '문화산업진흥 5개년계획(문화산업비전21)'에서 살펴볼 수 있는데, 이에 의하면 문화산업의 영역은 영상산업(영화, 애니메이션, 방송영상)과 게임산업, 음악산업, 출판산업, 문화상품(캐릭터, 패션 디자인, 공예 및 전통문화상품)을 포함하는 것으로 되어 있다.

문화산업진흥기본법에서 제시된 문화산업의 범주는 <표 7-1>과 같다.

문화산업은 한국은행 산업 연관 분석에서 통합소분류(165 Sector)의 문화 및 오락 서비스(분류번호 159)에다가 인쇄 · 출판, 기타 제조업(악기류 제조업)과 광고, 방송 등의 산업 부문을 포함하게 된다. 그러나 이외에도 문화산업은 관광과 컨벤션산업을 비롯하여 각종 엔터테인먼트와 공연예술, 축제 및 전통음식까지 포함할 만큼 광범위하며, 일부(김문환, 1997: 232)에서 주장하는 것처럼 문화적 소프트웨어의 노하우를 생산하는 과학과 문학, 교육기관이나 문화적 소프트웨어를 담기 위한 하드웨어 제품까지 포함할 경우 문화산업의 영역은 거의 모든 분야로 확대된다.

〈표 7-1〉 문화산업의 분류

가. 영화 · 비디오물과 관련된 산업
나. 음악 · 게임과 관련된 산업
다. 출판 · 인쇄 · 정기간행물과 관련된 산업
라. 방송영상물과 관련된 산업
마. 문화재와 관련된 산업
바. 만화 · 캐릭터 · 애니메이션 · 에듀테인먼트 · 모바일 · 문화 콘텐츠 · 디자인 · 광고 · 공연 · 미술품 · 공예품과 관련된 산업
사. 디지털 문화콘텐츠 · 사용자 제작 문화 콘텐츠 및 멀티미디어 문화 콘텐츠의 수집 · 가공 · 개발 · 제작 · 생산 · 저장 · 검색 · 유통 등과 이에 관련된 서비스를 하는 산업
아. 그 밖에 전통의상 · 식품 등 전통문화 자원을 활용하는 산업으로서 대통령령으로 정하는 산업(시행령 2조: 전통적인 소재 · 기법 · 이미지를 활용한 의상 · 식품 · 주거 · 조형물 · 장식용품 · 소품 및 생활용품 산업, 문화상품을 대상으로 한 전시회 · 박람회 · 견본시장 및 축제, 기타 문화상품 관련한 기획행사, 민속 · 설화 등 문화원형에 대한 데이터베이스 구축 · 저장 · 검색 및 유통 등과 관련된 산업)

이러한 문화산업의 범주는 분류 기준에 따라 다양한 형태로 유형화될 수 있다.

1) 생산 단계에 따른 분류

① 소비를 위한 최종적인 산출물의 형태(협의의 문화산업)
예) 공연예술 등의 고급문화/ 문화재 관리, 전통공예품 등의 전통문화상품/ 영화, 음반, 애니메이션, 출판, 게임, 방송/ 패션과 콘텐츠산업
② 최종 산출물인 문화 서비스 생산을 생산하는 데 필요한 중간생산물 형태
예) 음향기기, 컴퓨터, 사진기 제조업
③ 연관 산업: 관광, 정보통신, 생활문화산업 등
예) 정보문화산업, 문화관광산업

2) 산업의 성격에 따른 분류[5]

① 문화적 소프트웨어산업: 학문, 예술, 종교, 영상, 디자인 등과 같이 인간 정신활동의 산물에서 나타나는 문화적 가치를 상품으로 생산하는 산업
② 문화적 펌웨어(firmware)산업: 문화적 소프트웨어에 따른 문화적 가치를 지닌 물건을 상품으로 생산하는 산업
③ 문화적 하드웨어산업: 문화적 소프트웨어의 생산, 유통, 소비에 필요한 기기와 장치 등을 생산하는 산업
④ 문화적 유통산업: 앞의 네 가지를 시장에 보급, 전달, 유통시키는 산업
예) 영화 배급, 영화관, 비디오 판매, 화랑, 호텔, 여행업 등

(3) 상품의 유동성에 따른 분류

① 제조업형 문화산업: 특정 장소에서 생산하여 문화상품의 이동에 의해 불특정한 다수의 지역에서 소비되는 형태의 문화산업
② 서비스형 문화산업: 문화상품의 생산과 소비가 동일한 지역에서 이루어지기 때문에 소비자가 이동하여 소비해야 하는 문화산업으로 공연이나 전시산업, 회의산업, 관광산업 등이다.

---

5) 산업의 성격에 따른 분류는 池上惇・山田浩之(1993)를 참조.

〈표 7-2〉 유동성과 상품화 단계에 따른 문화산업의 분류

소비 유형 \ 공급 단계	창작	가공	유통·소비
제조업형 문화산업 (불특정 장소 소비)	음악	음반산업	레코드점
	문학, 학술	출판산업	서점
	산업미술	영상 및 애니메이션	영화·비디오 배급, 극장
	종합	방송 및 신문산업	미디어
	종합	광고산업	미디어
	종합	디자인산업	타산업과 결합, 패션 스토어
	종합	캐릭터산업	타산업과 결합
	종합	게임산업	전자상가, 사이버공간
	전통공예	공예산업	공예품점
서비스형 문화산업 (특정 장소 소비)	종합		전시산업
	종합		이벤트산업
	음악, 미술, 연극		공연산업
	경관, 문화재		문화관광산업

출처: 유재윤·진영효(2002), 도시문화산업과 도시정책, 「도시정보」 9월호: 6.

이러한 문화산업은 유동성 이외에 상품화 단계에 따라서도 분류가 가능하다. 즉 문화산업의 창작 단계, 가공 단계, 유통 및 소비 단계가 그것이다. <표 7-2>는 문화산업을 상품의 유동성과 상품화 단계를 기준으로 분류한 것이다. 이러한 분류에서 문화산업은 협의로는 제조업형 문화산업 중 가공 단계의 문화산업을 지칭하며(표에서 이중선 내부), 넓은 의미의 문화산업은 창작과 유통·소비 단계까지 포함한다.

3 문화산업의 특성

문화산업은 일반적인 제조업이나 여타 산업들과는 구별되는 매우 독특

한 형태의 산업이라고 할 수 있다. 그것의 생산·유통·소비 과정이 모두 특수할 뿐 아니라 이에 대한 사회적 대응도 일반적인 상품과는 상이하다. 수요 과정에서는 특정 집단을 대상으로 하기도 하지만 좀 더 일반적으로는 다수 문화 대중의 수요에 대응하려는 경향이 있다. 그런 점에서 문화산업은 상당히 복잡한 산업적·문화적 특성을 가지고 있는 것으로 보인다.

1) 미학적·관념적 산업

문화산업은 질적인 산업이며 아이디어의 혁신과 가공에 의존하는 산업으로서 일반적인 물적 상품을 생산하는 제조활동과는 달리 문화적 가치를 갖는 지식, 아이디어, 디자인 창출에 중점을 둔다. 그에 따라 미학적 가치, 관념적 가치, 전통적 의식 등에 토대를 두고 있다.

2) 평가적 가치에 의존하는 산업

문화산업은 질적·기호적 산업이다. 그런데 문화예술의 질과 기호는 평가자의 기준에 따라서 매우 다양할 수 있다. 일반 상품의 경우 그것의 효용 측정은 양적 개념으로 평가될 수 있으므로 비교적 명확하다. 이에 대해 디자인이나 캐릭터는 질적인 평가이며 개인적 기호와 문화적 선호에 따른다.

3) 지역적 고유성과 전통성

문화상품에 대한 사람들의 기호와 매력은 지역마다의 차이와 전통에 의해 더 강화되는 경향이 있다. 소비자들은 어떤 문화상품에 대해 그 독특함의 배경을 이해할 때 더 매력을 느끼게 되는 것이다.

4) 상품정보의 비대칭성

정보의 비대칭성이란 거래할 제품이나 서비스에 대한 판매자와 구매자가 각기 보유하고 있는 정보의 격차를 의미한다. 일반적인 상품은 소비자가 그것을 구매하기 전에 상품의 대부분을 검토해 볼 수 있고 유사한 상품들을 비교해서 구매할 수 있다. 그러나 문화상품의 경우 상품의 가치가 정보 자체인 경우가 적지 않고 그와 관련된 모든 정보를 확인하고나면 그 가치가 곧바로 저하되는 경우가 적지 않다.

5) 고부가가치의 창조산업

문화산업은 제작자의 전문성과 창조성이 제품의 질과 가격을 결정하는 창조산업으로 중간재의 투입에 비해 창출되는 부가가치가 매우 높은 산업이다. 또한 문화산업은 창의력 및 기획력이 경쟁력을 좌우하는 지식집약적인 산업으로 첨단기술과 문화가 융합되는 미래형 산업 형태로 발전할 가능성이 크기 때문에 연구개발 투자비가 많이 요구되는 반면 제품의 수명주기가 짧기 때문에 지속적으로 새로운 업그레이드된 연구개발을 필요로 한다.

6) 규모의 경제

문화산업은 초기 상품 생산에 막대한 비용이 들지만 일단 생산된 제품을 복제할 경우 최초 생산비용에 비해 추가비용이 거의 들지 않기 때문에 생산자가 동일할 경우에는 대량 생산에 따른 이윤 확보의 기회를 제공하지만 최초 생산비에 대한 부담 없이 중간 생산 단계에 참여하는 경우에는 무임승차의 이익을 거두게 되므로 지적 재산권이 중요한 문제가 된다.

7) 공간적 집적성

문화활동들과 문화산업은 특화된 분야별로 공간적으로 집적하는 경향을 보여 왔다. 그것은 문화산업의 발전과 혁신을 촉진시키는 원리가 특정 분야 전문가들의 상호 학습과 네트워크이기 때문이다. 문화적 성취는 한적한 시골에서 이루어지기보다는 파리나 뉴욕, 로스앤젤레스, 피렌체와 같은 주요 도시를 배경으로 창조되는 것이다. 그 중에서도 도시의 특정 공간적 영역에 관련 문화활동들이 집적할 때 시너지 효과가 증폭되는 경향을 나타내고 있다. 문화상품은 특정 지역적 특성을 강하게 응축하고 있을수록, 즉 상품의 이미지와 장소 간 연계가 강할수록, 경쟁력이 높아지며 전국적 세계적으로 확산될 수 있다(Scott, 1997).

8) 문화산업의 복합화

오늘날 문화산업에서 멀티미디어의 도입은 문화 관련 산업들의 생산 및 유통 과정에 결정적인 영향을 끼치고 있다. 이 결과 문화산업은 온갖 종류의 다양한 요소를 결합시킨 복합 장르로 발전하고 있다. 또 오늘날 문화산업은 문화와 산업 분야 간의 접목을 통해 문화산업의 영역이 크게 확장되고 있다. 특히 유통 서비스 분야에서의 문화 접목은 두드러진 현상이며 문화산업과 교육의 상호 결합도 두드러지고 있다.

9) 독점적 특성

오늘날 문화산업의 특징은 국제적 스타들의 앨범시장과 영화시장의 독점, 「주라기공원」, 「피카츄」의 예에서 보듯이 특정 문화상품의 독점성이 현저히 강화되고 있다는 점이다. 문화산업에서 독점성 문제에 대해 '재능의 제한된 공급과 과잉 수요로부터 해명하려는 것'과 '문화와 기술에서 정보처리와 정보 전달 기술의 발전이 승자 독식을 초래한다'는 등의 주장이 있다.

10) 윈도 효과

윈도 효과(window effect)란 원래 사용했던 매체에서 다른 매체로 복제하여 소비자에게 전달되는 과정, 혹은 하나의 문화상품이 여러가지 용도로 사용되는 '원 소스 멀티유즈(one source multi-use)'의 특성을 의미한다(권어혁 · 김홍석, 2000). 현대 문화산업은 한 영역에서 창조된 후 기술적 변화를 거쳐 다른 산업의 상품이나 영역으로 계속 활용되면서 그 가치가 더욱 커져 가는 경향이 있다. 즉 문화산업은 그 파급 효과를 활성화함으로써 산업적 효과를 극대화해 나가는 특성이 있기 때문에 성공한 영화나 소설에서 비롯된 하나의 아이디어가 캐릭터나 음악, 광고, 애니메이션, 디자인 등으로 계속 영역을 확장해 나감으로써 산업 간의 상호 연계가 강화되는 경향이 두드러진다.

제 3 절 문화산업의 의의 및 기대 효과

1 산업적 의의

문화산업의 산업으로서 의의에 대해서는 소극적 입장과 적극적 입장으로 나누어 볼 수 있다.

먼저 소극적 입장에서는 문화활동이 특정 지역에 입지하게 되면 다른 성장형의 산업을 유치할 수 있는 가능성이 높아진다고 주장한다. 다양하고 수준 높은 문화가 있는 도시는 삶의 질이 양호하다는 지표가 됨으로써 산업체, 특히 첨단산업이나 지식산업의 입지에 유리한 지역이 된다. 따라서 문화산업은 지역의 기업 입지 요건을 개선하는 데 기여함으로써 간접적으로 지역경제 발전에 기여하게 된다.

다음으로 적극적 입장에서는 문화활동 자체가 하나의 경제적인 산업이 될 수 있다고 본다. 문화산업도 여타 산업과 마찬가지로 지역 주민들에게 직업과 소득을 창출해 주는 무공해의 고부가가치산업으로 후기산업사회의 주도적인 지식기반산업이 된다. 특히 후기 산업사회에서 상품은 소비자의 기호와 취향에 초점을 두기 때문에 산업경쟁력의 중심은 생산 과정보다는 아이디어 창출 과정에 놓이게 됨에 따라 산업이 문화를 지배하는 것이 아니라 문화가 산업을 지배하게 된다는 것이다.

지역 발전은 소득 및 고용 증가로 대표되는 경제적 번영과 지역민들이 향유하는 문화의 수준 향상과, 지역사회의 적절하고 건전한 통합, 그리고 지역 내 개인들의 자아실현 기회의 확대 등을 포함하는 개념이며, 이러한 관점에서 볼 때 문화산업은 오늘날 지역 발전에 직접적이고도 중요한 역할을 한다. 즉 통신·방송의 융합 및 초고속 정보통신망의 세계적 실현과 함께 국가 및 지역 경쟁력을 좌우하게 될 것이며, 경제·사회 등 여러 분야에 높은 파급 효과를 가져올 것이다.

2 지역 발전 효과

문화산업이 지역 발전에 미치는 효과를 구체적으로 살펴보면 다음과 같다.

첫째, 고용 창출 효과를 들 수 있다. 문화산업은 문화산업 자체의 성장으로 인한 직접적인 고용 효과뿐 아니라 여타 연관 산업의 성장과 산업의 문화화를 통한 간접적인 고용 효과를 갖는다. 문화산업은 영국의 경우 전체 고용의 약 5%(스포츠와 관광을 포함할 경우 12%)를 점유하며, 미국의 경우 약 20%의 일자리를 창출하는 것으로 나타나 이제 문화산업은 한 나라 경제 성장의 주요 원동력이 되고 있는 것으로 평가되고 있다(한국문화콘텐츠진흥원, 2010). 또한 문화산업 부문은 가장 빠르게 성장하는 분야로 Price Waterhouse Coopers(PWC)에 의하면 2012년까지 연평균 6.6% 성장하여 2조 1,900억 달러 규모에 이를 것으로 전망하고 있다(문화관광부, 2008: 42).

유럽의 경우 영상 분야는 연간 10% 이상의 성장률을 보이고 있으며, 미국의 경우 핵심 저작권산업(미국 국제저작권연맹: IIPA)은 복제가 보호된 제품을 창출하거나 생산하는 산업으로 규정하고 신문, 잡지, 서적, 라디오, TV, 케이블TV, 녹음, 영화, 광고 및 컴퓨터 소프트웨어 등을 포함)은 여타 부문보다 2배 이상의 성장률을 기록하고 있다(구문모 외, 2002: 30-33).

둘째, 지역 개발 효과가 있다. 지역의 문화자원은 문화산업의 발전에 중요한 변수이며, 동시에 문화산업은 지역 개발에 지대한 영향을 미친다. 지역의 문화적 이미지와 기업의 입지 결정에 관한 기업 임원들의 견해를 분석한 연구에 의하면 제조업 종사자 30%와 서비스업 종사자 50%가 투자대상지역을 결정할 때, 지역이 보유한 문화자원의 가용성을 중시하는 것으로 나타난다(European Commission, 1998). 영국의 도시개발 전략에 문화산업이 활용되고 있는 것이나 미국의 로스앤젤레스와 디즈니랜드 등은 문화산업이 지역 개발에 미치는 효과를 보여 주는 증거이다. 이 때문에 우리

〈표 7-3〉 문화산업의 산업 연관 효과

비교 기준	문화산업	제조업	서비스업
생산유발 계수	2.11	1.96	1.68
경제영향력 계수	1.13	1.06	0.90
고용유발 계수 (10억 원 투입 시)	15.9명	9.4명	14.9명

출처: 한국문화콘텐츠진흥원(2004), 「문화콘텐츠산업의 경제적 파급효과 분석」.

나라에서도 문화산업의 매출 규모는 급성장하고 있다. 우리 문화산업은 2000년 20.7조 원으로 GDP 대비 3.6%였던 것이 2004년 50.1조 원으로 6.4%를 차지함으로써 연평균 24.7% 이상 급성장하고 있다. 이에 따라 세계 문화산업 시장 규모 약 1조 2,511억 달러(1,431조 원) 중 국내 문화산업 시장 규모는 50조 원으로 세계 시장 대비 3.5%의 비중을 차지하고 있다.

셋째, 삶의 질과 민주주의의 발전에 기여할 수 있다. 문화의 발전을 통한 문화 향유 기회의 확대는 과거 문화가 계급 간에 배타적으로 작용했던 이데올로기적 기능에서 벗어나 누구나 같은 문화를 접할 수 있게 함으로써 대중민주주의를 가능케 하고 문화로부터 소외되었던 계층에게는 문화적 삶의 기회를 제공함으로써 지역민의 창의성과 다양성, 정서 함양을 비롯한 실질적 삶의 질 제고에 기여하고 있다.

3 문화산업단지 구축

최근 이러한 문화산업의 경제적 효과를 극대화하기 위해 문화산업단지를 형성하려는 노력들이 나타난다. 문화산업단지는 문화경제의 특정 장소로의 공간적 집적 현상을 의미한다. 문화상품의 생산 및 소비 유통 과정에 관련되는 활동 단위들은 도시의 특정 장소로의 집적을 통해 다원적·복합적으로 결합된다. 문화의 장소적 집적은 문화적 투입 요소들이 생산되고 결합될 수 있는 다양한 문화생산자들 간의 상호작용과 복합적 결합이 이루어지는 '복합성의 이점'을 활용하기 위한 것이라 할 수 있다.

이에 따라 연관 산업의 집적 효과를 극대화하기 위해 클러스터가 추진된다. 클러스터는 비슷한 업종과 연관 기업이나 기관들이 한 지역에 모이는 것으로 정보나 지식의 공유를 통한 시너지 효과를 높이고 특정 분야에서 수직 및 수평적 관계에 있는 기업의 지리적 집적을 통해 경쟁과 협력을 촉진할 수 있는 장점이 있다.

특히 영화영상, 애니메이션, 게임 등의 문화산업은 방송, 위성 CATV 등 미디어와의 근접성이 중요하다. 그 밖에 콘텐츠 부문과 소프트웨어 부문, R&D, 창작, 마케팅, 고급 인력과 중급 인력의 혼재 등도 필요하다. 이러한 업종 간 집적뿐 아니라 생산, 유통, 소비 기능 등 성격이 상이한 기능 간의 연계와 산업, 예술, 교육, 연구, 관광 등 다양한 용도 간의 복합화도 필요하다.

문화산업단지를 만드는 것은 도시공간 자체를 문화상품으로 만들어내는 '장소 마케팅(place marketing)'이라 할 수 있다. 도시의 문화경제는 도시라는 장소적 문화의 상품성과 경쟁력에 의해 결정되므로 이러한 '장소의 문화상품성'의 고도화를 통해 도시경제 진흥을 추구하는 도시개발전략이 필요하다. 문화산업단지는 일종의 문화복합단지로서 문화적 기능과 활동을 중심으로 하는 복합단지를 구성함으로써 장소 마케팅의 효과를 극대화하는 방법이 될 수 있다.

영국 셰필드는 1980년대 들어 쇠퇴해 가는 전통산업을 대체할 새로운 전략산업으로 음악, 조형예술 및 공예, 디자인, 멀티미디어, 영화 등을 중심으로 문화산업지구(cultural industrial quarter: CIQ)를 조성하여 성공을 거두었다. 미국은 1990년대 이후 뉴미디어산업의 번성을 통해 경제적으로 급속하게 성장하고 있는 뉴욕의 로우어 맨해튼(Lower Manhattan) 지역을 중심으로 3천여 개의 관련 업체들이 집적하면서 실리콘 밸리로 부상하고 있다. 대체로 이러한 문화산업 클러스터나 문화산업단지는 대학과 연구활동 및 인력 지원, 기업, 협회, 지방정부 등을 네트워크화함으로써 집적이익을 창출하고 지역 내 선순환구조를 형성함으로써 가능했다.

우리나라에서는 2001년 첨단문화산업단지 조성계획에 따라 대전과 춘천, 부천, 청주, 광주, 전주, 경주 등이 단지로 지정되었다. 그러나 예산 및 관련 법제도상의 지원이 물리적 인프라에 편중되어 있고, 지방의 연구 역량과 금융기관의 미비, 그리고 전국적 연계 부족 등으로 인해 성과를 내지 못하고 있다(이병민, 2003: 53-63).

문화산업단지의 구축을 통해 지역 발전의 효과를 높이기 위해서는 다음 몇 가지 조건을 갖추어 나가야 한다(조명래, 2002; 주성재, 2007).

첫째, 문화산업과 관련된 직·간접적인 활동을 단지 내로 집적하기 위해서는 문화산업의 집적과 네트워크가 필요하다. 이를 위해 핵심적 문화상품을 중심으로 실체 상품과 확대 상품의 네트워크를 구성하고, 상류 공정(기획, 광고)과 본류 공정(생산 공정), 하류 공정(유통, 판매, 서비스)을 서로 연결시켜야 한다.

둘째, 문화적 공간 구성을 해야 한다. 문화산업단지는 하나의 전체로서 장소적 상품이 되도록 이미지와 상징성을 갖추어야 한다. 문화산업단지가 하나의 장소 마케팅 효과를 발휘할 수 있어야 하고, 그것이 환류되어 연관산업을 유인할 수 있는 힘이 되어야 한다.

셋째, 생산과 소비의 전 과정을 지역이 주체적으로 기획하고 관리할 수 있는 민주적 통치구조를 갖춤으로써 문화민주주의에 기반해야 한다.

제 4 절 국내외 문화산업 실태

1 외국의 문화산업 실태

미국을 비롯한 프랑스, 영국 등은 1970년대부터 문화산업을 국가전략산업으로 인식하여 이에 대한 지원을 범국가적으로 시행해 왔으며, 오늘날 거대 자본화된 문화산업 구조를 보여 준다. 국가적 차원에서 정책적 지원은 주로 민간 투자를 유인하는 방식으로 전개되어 왔기 때문에 민간기업 차원의 상품 개발과 유기적으로 결합되어 있다. 특히 문화의 산업화라는 직접적이고 좁은 의미의 문화산업적 측면에 국한되지 않고 미래의 산업경쟁력 확보와 지식기반산업의 고도화가 수반할 거시적 차원에서의 글로벌 경제환경 변화에 대응하기 위한 상품차별화 전략 차원에서 문화산업에 대한 폭넓은 접근과 지원이 이루어지고 있다.

세계화, 개방화, 지방화의 동시적 진행 속에서 상대적으로 차별성과 비교우위를 가진 지역 문화자원의 상품화를 통해 산업경쟁력을 강화함으로써 세계화와 개방화의 압력에 대응하는 한편 역으로 세계 수출의 기회를 포착하기 위해 노력하고 있다. 문화산업은 단순한 문화예술의 한 영역이 아니라 일상생활과 관련된 특화산업 영역의 하나로 인식되기 때문에 문화관광상품이 집중 육성되고 있으며, 향후 정보화 시대의 도래에 따라 유망산업으로 간주되는 멀티미디어 분야에 집중 투자하고 있다. 여기에다가 디자인, 관광, 여가, 이벤트, 컨벤션산업 등과 같은 지식기반 서비스산업과의 연계를 통해 산업적 연관 효과를 극대화하고 있다.

미국은 거의 모든 산업에 문화산업적 요소가 투입되어 있을 만큼 그 영역이 넓으며, 첨단산업 기술과 자본을 결합하여 세계 제일의 경쟁력을 확보하고 있다. 특히 자국 문화산업의 해외 진출을 위한 장벽 제거에 주력하고 있으며, 이를 위해 민간자본 중심의 구조를 형성하고 있다. 특히 캐릭터산업과 멀티미디어산업, 이벤트산업을 집중 육성하고 있으며, 자동차 150만대의 수출 효과를 거두었다는 「주라기공원」이나 할리우드, 디즈니랜드의 성공 사례가 대표적이다.

일본의 경우에는 경제 대국에서 벗어나 문화 대국의 이미지 구축에 주력하는 한편 사업성을 강조한 문화산업을 집중 육성하고 있다. 문화산업 육성을 위해 관련 법규 정비 및 보조금 지급, 금융세제 혜택 등과 같은 지원을 강화하고 있으며, 캐릭터산업과 멀티미디어산업, 출판산업, 전통 문화산업 등을 육성하고 있다. 특히 오락기와 만화시장에서 선두자리를 유지하고 있으며, 「포켓몬」을 통해 1999년 상반기까지 4천억의 매상을 올렸다. 또한 지역 토산품이나 특산품 191개를 선정하여 지원함으로써 전통과 문화를 결합해 상품화하고 있다.[6]

6) 중소기업에서 생산하는 이러한 토산품산업을 '지장산업(地場産業)'이라고 하여 경우에 따

프랑스의 경우 문화 선진국이라는 자존심 속에 자국문화의 보호와 문화산업 육성정책을 병행하고 있으며, 기존의 고급문화 중심에서 점차 대중문화를 수용하는 방향으로 전개되고 있다. 패션산업과 디자인산업, 관광산업 등이 중점 육성산업이며, 영화는 문화유산으로 간주되어 문화부가 지원을 아끼지 않는 분야이다. 최근 정부가 직접 주관하는 대형 프로젝트를 통해 관광산업의 발전과 자국민의 고용 증대를 꾀하고 있으며, 여기에는 퐁피두센터 건립을 비롯해 아비뇽페스티벌이나 칸영화제와 같은 대규모 축제가 있다.

영국의 경우 국가적 이미지와 긍지 함양을 위해 전통문화의 보호를 중시하면서도 최근 경제적 가치를 제고하기 위해 대중음악과 대중문화에 대한 지원을 늘리고 있다. 전통 문화산업을 중시하여 문화산업의 독립된 영역을 구축하고 있으며, 이외에 음식산업과 축제와 이벤트산업, 음반산업 등을 집중 육성하고 있다. 또한 민관 파트너십을 통해 문화유산을 보전·개발하고 이를 관광자원화하며, 동시에 도시재개발까지 병행하고 있다. 글래스고나 브리스톨의 문화예술특구 지정과 이벤트 행사, 그리고 에든버러의 축제 런던 도클랜드의 역사적 건물 보전과 문화시설물 건립 등이 성공적으로 진행되고 있다.

이러한 문화산업은 지방정부 차원에서 주로 지역의 전통 문화자원과 역사적 유산을 결합하여 상품화하는 형태로 나타난다. 독일의 뉘른베르크는 역사적인 건축물이 밀집한 거리를 장난감박물관과 미술관 등을 결합하여 문화의 거리로 개발하고 있으며, 스웨덴의 유리용품과 일본의 전통 공예품, 그리고 유럽 전통문화를 자국의 지리적 여건과 결합시킨 캐나다의 아이스와인 등은 전통을 현대적 생활용품화하여 성공을 거두었다. 전통문화뿐 아니라 자국의 현대문화를 소재로 문화상품을 개발하기도 하는데, 프랑스는 패션이나 파리라는 지역 이미지로 관광객을 유인하고 있으며, 영국의 경우 비틀스, 스파이스걸스 같은 팝아티스트의 출생지와 활동 무대를 바탕으로

라서는 지방마다 직장산업단지(地場産業團地)까지 형성하고 있을 만큼 일본의 대표적인 전통 문화상품으로 자리잡고 있다(백완기·신유근 외, 1996: 239).

음악상품과 관광을 결합하고 있다.

이러한 문화 선진국들은 하드웨어적인 상품 개발보다는 기존 자원과의 유기적 결합을 통해 소프트웨어 개발에 초점을 두고 있으며, 단순한 장식품을 넘어 일상생활에 유용한 상품을 개발함으로써 문화산업을 특수한 영역이 아니라 생활과 관련된 특화산업 영역의 하나로 간주하는 경향을 보여준다. 이를 통해 문화상품은 대량생산과 대량소비가 가능하게 되며, 산업의 연관 효과를 높이는 데 기여하고 있다.

2 국내의 문화산업 실태

우리나라에서는 1980년 이후 소득 향상과 함께 국민의 삶의 질을 높이기 위한 방안의 하나로 문화의 복지적인 측면에 대한 관심이 나타나기 시작하여 1996년 문화체육부 산하에 '문화복지기획단'이 만들어지면서 '문화복지'가 문화정책의 핵심적인 정책가치로 대두되었다. 이와 함께 1990년 중반 이후 21세기 국가기반산업으로 지식기반산업이 채택되고 문화산업이 이러한 지식기반산업의 핵심을 구성하게 되면서 자연히 문화산업에 대한 정책적 관심이 제고되기 시작함으로써 사실상 문화정책의 목표는 문화복지와 문화산업을 통한 경제활성화로 이원화되었다(박혜자, 2000).

정부의 문화예술 진흥 목표가 국민의 문화적 욕구를 충족시키기 위한 복지적 차원에 주어진다면 문화산업의 목표는 일반 산업과 마찬가지로 경제적 차원에 주어진다. 따라서 문화예술이 국민의 문화향유권을 보장해 주어야 하는 문화적 접근성의 관점에서 형평성의 이념에 입각해 있다면, 문화산업의 이념은 문화 투자의 효율성을 추구하는 데 있다.

그러나 문화산업이 '문화의 산업화, 산업의 문화화'를 추진하기 위해서는 기본적으로 문화예술을 토양으로 삼게 된다. 문화예술이라는 토양이 전제되지 않은 문화산업이란 산업화할 자료도, 포장할 포장지도 없는 셈이다. 또한 문화예술은 궁극적으로 지역민의 삶의 방식 그 자체이며, 지역민의 삶의 방식을 통해 구현되기 때문에 시민문화를 바탕으로 발전하게 된다.

[그림 7-1] 문화산업의 목표와 계층, 영역

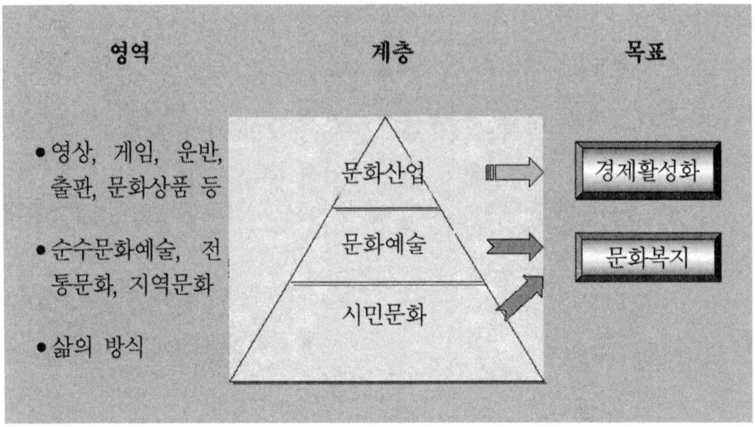

출처: 박혜자(2000) 참조.

최근 정부에서는 2012년 '세계 5대 문화콘텐츠 산업강국 도약'을 문화산업의 비전으로 선언한 바 있다. 이를 위해 2012년 매출 규모 100억 원, 고용 규모 100만 명, 그리고 세계시장 점유율 5%를 목표로 삼고 있다(문화체육관광부, 2009: 4). 이러한 야심찬 정책 추진의 배경에는 문화산업이 고부가가치 성장산업으로 각광받으면서 세계 각국이 시장 선점을 위한 지원 및 투자를 경쟁적으로 확대하고 있는 데 따른 것이다. 초보적 단계의 국내 문화산업이 크게 발전하고 향후 발전에 대해서도 이처럼 자신감을 갖게 된 것은 '한류 열풍'에 크게 힘입은 바가 크다. 한류 열풍으로 '한(韓)스타일' 이미지가 확산되면서 방송과 영상 부문의 아시아 지역에 대한 집중적인 수출 증가로 아시아의 문화강국으로 등장하고 있기 때문이다.

그리고 기존 문화산업이라는 용어 대신 문화콘텐츠산업이라는 용어를 사용하는 경향도 나타나고 있는데 그것은 장르 중심의 문화산업이 디지털 융합환경에서 콘텐츠산업으로 확대되는 추세를 반영하는 것이라 할 수 있다. 이러한 환경 변화에 따라 최근 문화 원형의 디지털화 사업 등을 통해 전통문화의 계승 발전 문제도 새로이 진화하고 있다. 국가나 사회의 고유한 문화적 내용을 창조적인 기획력을 바탕으로 재창조한다는 측면에서 문화산업은 문화적 계승과 발전을 촉진하는 효과가 있다. 특히 최근 현재의 대중문화 중심에서 한글·한식·한복·한지·한옥·한국음악(국악) 등 '한(韓) 브랜드' 콘텐츠의 생활화, 산업화, 세계화를 통해 우리 문화에 대한 관심과 저변 확대에 기여하고자 하는 시도들이 또한 일어나고 있어 관심이 제고되고 있다(이병민, 2003).

이런 맥락에서 문화산업은 국가 소프트 파워(soft power)를 중심으로 국가 외교적인 차원에서 그 중요성이 증대됨에 따라 유네스코의 문화다양성 협약 채택, 민족문화 원형 발굴 계획, 동북공정(東北工程), 일본 교과서 왜곡 대응 등의 과정에서 문화의 보편성과 한국 문화의 고유성을 알림으로써 문화적 정체성 확립에도 기여하고 있다. 또한, 문화산업은 문화 향유 기회 확대와 문화복지 실현에 기여한다고 볼 수 있는데, 주 40시간 근무제 확대, 고령화, 가족 형태의 변화(싱글족, DINK족 등), 소득 증대에 따른 삶의 질(웰빙) 관심 증가 등에 따라 양질의 콘텐츠가 국민의 소비 욕구를 충족시키기 때문이다.

문화산업은 사회경제적 양극화에 따른 문화 소외계층(장애인, 이주노동자, 노인, 저소득층 등)의 문화 소비 욕구를 충족시키는 등 계층, 지역, 장르 간 문화복지 실현에 기여하고 있으며, 온·오프라인 환경에서는 젊은 세대 중심의 문화 참여 및 공유 등이 '창의성 제고'라는 문화적 역량을 견인하고 있다는 평가도 최근 일어나고 있다. 이는 웹2.0의 '이용자 생산 콘텐츠(UCC)', '월드컵의 길거리 응원문화' 등 최근의 경향에서 발견할 수 있는 현상이다.

문화산업의 매출 규모는 연간 7.3% 이상 성장하고 있으며, 아직까지 출판의 비중이 36.8%로 가장 크지만 성장세는 방송이 연간 10% 이상으로 가장 두드러진다. 2009년에는 경제 위기 속에서도 매출액 68조 원에 수출액 30억 달러로 전년도 수출액 대비 25.6%의 성장세를 보이고 있다. 게임산업의 경우에 세계 4위 시장을 형성하고 있고, 기타 음악이나 영화, 출판의 경우에도 11, 12위의 시장을 점유하고 있다(문화체육관광부, 2009).

문화산업은 국민의 정부 들어 새로운 국가기간산업으로 인식되면서 문화산업진흥기본법 제정 등 기본적인 체제 정비와 지원이 시작되면서 본격화되었다. 참여정부 들어 문화콘텐츠산업이 10대 전략산업으로 선정되면서

〈표 7-4〉 문화산업 매출 규모

(단위: 억 원, %)

산업 구분	2003	2004	2005	2006	2007		연평균 증가율
					매출액	비중	
출판	155,211	189,210	193,922	198,793	215,955	36.8	8.61
만화	7,591	5,059	4,362	7,301	7,616	1.3	0.08
음악	17,935	21,331	17,899	24,013	23,577	4.0	7.08
게임	39,387	43,156	86,798	74,489	51,436	8.8	6.90
영화	23,444	30,244	32,948	36,836	32,045	5.5	8.13
애니메이션	2,700	2,650	2,338	2,886	3,111	0.5	3.61
방송	71,366	77,728	86,352	97,198	105,343	18.0	10.22
광고	70,639	80,260	84,178	91,180	94,346	16.1	7.50
캐릭터	48,085	42,193	20,759	45,509	51,156	8.7	1.56
에듀테인먼트	13,188	8,790	9,925	1,180	1,558	0.3	-41.37
합계	441,955	500,601	539,481	579,385	586,147	100	7.31

출처: 문화체육관광부, 「2004문화산업통계」, 「2005문화산업통계」, 「2006문화산업통계」, 「2008문화산업통계」.

한류 열풍을 타고 수출이 증가되었다. 한류 열풍이 드라마를 중심으로 민간에 의해 주도된 반면 뒤늦은 국가 주도의 문화산업정책이 오히려 반(反) 한류 현상을 불러일으켰다는 비판도 제기되었다.

이명박 정부 들어서는 디지털 융합을 통해 문화콘텐츠산업이 부상하는 한편 방송에 대한 소유 제한 규제를 푸는 미디어법 개정이 사회적 이슈가 되었다. 개정된 미디어법이 방송 등 연관 산업의 시장 규모를 확대하여 일자리 창출에 기여할 것이라는 기대와 언론독과점에 대한 우려가 동시에 제기되고 있다.

그러나 이러한 문화산업 육성정책에도 불구하고 국내 문화산업의 문제점은 쉽게 해소되지 않고 있다. 국내 문화산업의 실태에 대한 진단을 통해 나타난 문제점과 그에 대한 대응 방안을 정리해 보면 <표 7-6>과 같다. 그 동안의 하드웨어 위주를 탈피하여 콘텐츠 개발 중심으로 나아가야 한다는 점에서 콘텐츠산업 개발로 나아가야 한다. 세계 경제가 하드웨어 중심에서

〈표 7-5〉 역대 정부의 문화산업 정책

	정책 배경 및 방향	성과와 한계
문민정부 및 그 이전 (~1997)	• 영상문화와 영상산업 육성을 위한 영상진흥기본법 제정 공포(1996)	• 문화산업 정책의 중요성을 제고했으나, 체계적인 산업진흥정책 기반 마련에는 미흡
국민의 정부 (1998~2002)	• 문화산업을 새로운 국부 창출을 위한 국가기간산업으로 인식	• 문화산업 육성을 위한 체제 정비 -문화산업진흥기본법 제정(1999) -문화산업 지원 체제 구축(한국문화콘텐츠진흥원 설립(2001) • 문화산업 기반 여건 조성 및 재원을 대폭 확충했으나 지속 발전에는 구조적 한계
참여정부 (2003~2007)	• 문화콘텐츠산업을 10대 전략산업 중 하나로 선정 • 문화산업 경쟁력 확보를 위한 전문 인력 양성, 투자 및 환경 개선 등 추진 • 아시아 지역으로 한류 확산	• 문화콘텐츠산업 확충 및 한류 영향으로 문화 콘텐츠 수출 지속 증가 -유통구조, 민간 투자 등 한계와 일방적 전파에 대한 '반(反)한류' 현상 발생
이명박 정부 (2008~)	• 디지털 융합 시대 핵심 문화콘텐츠산업 부상과 BRIC 국가 등 신규 문화시장 개척	• 통합콘텐츠정책 추진 체계 정비 및 저작권 보호 노력 -문화콘텐츠산업을 통한 일자리 창출 -시장 개방 성과 미흡

출처: 대통령자문 정책기획위원회(2006), 「사회비전 2030: 선진 복지국가를 위한 비전과 전략」, 123; 문화체육관광부(2009), 「2008 문화산업백서」 등을 참조.

문화, 콘텐츠, 서비스 등 감성과 창의력 중심의 소프트산업 경제로 이행하고 있고 콘텐츠산업은 전자기기나 미디어산업 등 연관 산업의 발전을 견인하는 효과가 있기 때문이다. 그러나 2009년 기준으로 우리나라 콘텐츠산업 규모는 세계 8위이고 시장점유율은 2.4%에 불과하기 때문에 IT산업과 마찬가지로 국가 핵심 정책과제로 개발할 필요가 있다(PWC, 2009). 이를 위해서는 범정부 차원의 콘텐츠산업 진흥 체계를 마련하여 취약한 창작 기반과 제작 기술을 보완하고 전문인력을 양성하는 것이 급선무이다. 현대사회에서 영향력이 갈수록 확대되고 있는 미디어의 경우 다양한 기술 융합이 가능한 만큼 연관 분야의 기술적 진화도 대단히 중요하다. 그리고 저작

〈표 7-6〉 한국 문화산업의 실태와 문제점

분야	실태 및 문제점	대응 방안
문화전문기업	-악조건 하의 소수 성공 사례 -총체적 위기 상황	-특화전략으로 세계시장 공략 -문화CEO 영입 및 양성
업계 관행	-안면 위주의 계약 관행 -관행과 제도 간 괴리	-포용, 선별, 자율로 관행 개선 -전문성, 도덕성 기준 강화
유통 질서	-불법복제 만연 -인터넷 공짜 의식 만연	-콘텐츠 유료화 -체인점 등 유통망 선진화
시장 여건	-완전 개방, 경쟁 시대 도래 -특색 있는 콘텐츠 수출 호조	-적극적 문화 개방 및 교류 -세계적 스타 콘텐츠 육성
방송산업	-시장개방 대응 미흡 -광고와 시청률 과다 의존	-합병과 외자 유치 등으로 대형화 -미디어의 권위주의 탈피
IT 기반	-하드에 강하나 소프트 취약 -역동적 디지털문화 확산	-CT기술 개발 -디지털 콘텐츠시장 선점
정책 지원	-지원기관과 자원의 분산 -문화=산업 의식 취약	-정책조정기구 통합 -우수 문화 우대, 문화외교 강화
문화예술 기반	-문화의식 미흡 -제도교육의 문화예술 경시	-기업 메세나 활동 확대 -문화 체험 중심의 사회교육 강화

출처: 삼성경제연구소, "한국 문화산업 발전을 위한 긴급 제언," CEO Information 2002.8.14. 361호, p. 7을 일부 수정.

권 보호와 업체 간 불공정 거래를 바로잡는 것도 문화산업 종사자들의 성취 의욕 제고를 위해 중요한 과제가 될 것이다.[7)]

3 지방의 문화산업 실태

첫째, 지방자치제 실시 이후 많은 자치단체가 앞 다투어 장기발전계획에 문화산업 부문을 포함하고 문화산업 육성계획을 밝히고 있다. 이에 따라 나타나는 변화 중의 하나는 문화 관련 전문조직의 등장이다. 그간 문화공보실이나 문화공보관이 대부분이었으나 광역자치단체의 경우 중앙정부조

7) SW 불법 복제율이 10% 감소할 경우 10,000개의 일자리 창출 효과가 있다(IDC, 2008).

직 변화에 발맞추어 문화와 관광을 결합한 문화관광국이나 관광문화국, 문화체육관광국으로의 개편이 많고, 다음으로 문화체육국이나 문화진흥국, 문화환경국도 등장하고 있다. 아예 문화산업과를 두어 문화산업 육성팀이나 전통문화상품 개발팀 등을 두는 경우도 있다.

둘째, 지방자치 실시 이후 많은 자치단체가 문화기반 시설 구축에 노력하고 있다. 문화기반 시설의 경우 우리나라는 아직 문화시설이 부족해 하드웨어 확충 단계에 머물러 있기 때문에 문예회관, 문화원, 박물관 건립이 한창이다. 지방자치단체가 주민의 문화복지 향상과 문화시설을 통한 도심부 재생 효과 등을 기대하며 문화 인프라 구축을 문화정책의 역점 사업으로 삼고 있는 실정이다, 그러나 이러한 문화 인프라를 활용하는 소프트웨어와 전문성이 부족해 기존의 시설이 지역민에게 문화예술 향유 기회를 제공하지 못한 채 자치단체의 재정 부담으로 남아 있는 경우도 상당하다.

셋째, 지방자치제 실시 이후 장소 마케팅과 지역정체성 강화 등의 명분하에 지역축제가 대폭 늘어나고 있다. 지역별 축제는 2000년 기준으로 총 1,176개가 개최되고 있다. 1949년 최초의 축제라 할 수 있는 '개천예술제' 이후 1990년까지는 241개에 불과했으나 1995년 이후 대폭 확산되었다. 이에 따라 문화체육관광부는 1995년부터 문화관광 축제를 지정해 지원하기 시작했고, 관광객은 30만 명에서 2005년에는 열 배 이상 증가했으며, 사업비도 70배 이상 증가했다.

그러나 상당수의 지역축제가 특성화되지 못한 채 행정기관 주도로 진행되어 먹고 마시며 떠드는 행사로 전락함으로써 행정력 낭비의 사례로 지탄의 대상이 되기도 한다. 축제의 풍년 속에 실제 성공적인 축제는 1%도 안 되는 것으로 비판받고 있다(오마이뉴스, 2007. 4. 15). 에든버러 페스티벌의 경우 예산은 16억에 불과하지만 연간 관광객은 1,200만 명이 넘어 입장권만 100만 장 이상이 팔린다. 함평 나비축제도 관광객 300만 명에 직・간접 수익이 100억대에 이르는 것으로 평가받고 있다. 그럼에도 불구하고 대부분의 축제는 그 내용이 비슷비슷하여 차별화되지 못한 채 지역경제 활성화라는 원래의 목적은 말할 것도 없고 오히려 지방정부의 재정 부담을 가중시키는 요인으로 역작용하고 있는 경우가 많다. 광주비엔날레를 비롯해 부산국제영화제, 춘천국제인형극제, 하남국제환경박람회, 전주국제영화제 등 국제적인 문화행사들도 지방자치단체 주도로 이루어지고 있지만, 대형화를 지향했을 뿐 실제 참여하는 외국인이 적어 외화내빈의 국내 잔치로 끝나고 마는 경우가 많다.

넷째, 지방자치제 이후 거의 모든 자치단체가 지역홍보 및 지역정체성 확립이라는 명분으로 지역 캐릭터(CI작업) 만들기를 시도하고 있다. 지역 캐릭터는 지역의 역사적·전설적 인물들을 캐릭터화한 홍길동, 춘향, 흥부, 변강쇠, 옹녀에서 각종 만화의 주인공과 꽃, 나무, 동물에 이르기까지 다양하다. 이를 통해 지역 이미지를 홍보하고 자본과 관광객을 유치한다는 점에서 중요한 문화상품이 될 수 있으나, 이러한 캐릭터 개발에 소요되는 비용에 비해 이러한 캐릭터가 과연 얼마나 활용되고 목적 달성에 기여하느냐가 문제시된다. 만들어만 놓았을 뿐 제대로 활용되지 못하여 지역 주민들도 알지 못하는 캐릭터가 많고, 이것이 서구에서처럼 장식용품이나 생활용품에 활용되어 문화상품으로서 효과를 발휘하고 있는 경우는 극히 드물다. 시정이나 군정에서도 이러한 캐릭터의 의미와 지향성은 발견되지 않는다.

그러한 원인은 우리의 문화상품이 모방 단계에 머물러 수공예적인 유사상품으로 특성을 찾을 수 없다는 데 있다. 최근 정부 차원에서 문화상품에 대한 인식이 제고되고 있고 그에 따라 전통상품에 대한 정부의 지원이 늘고 있지만, 민간자본과의 협력 관계를 구축하지 못하고 있을 뿐 아니라 산업 간 연계도 미흡하여 복합적 상품보다 단발적 상품 수준에 머무르고 있다. 하나의 문화상품이 성공하기 위해서는 전통과 현대의 연계, 문화와 산업의 전략적 연계가 필요하다. 문화산업은 전문화를 추구하는 영역이라기보다는 종합적·통합적 성격이 강한 영역으로 전통과 산업, 지식, 기술의 전 영역에 걸친 조화와 통합의 산물로 발전하게 된다. 그러한 점에 비추어 볼 때, 우리의 문화산업은 산업의 문화화는 말할 것도 없고 문화의 산업화 차원에도 이르지 못하고 있다.

또한 외국의 문화산업과 비교해 볼 때, 우리의 문화산업은 가시적인 하드웨어 중심으로 전개되고 있어 문화산업의 핵심인 콘텐츠산업과는 거리가 있다. 지방정부의 문화예산이 연도별로 지속적이지 못한 채 증감을 되풀이하는 것도 바로 이러한 하드웨어 중심의 문화 인프라 구축비용이 큰 비중을 차지하기 때문이며, 막대한 인프라 구축비용을 확보하기 위해 재정이 취약한 지방자치단체로서는 중앙정부의 재정적 지원에 의존하게 된다. 이 때문에 중앙정부의 재정 지원이 가능한 분야에는 지나치게 몰려들어 소모적인 경쟁이 가열되는 반면 중앙의 정책 방향과 다른 독자적인 지역문화정책을 개발하지 못해 정책적 독창성과 차별성이 결여되어 있다. 이것은 결국 지역문화 진흥의 핵심이라 할 수 있는 문화자치의 실현을 저해하고 서구에서와 같이 중앙집권적·관치적 행정을 바꿀 수 있는 기회를 박탈하게 된다. 지역적 개성이 없이 유사하게 되풀이되는 나열식 문화행사는 지역 주민의 자발적 관심과 참여를 유발할 수 없기 때문에 문화복지 증진에 기여할 수 없고, 문화산업에서 기대되는 지역경제 활성화라는 목표 달성에도 기여할 수 없다.

제 5 절 문화산업의 육성 방향

문화정책의 초점이 문화산업으로 모아지면서 문화정책의 목표는 생활의 여유에서 비롯된 문화의 복지적 측면보다 지역경제 활성화를 위한 경제적 가치 창출이라는 도구적 목표가 우선시되는 경향이 있다. 이에 따라 문화의 정책적 비중이 커지고 정부의 개입 논리도 설득력을 얻게 되면서 문화산업을 둘러싼 국가 간 경쟁은 더욱 심화될 것으로 예측된다. 경쟁이 심화될수록 탈락하는 지방정부는 늘어나게 마련이고 그로 인한 피해도 커진다. 문제는 이러한 지방자치단체의 무분별한 문화산업 투자의 피해가 자치단체장도 이를 부추긴 중앙정부도 아닌 지역 주민에게 귀속된다는 데 있다.

무엇이 문화산업의 경쟁력을 보장해 주며, 이를 위해 지방정부는 어떻게 해야 하는가? 현대 사회에서는 교통과 통신의 발달로 자본의 이동성이 높아지고 입지 선택의 폭이 확장됨에 따라 노동력이나 부존자원, 일반 기반시설의 중요성은 감소하는 반면 그 지역 고유의 사회문화적 환경의 중요성은 커지게 된다. 이에 따라 단순한 문화상품을 생산해내는 것 이상으로 대체가 불가능한 문화적 환경, 즉 창조와 개성, 혁신을 키워 주는 문화적 환경을 구축하고, 그리고 그 지역에서 생산해낸 상품에 지역의 문화적 이미지를 덧붙여 줌으로써 상품의 부가가치를 높여 줄 수 있는 지역이야말로 21세기 문화도시의 여건을 갖춘 곳이 될 것이다. 지역문화산업의 발전을 위한 육성 방향을 몇 가지로 정리해 보면 다음과 같다(박혜자, 2000).

첫째, 규제 중심에서 지원 및 진흥 중심으로 전환해야 한다. 문화산업의 경우 경제 논리가 주도하면서 정부는 단순한 지원과 진흥을 넘어서 산업정책의 대상으로 간주하고 문화에 대한 적극적 개입과 통제의 유혹에 빠지기 쉽다. 문화산업진흥 5개년계획도 문화산업의 발전을 위해서는 문화산업을 여타의 문화정책과 마찬가지로 진흥정책의 대상으로 인식해야 할 필요성을 제기하고 있지만, 문화행정은 여전히 각종의 이유로 심의와 규제에 더 많이 의존하고 있는 실정이다. 특히 지방정부의 경우 미처 따라가기 어려운 급격한 문화산업 부문의 확장을 단속 강화로 대처하거나 정부 주도의 발전정책에 편입시키려는 경향이 나타나기도 한다. 문화산업의 창의적인 발전을 위해서는 정부나 행정이 문화 발전을 주도하는 것이 아니라 민간의 문화활동과 문화산업을 촉매하고 지원하며, 지속적인 교류를 통해 지역민의 주체적 관심과 참여를 유인하는 '민간 주도 · 행정 보완'의 원리가 되어야 한다.

둘째, 순수 문화예술과 시민문화의 발전이 병행되어야 한다. 문화산업은 기본적으로 문화성과 산업성의 조화를 지향하므로 문화성의 기반이 되는 순수 문화예술과 시민들의 삶에서 우러나오는 시민문화의 발전이 전제되어야 한다. 순수 문화예술과 시민문화는 문화의 생산 기반일 뿐 아니라 문화의 소비와 유통을 위한 토대가 된다. 독특한 삶의 양식은 그 자체만으로도 독창적인 문화상품이 될 수 있으며, 지역민의 문화적 욕구와 문화적 생활방식은 문화상품의 일차적인 소비의 장이 된다. 문화예술이나 시민문화와 같은 든든한 문화자산을 축적하지 않은 채 진행되는 문화산업은 자산 없는 사상누각 기업과 마찬가지로 문화상품을 지속적으로 생산해내기에는 한계가 있다.

셋째, 문화정보 네트워크를 구축하고 연관 산업 및 기술의 연계를 도모해야 한다. 문화는 독자적으로 고립되어 성장하는 것이 아니라 다른 지역이나 다른 영역과의 연계 및 교류를 통해 상승 발전을 도모할 수 있다. 문화정보 네트워크는 정보망을 통해 문화 생산과 소비를 이어 주는 문화 유통 체계로 기능할 수 있을 뿐 아니라 관련 아이디어와 정보를 교환하여 문화 발전에 기여할 수 있다는 점에서 대단히 중요하다. 최근 중앙정부 차원에서는 문화정보화 기본 계획을 통해 '사이버문화관'이나 '문화 프로그램 뱅크'가 추진되고 있으나 자치단체 차원의 문화 데이터베이스 구축은 미약하여 현재 74.2%의 자치단체가 인터넷을 통해 문화유산과 관광명소, 특산품을 소개하고 있으나 대부분 단순 소개와 홍보에 그치고 있어 문화유통 체계로서의 역할은 요원한 실정이다. 또한 문화산업과 산업기술 간에는 밀접한 상관 관계가 있다. 기술 아이디어의 생성에서 시장 판매에 이르는 전 과정에서 문화는 기술과 결합하여 문화 부가적인 상품과 서비스가 개발·보급된다. 그러므로 산업의 기술혁신에서 문화예술적 감각은 필수적이며, 문화 투자는 소비적인 것이 아니라 산업기술의 혁신을 위한 투자인 것이다.

넷째, 지방정부의 문화자치가 구현되어야 한다. 문화산업의 활성화를 위해서는 중앙문화로부터 탈피하여 지역문화가 활성화되어야 한다. 그것은 지역문화의 자율성과 독립성 없이 문화의 개성과 창조성이 살 수 없고, 문화산업이 발전할 수 없기 때문이다. 지역문화의 자립을 위해서는 무엇보다 지역민의 문화적 자긍심과 정체성이 바탕이 되어야 하며, 이와 함께 지방정부가 중앙정부의 문화정책과 별도로 지역의 특성과 지역민의 다른 문화적 욕구에 맞추어 지역문화정책을 추진해 나갈 수 있도록 문화자치가 바탕이 되어야 한다.

다섯째, 문화산업의 지속적인 발전을 위해서는 법적·제도적 기반 구축이 마련되어야 한다. 현재 자치단체에서 관련 조례를 마련하고 있는 곳은 전통문화산업과 관련하여 원주, 고성, 순창, 남제주군, 강진군, 봉화군이 있으며, 영상산업의 경우 부산, 춘천, 부천, 투자 유치의 경우 경기도, 문화행사의 경우 전남 등이 있다.[8] 조례가 제정된다는 것은 일단 관련 문화산업

---

8) 광주광역시는 문화산업 투자진흥지구 지정을 위해 투자진흥지구 투자기업 지원을 위한 시세 감면조례 입법예고 중이다. 제주와 경북도 문화산업 육성 조례를 추진 중에 있다.

이나 행사를 장기적으로 지속하겠다는 정책적 의지 표명으로 향후 체계적으로 추진해 나갈 수 있는 토대가 된다는 점에 의의가 있다. 이와 함께 문화산업을 행정적으로 뒷받침할 수 있는 조직 체계를 비롯해 전문인력과 재정 등의 기반 구축이 필요하다.

여섯째, 문화산업의 발전을 위해서는 단순히 문화상품을 생산하는 것에 머무르지 않고 소비될 수 있도록 하는 효과적 마케팅전략이 수립되어야 한다. 그간 많은 지방자치단체에서 추진해 왔던 문화상품이나 관광전략이 실패한 중요한 이유 중의 하나는 기획과 운영, 홍보 등에서 마케팅 역량이 부족하여 소비로 연결되지 못한 데 있다. 재정이 한정된 자치단체로서 지속적인 문화의 생산을 위해서는 문화상품에 대한 기업적인 투자와 경영 마인드를 도입해야 한다. 새로운 문화사업을 시작하기 전에 분명한 사업의 목표를 정하고, 지역 현황에 대한 SWOT 분석을 통해 사업의 포트폴리오를 구성하며, 표적시장이 되는 소비자층에 따라 차별적인 마케팅을 구사하는 전략이 필요하다.

일곱째, '문화의 행정화, 행정의 문화화'가 필요하다. 문화를 행정의 시각에서 다루고자 한 것이 '문화의 행정화'라면, 행정을 문화의 시각에서 보고자 하는 것이 '행정의 문화화'이다. 지금까지 문화행정이 문화의 행정화라는 시각에서 문화에 접근해 왔다고 하나, 사실상 지금까지와 같은 행정으로는 문화의 행정화가 이루어질 수 없기 때문에 행정 스스로의 문화적 시각에서의 자기개혁이 불가결하다는 인식에서 '행정의 문화화'가 수반되어야 한다(中川幾郎, 1995: 24)). 기존의 행정을 담당하고 있는 효율성 위주의 관료제와 달리 문화는 창의성과 다양성의 자양분을 필요로 하기 때문에 문화 담당 부서는 그 어느 부서보다 새로운 것에 대한 지향과 수용 태세를 가져야 하며, 폭넓은 참여행정을 바탕으로 연성행정이 되어야 한다. 이를 바탕으로 지방자치단체의 문화정책은 다른 정책의 상위에 위치하는 것으로 전반적인 문화정책을 포괄하는 종합정책으로 다른 정책을 그 아래 수렴하는 것이어야 한다.

Chapter

08 문화재정

제 1 절 정부의 문화재정

1 중앙정부의 문화예산

문화정책도 여타의 정책과 마찬가지로 자원을 확보하고 배분하는 것을 둘러싼 일련의 정치 과정이므로, 이러한 정책적 변화 추세는 예산 배분에 반영되기 마련이다(Mulcahy & Wyszomirski, 2005). 따라서 문화예술 관련 재정구조를 살펴보는 것은 문화정책의 비중이나 정책 방향과 관련하여 중요한 시사점을 줄 수 있다.

우리나라의 문화예산은 경제 발전 논리에 밀려 예산 편성의 우선순위에서 항상 후위에 위치해 왔다. 1970년대까지만 해도 문화정책은 경제 성장에 활력을 불어넣기 위한 보조적인 수단으로 활용되어 왔을 뿐이다. 1980년 들어서면서부터 그간의 성장 과정에서 야기된 계층 간의 갈등을 무마하기 위한 사회통합의 일환으로 문화정책에 관심이 주어지게 되었지만, 그간의 경제 성장에 따라 급상승한 대중의 문화적 욕구와 정치적 민주화에 병행해 분출되기 시작한 밑으로부터의 대중적 문화 욕구를 충족시키기는 역부족이었다. 비로소 1990년 들어 문화정책은 선택적인 공공 서비스의 위치를 벗어나 필수적인 공공 서비스의 일환으로 간주되기 시작했고, 이러한 변화는 국가예산 편성을 통해 살펴볼 수 있다.

문화예산을 별도로 책정하기 시작한 것은 1977년 문화공보부에 국가 예산의 0.2%가 배정되면서부터이다. 이후 1984년까지는 0.2%대가 그대로 유지되어 오다가 1985년 0.3%에 진입한 이래, 1992년에는 0.4%대에 진입했다. 이후 2000년대 들어 문화예산은 연평균 8.5% 증가율을 보이고 있으나 기금을 제외한 문화예산은 6.9%로 정부예산 증가율 6.8%와 비슷한 증가세를 나타내고 있다. 2000년대 들어 문화예산의 증가는 국가정책에서 문화부문의 우선순위가 그만큼 높아진 것을 의미한다. 그러나 향후 국민소득 증대와 주 40시간 근무제 도입에 따라 늘어날 것으로 예상되는 여가나 문화 수요의 팽창 추세에 비해 문화예산이 1% 미만으로 정체 상태에 머물러 있다는 비판도 있다.

참여정부는 4대 국정 원리의 하나로 '분권과 자율'을 제시하고 '지방분권과 국가균형 발전'을 국정의제로 설정했다. 이러한 국정 원리에 따라 문화부문에서도 지방 이양이 추진되면서 이를 뒷받침하기 위한 분권교부세가 신설되고 낙후지역의 인프라 구축을 위한 균형발전특별회계가 신설되었다. 2006년 문화관광부의 지방이양사업이 356억에다가 균특예산 3,800억 원으로 지역의 관광 및 문화예술 인프라 구축을 비롯하여 지역문화산업 지원사업 등을 추진함으로써 예산의 3분의 1 정도는 분권교부세와 균형발전특별예산이 차지하고 있다. 문화예산의 대부분은 보조금 예산 형태로 지원된다는 점을 고려할 때 균형발전특별예산이나 지방 이양을 통해 지방재정의 자율성을 높이는 것은 바람직하지만 또 다른 한편으로 중앙정부의 지속적인 관심과 지원이 약화될 수 있고 지방정부의 문화에 대한 인식 부족으로 투자의 우선순위가 밀릴 수 있다는 우려도 제기된다.

또한 광주 '아시아문화 중심도시 조성을 위한 특별법'이 통과(2006. 8. 29)되어 관련 예산이 문화관광부의 소관을 벗어나게 되었다. 또한 예산의 효율성 확대를 요구한 기획예산처의 권고에 따라 문화산업진흥기금이 폐지되고 (2006.4 문화산업진흥기본법 개정), 중소기업청이 관할하는 '중소기업투자모태조합'의 문화산업 별도 계정에 출자하게 된다. 문화예술진흥기금의 운영은 민간위원회로 이양되었다.

지금까지 문화예산 증가의 상당 부분은 매년 10% 이상 늘어난 기금의 증가에 따른 것이라 할 수 있는데, 기금은 2004년 전체 예산의 39%에서 2008년에는 42.5%로 그 비중이 증가했다. 전체적으로 정부재정에서 기금사업은 축소되고 있는 추세이지만 문화재정은 오히려 기금사업 비중이 늘어나고 있다. 기금사업은 문화예산의 안정성을 담보해 줄 수 있다는 점에서 장점이 있지만 상황 변화를 반영하지 못하거나 목적사업에 한정됨으로써 재정의 융통성을 저해한다는 점에서 문제가 있다.

정부의 문화예산은 규모도 중요하지만 그러한 문화예산을 어디에 어떻게 사용하느냐도 대단히 중요하다. 선진국의 경우 통상 문화재 관리에 문화예산의 35~50%가 배정되며, 문예 생산과 진흥에 20~40%가 배정되지만 점차 문예 진흥 관련 비율이 증가하는 추세를 보인다. 우리나라 문화예산의 부문별 사업 내역을 보면, 문화예술 부문이 가장 큰 비중을 차지하여 2008년 약 40%를 차지하고 있다. 문화체육관광부 예산과 별도로 문화재청 예산이 문화 부문 예산의 약 20%를 차지한다.

그러나 부문별 증가 속도를 보면, 상대적으로 체육 부문이 13.4%, 관광 부문이 10.1%로 가장 빠르게 증가하고 있음을 보여 준다. 향후 재정운용계획에서도 체육과 관광 부문의 경우 증가세가 다소 둔화되지만 증가 기조는 유지할 것으로 예상된다.[1] 2009년도 문화예산의 세부사업 내역을 보면, 문화예술 부문에서는 문화기반시설 확충과 콘텐츠산업 경쟁력 강화, 그리고 지역거점 문화도시 조성사업을 통해 지역균형 발전을 도모하기 위해 광주 아시아문화 중심도시를 비롯하여 경주 역사문화도시, 전주·공주·부여의 전통문화도시, 부산 영상문화도시가 추진된다. 관광 부문에서는 국내 관광 활성화를 통해 해외 관광 수요를 국내로 전환하고 이를 위해 관광 서비스 기반 구축이 지원된다. 체육 부문에서는 생활체육시설 확충과 스포츠산업 경쟁력이 강화된다. 반면 문화 및 관광 일반은 인건비 등 경상비적인 성격

1) 향후 재정운용계획에 의하면 문화예산은 연평균 5.4%의 증가율을 유지하되 기금의 증가는 최대한 억제한다는 방침이다. 부문별로는 체육 5.2%, 관광 4.8% 증가율을 유지하되 문화 및 일반 부문을 줄여나간다는 방침이다(문화관광부, 「2008년 문화정책백서」).

〈표 8-1〉 중앙정부 문화예산의 연도별 · 부문별 추이

(단위: 억 원, %)

구분	2004년	2005년	2006년	2007년	2008년	2009년	연평균 증가율
합계	19,043	21,234	23,073	22,660	26,354	28,491	9.6
• 예산	11,584	11,741	12,948	12,681	15,136	16,665	7.4
• 기금	7,459	9,493	10,125	9,979	11,218	11,826	8.7
문화체육관광부	19,043	21,234	23,073	22,660	26,354	28,491	9.6
• 문화예술	8,671	9,697	10,552	9,440	10,709	11,271	5.0
• 관광 부문	5,261	6,297	6,381	6,649	7,766	8,948	10.7
• 체육 부문	3,207	3,376	4,090	4,419	5,304	6,176	13.4
• 문화 및 관광 일반	1,874	1,864	2,050	2,152	2,575	2,096	2.1

※ 문화관광 분야에서 문화재청 및 방송위원회 제외.
문화예술 부문은 문화정책, 예술, 문화산업, 미디어, 종무, 국립문화예술기관을 포괄.
출처: 문화체육관광부(2010). 「2009년도 예산기금운용계획」 문화체육관광부(2010), 「2009문화정책백서」: 92.

으로 최대한 억제되고 있다. 그러나 문화예산을 우리나라만 가지고 비교하는 것은 의미가 없기 때문에 국가별 문화예산을 비교해 보기로 한다. 선진국의 경우 총예산 대비 문화예산은 캐나다가 2%, 프랑스가 1%에 육박하고 있는 것으로 나타나며, 국가 총생산액 중에서 차지하는 비율을 볼 때는 캐나다가 0.37%로 가장 높고 우리나라가 0.19%로 다음 순위를 차지하고 있으며, 프랑스 · 영국 순으로 높게 나타난다. 반면 미국과 독일은 낮은 편에 속하는데, 미국의 경우에는 문화 업무를 담당하는 독립된 부처가 없고 단지 국립예술기금(NEA)을 중심으로 단편적인 사업이 이루어지고 있기 때문이다. 독일은 미국과 마찬가지로 연방제이기 때문에 문화 업무는 중앙부처가 아니라 지방정부에서 담당하는 것으로 되어 있다.

우리나라와 선진국의 자료는 상당한 시차가 있지만 국민 1인당 정부의 문화예산 지출을 볼 때는 캐나다를 이어 높은 것으로 나타난다. 우리나라의 2000년 1인당 문화예산은 약 17달러 수준이었다. 이후 문화재청이 분리

〈표 8-2〉 주요 국가의 중앙정부 문화예산 규모 비교

국가	문예비/총예산(%)	문예비/GDP(%)	1인당 문예비
미국	0.011	0.002	0.62$
프랑스	0.910	0.177	46.84$
영국	0.407	0.148	28.12$
독일	0.29	0.024	6.29$
캐나다	1.894	0.370	70.74$
한국	0.97	0.210	43.33$

※ 다른 나라는 1995년 자료이며, 한국은 2009 자료를 대상으로 했으며 문화체육관광부 예산과 문화재청 예산을 합했다.

되는 등 조직의 변화로 문화관광부의 예산만을 비교해 볼 수는 없기 때문에 이를 포함할 경우 문화예산은 0.97%로 거의 1%에 달하는 것으로 보인다. 그러나 이러한 공식적인 정부예산과 달리 많은 선진국의 경우 별도로 다양한 민간의 문화 후원 체계가 작동하고 있는데 비해 우리나라는 전체 문화 재원 중에서 민간 부문의 기여 비율이 매우 낮다는 점을 감안할 때, 우리의 문화예산은 여전히 미흡한 편이다.

2 지방정부의 문화예산

문화예산은 중앙정부만이 아니라 지방자치단체에서도 편성된다. 우리나라에서 문화예산은 중앙정부 주도로 편성되어 왔고 중앙정부의 예산이 대부분을 차지했으나 지방자치제 실시 이후 중앙정부 주도의 문화정책이 지방정부 주도의 문화정책으로 변모함에 따라 지방정부의 문화예산 규모도 점차 늘어나고 있다.

중앙정부의 문화예산 증가는 곧바로 지방자치단체의 문화예산 증가로 이어졌다. 그 원인으로는 대부분의 국고지원사업 보조율이 30~50% 정도인 점을 감안할 때 나머지 예산은 매칭 펀드 방식으로 지자체가 부담해야 하기 때문이다. 또한 지자체 문화예산 증가 요인으로는 지방자치제 실시

이후 주민들의 문화 향유 욕구와 기대치가 전에 비해 크게 늘어났고, 주민 선거에 의해 뽑힌 자치단체장들이 이러한 주민의 요구를 대거 반영한 점과 지역 홍보 소개는 물론 주민 소득 증대를 위해 지역별 문화관광자원을 집중 발굴, 투자하는 데 인색하지 않았기 때문인 것으로 풀이된다.

<표 8-3>을 보면 중앙정부의 문예예산도 지속적인 증가를 보이고 있지만 지방정부의 문화비는 더 빠른 속도로 증가하여 문화정책의 책임이 지방정부로 이양되고 있음을 보여 준다. 그간 한국 사회는 중앙집권적인 정책구조를 이루어 왔기 때문에 국가 차원의 획일적 문화정책이 추진됨에 따라 대체로 1988년까지는 문예 투자도 중앙정부가 우위에 있었으나 이후 정치적 민주화와 지방자치제의 도입은 문화정책에서도 지방분권을 촉진함으로써 지방정부의 역할 확대와 함께 문화예술비의 증가를 가져왔다. 민선 자치단체장들이 각종 축제 등을 통해 지역 이미지를 제고하고 주민의 문화향유권 제고에 관심을 갖게 된 것도 지방정부의 문화예산을 늘리는 데 기여했다.

이러한 중앙정부와 지방정부 간 문화예술 예산을 다른 선진국과 비교해 보면 아일랜드가 중앙정부에 대한 재정의존도가 가장 높고, 다음으로 스웨덴, 영국, 이탈리아 순으로 문화예산 분야의 중앙집권적 행정구조를 보인다. 반대로 독일의 경우 중앙정부는 8%만을 부담하고 있을 뿐 거의 대부분을 지방정부가 부담하고 있다. 우리나라의 경우 대체로 호주나 프랑스와 비슷한 수준의 정부간 예산 분담 구조를 보이고 있다. 중앙정부의 예산 부

〈표 8-3〉 중앙정부와 지방정부의 문화예산 변화 추이 비교

(단위: 억 원, %)

구분	2004년		2005년		2006년		2007년		2008년		2009년	
	예산	%	예산	%	예산	%	예산	%	예산	%	예산	%
중앙정부	19,043	45.5	21,234	45.9	23,073	48.4	22,660	46.6	26,354	43.3	28,491	43.8
지방정부	22,782	54.5	25,066	54.1	24,568	51.6	25,991	53.4	34,541	56.7	36,616	56.2
합계	41,825	100	46,300	100	47,641	100	48,651	100	60,895	100	65,107	100

〈표 8-4〉 선진국의 중앙정부와 자치단체의 문화예산 비율

(단위: %)

	중앙정부	지방자치단체	기초자치단체	계
호주	40	49	11	100
캐나다	48	37	14	100
핀란드	48	-	52	100
프랑스	43	4	53	100
독일	8	34	54	100
아일랜드	87		13	100
이탈리아	56	13	31	100
네덜란드	48	5	47	100
스웨덴	63	12	26	100
영국	58	-	42	100
미국	41	17	42	100

주: 이 자료는 1994/95 회계연도를 기준으로 한 것임.
출처: ACE(1998), International data on public spending on the arts in eleven countries.

담이 낮다는 것은 중앙정부의 예산 부담 회피 경향을 나타내는 것일 수도 있으나 무엇보다 문화행정의 분권화 추세를 반영하는 것으로 보인다. 즉, 주민의 문화향유권 충족과 문화산업이나 관광산업을 통한 지역 발전의 책임이 지방정부의 중요한 역할로 자리매김하고 있음을 시사해 준다.

최근 5년간 지방 문화예산의 규모를 살펴보면, 2003년까지만 해도 전체 지방 예산의 1.9%에 머물다가 2004년 지자체 총예산의 약 2.3%인 2조 2,782억 원을 차지해 처음으로 지방 문화예산 2%를 돌파했다. 이후 지방 문화예산은 다소 증가했지만 전체 예산의 증가율을 다소 밑돌다가 2009년 3조 6,616억 원으로 증가했다. 분야별로는 문예 진흥에 가장 많은 예산을 배정하고, 다음으로 관광, 문화재, 문화산업 순으로 배정하고 있다. 최근 지방정부의 문화산업 예산은 2003년 3.7%에서 7.5%로 배 이상 늘어났지만 아직 10% 이하 수준에 머물러 있는 것은 지방 문화예산의 상당 부분이 하드웨어에 치중하고 있어 콘텐츠 개발 예산이 미흡하기 때문인 것으로 보인다.

그러나 문화예산의 증가가 곧 문화 발전을 의미하는 것은 아니다. 같은

〈표 8-5〉 지방자치단체 문화예산 현황

연도	지자체 전체 예산 (A)	문화 예산 (B)	비율 (B/A)	분야별 예산							
				문예 진흥	비율	문화 산업	비율	관광	비율	문화재	비율
2003	973,503	18,508	1.9	8,880	48.0	816	3.7	5,124	27.7	3,688	19.9
2004	971,778	22,782	2.3	11,518	50.6	838	3.6	6,213	27.3	4,213	18.5
2005	1,058,547	25,066	2.4	12,540	50.0	1,669	6.7	6,285	25.1	4,572	18.2
2006	1,177,253	24,568	2.1	13,397	54.5	1,756	7.1	5,902	24.0	3,513	14.3
2007	1,265,371	25,991	2.1	14,349	55.2	1,516	5.8	6,513	25.0	3,612	13.9
2008	1,493,892	34,541	2.3	17,192	49.8	2,456	7.1	9,580	27.7	5,313	15.4
2009	1,640,287	36,616	2.2	18,812	51.4	2,764	7.5	9,955	27.2	5,085	13.9

출처: 문화체육관광부(2010), 「2009문화정책백서」: 95.

문화예산이라고 하더라도 그 운용 능력에 따라서는 질적 개선이 이루어질 수 있다. 가령 문화회관을 짓는다고 곧바로 주민의 문화복지 수준이 향상되거나 문화예술 역량이 고양되는 것은 아니다. 그러한 문화회관이 어떤 용도로 사용되며, 주민의 향수 기회는 얼마나 늘어나는가, 독자적인 존립은 가능한가 등이 철저히 고려되어야 한다. 또한 증가된 문화예산이 전시행정이나 이벤트성 행사에 전용되는 것은 아닌지도 고려되어야 할 것이다.

무엇보다 정부의 문화 지원을 위한 재정 마련은 단순히 예산 편성만이 아니라 다양한 방식을 통해서도 이루어질 수 있다. 샌프란시스코는 샌프란시스코 호텔세(San Francisco hotel tax)를, 영국은 텔레비전 면허세(British television license fee) 등의 목적세를 통해 문화예술 지원을 위한 재정을 마련하고 있으며, 덴마크는 1976년까지는 축구복권회사(Danish Football Pools Company)의 이익금 50%를 문예 부문에 지원하도록 한 바 있다. 재원 배분 방식도 유럽의 경우에는 직접적인 운영비(direct appropriation for daily operation)를 지원하는가 하면, 미국은 특정 프로젝트 위주로 보조금(direct grants for special projects)을 지급하거나 매칭 펀드(matching grants)를 통해 손실분이나 결손분을 보전해 주는 방식으로 독립 능력을 키워 주기도 한다. 노르웨이는 노르웨이 언어 보존과 발전을 위해 복합적 방법을 사용하는데, ① 노르웨이어로 쓴 책은 세액 환급(tax rebate)을 통해 책가격이 16.3% 낮아지는 효과, ② 출판업자에 대한 직접 지원을 통해 3천 부 기준으로 1천 부는 정부에서 구매함으로써 19%의 가격 인하 효과, ③ 작가에 대한 보조 방법으로 첫 인쇄분 3천 부에 대해 10%의 로열티를 지불함으로써 책값의 25% 가격 인하 효과로 총 61%의 가격 인하 효과를 거두고 있다.

제 2 절 문예진흥기금

1 목적과 필요성

문화예술진흥기금은 '문화예술 진흥을 위한 사업이나 활동의 지원'(문화예술진흥법 17조)을 목적으로 설립되었다. 예산이 국가의 일반적 재정활동을 목적으로 조세 수입을 통해 조성되는 재원인데 비해 기금은 국가가 특정한 목적을 위해 특정한 자금을 운용할 필요가 있을 때 법률에 기반해서 설치되며, 이렇게 설치된 기금은 세입 세출예산에 의하지 않고 운용될 수 있다. 문화예술에 관련하여 문화관광부의 소관 기금은 문화예술진흥기금과 영화발전기금, 지역신문발전기금, 신문발전기금, 국민체육진흥기금, 관광진흥개발기금으로 현재 6종이 있다. 문예진흥기금은 1972년 8월 14일 공포된 '문화예술진흥법'에 근거하여 문화예술 진흥을 위한 사업이나 활동을 지원하기 위해 설치한 기금으로 한국문화예술진흥원이 조성, 관리하고 운영한다. 기금의 재원은 정부의 출연금, 개인 또는 법인으로부터의 기부금품, 기금 운용으로 생기는 수익금, 공연장・박물관・미술관・사적지 등의 관람료에 일정률의 기금을 부가하여 모금한다. 한국방송광고공사의 광고수수료 중의 일부를 공익자금으로 조성하여 기금으로 출연한다.

문예진흥기금의 용도(문화예술진흥법 18조)
- 문화예술의 창작과 보급
- 민족 전통문화의 보존·계승 및 발전
- 남북과 국제 문화예술 교류
- 문화예술인의 후생 복지 증진을 위한 사업
- 지방문화예술진흥기금에의 출연
- 한국문화예술진흥위원회 운영에 필요한 경비
- 기타 문화예술의 진흥을 목적으로 하는 사업이나 활동

기금사업 추진을 위해 구성된 문예진흥기금지원심의회에서 제시하고 있는 원칙을 보면 문화예술 창작활동 우선 지원, 동일 조건 다수 혜택 우선 지원, 문화 격차 해소 및 문화복지의 실현을 위한 균형 지원, 소요 경비 일부 지원, 사업비 중심 지원 등을 내세우고 있다. 문예진흥기금의 목적은 기본적으로 문화예술 창작이면서 한 걸음 더 나아가 창작인들의 복지 지원, 지방 문화예술인의 보호 및 지방 문화예술 수준을 고양하는 데 있다.

2 특 성

문예 진흥은 현재 중요성이 부각되고 있는 문화산업뿐만 아니라 국민 문화 향유, 관광, 경제 발전에 중요한 밑거름이 된다. 문화산업의 근간도 문화예술의 창작을 전제로 논의되는 것이며, 국민들의 문화 향유나 관광도 마찬가지이다. 문화예술의 발전은 다른 경제 관련 제품 생산에도 중요한 영향을 미친다. 그러므로 문예 진흥은 좀 더 장기적이고 근본적인 의미에서 조명할 필요가 있다.

1) 문예 진흥의 특성

생활문화나 역사적 축적물들은 좀 다르지만, '문화' 관련 부분은 문화예술인들의 창작을 토대로 발전해 간다. [그림 8-1]에서 보는 것처럼 중앙의

[그림 8-1] 문화예술 창작의 역할

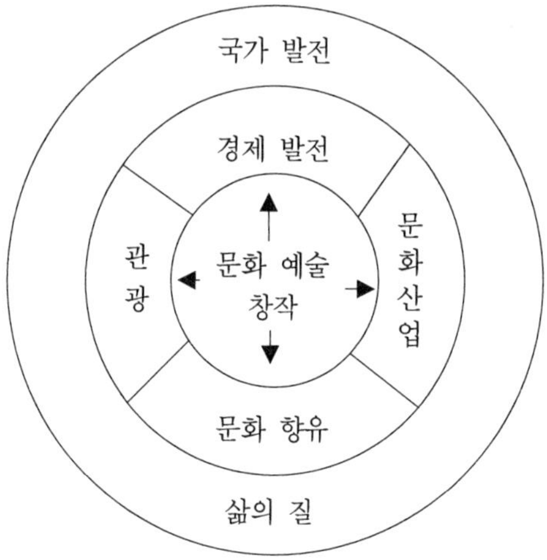

문화예술의 창작이 밖으로 파급 효과를 미쳐 문화산업 성장을 만들어 내고, 관광과 문화 향유 기회를 제공하며, 지속적인 경제 발전에 영향을 미친다. 이것은 궁극적으로 국가 발전과 삶의 질 제고의 원동력이 된다.

문화예술 진흥이란 기본적으로는 문화예술인들의 창작을 지향한다. 창작이 가능하도록 하는 물질적 지원을 비롯해 교육과 창작 여건 조성, 창작인들에 대한 기초생계비 지원이 모두 문화예술 진흥을 위해 필요한 일이다. 문예 진흥활동은 기본적으로 개인 자율에 맡겨야 하는 것이지만, 개인의 여건이 좋지 못할 경우에는 사회나 정부가 나서서 지원해 주어야 한다. 정부에서 나서서 문예 진흥을 논의하기 시작한 것도 개인 차원에서 문예 진흥이 제대로 이루어지지 못하고 있기 때문이다.

우리나라 문화예술인들의 현황을 보면 극히 일부를 제외하고는 매우 열악한 환경 속에서 창작활동을 하고 있다. 창작활동만으로는 생계 유지가 어렵기 때문에 생계를 위해 직장을 가져야 하고, 일회성 프리랜서 개념의 창작활동에 연연해야 하는 상황이다. 최근 급격히 증가하고 있는 문화예술인들 숫자에 비해 소득이 안정적이고 충분한 사람들은 매우 적다. 더욱이 새롭게 등장하는 신규 창작 예술인들, 즉 대학생이나 대학원생, 갓 졸업한 젊은이들에 대한 지원은 더욱 중요하다. 이들을 지속적으로 육성해 가야만 문화예술의 장기적 발전이 가능하고 국가 발전이 가능해지기 때문이다.

문화예술 진흥은 원칙적으로 상품화를 지향하지 않는다. 순수한 창작행위 자체가 몇 단계를 지나 상품화되면, 경제 기술의 발전과 국민 복지에 기여할 수 있지만, 초기 단계에서는 상품화나 소득을 전제로 하기 어렵다. 따라서 순수 창작예술의 육성이 바로 문예 진흥이라 할 수 있다.

2) 문예진흥기금의 특성

문예진흥기금은 기본적으로 상품화 이전의 순수 창작활동을 지원하기 위한 목적으로 이해되어야 한다. 어떤 가시적 성과나 능률성을 전제로 기금 운영을 하기 어려운 부분이 여기에 있다. 행정적으로는 문예진흥기금 운영의 효율화를 요구하지만 지원 절차를 합리화하고, 가능한 한 여러 사람에게 혜택이 돌아가도록 하는 정도의 고려 사항을 넘어서는 수준의 효율화를 기대하기는 어렵다.

미국에서 국립예술기금의 지원을 받는 작품이 비종교적이거나 외설 논란에 휩쓸렸음에도 불구하고 자율성을 유지할 수 있었던 것은 문화예술 작품에 대한 평가가 그만큼 쉽지 않기 때문이다. 기금 지원의 자율성이 그만큼 중요하다. 문예진흥기금의 운영을 민간기구인 문예진흥위원회의 자율에 맡긴 이유이기도 하다. 문예진흥위원회는 순수 창작인 지원은 물론 부설 미술회관, 문예회관, 무대예술 연수회관, 예술자료관 등을 설치하여 예술인들의 창작활동을 지원하고 있다. 문예진흥기금을 '순수 창작활동 지원'에만 집중시킬 것인지, 아니면 국민의 문화 향유까지도 포함하는 넓은 의미의 '문화기금'으로 활용할 것인지는 문예진흥위원회에서 결정하기에 달려 있다.

우리나라 문화 수준과 예술시장의 여건은 과거 문예진흥기금을 설치하던 1970년대와는 매우 다른 상황에 있다. 문화예술 영역 중에서 영상 관련 기금이나 문화산업 분야는 기금과 지원 여력이 상당히 축적되어 있다. 일반 산업체 수준에서도 문화산업이나 영상, 애니메이션, 광고 등 시장 상품화가 수월한 분야에 대해서는 자금 지원이 풍부해져 있기 때문에, 문예진흥위원회는 문화예술 교육과 순수 창작, 창작자단체 지원, 예술인 복지 등을 담당하는 것이 바람직하다. 설립 초기에 국가 문화 발전의 큰 책임을 담당했던 위치에서 이제는 범위를 좁혀 꼭 필요하지만 외부 지원이 적거나 시장성이 낮은 분야의 지원에 집중되어야 할 것이다.

3 기금 조성과 지원

문화예술진흥기금의 조성 실적을 보면 <표 8-6>과 같다. 기금 조성이 시작된 이후 지금까지 36년간(1973. 7.~2008. 12) 모금한 총액은 4,186억 원이고, 그 밖에 공익 자금, 정부출연금, 복권기급 등을 합쳐 전체 1조 8,921억 원을 조성했다. 그 중에서 1조 4,830억 원을 문예진흥사업에 사용했고, 자산평가액 및 미수수익 36억 원을 제외한 4,091억 원을 적립하고 있다. 그동안 적립된 기금에서 발생하는 이자가 28.4%로 가장 많은 비중을 차지하고, 모금이 22.9%, 국고 지원이 10.1%, 방송발전기금이 지원하는 공익자금이 9.2%를 차지한다(문화체육관광부, 2010).

가장 기본적인 수입원은 설립 초기부터 지속된 모금에 의한 것이다. 문예진흥기금은 1973년 7월부터 극장, 공연장, 고궁, 능, 박물관, 사적지, 미술관 등의 관람료에 일정률의 기금을 부가하여 모금했다. 이 부분이 가장 큰 몫을 차지하지만, 초창기에는 모으는 것보다 쓰는 일이 급해 축적되는 양이 매우 적었다. 더욱이 모금은 규제 개혁의 일환으로 '부담금관리기본법'에 의해 2004년 이후 폐지됨에 따라 더 이상 기대하기 어렵게 되었다.

다음은 국고지원금인데 정부에서는 1989년부터 국가 예산의 범위 안에서 문화예술의 진흥을 목적으로 하는 사업 또는 활동을 지원하기 위해 일정액을 출연하고 있지만 국고지원금은 2001년 이후 중단되었다. 그 밖에 공익자금으로 한국방송광고공사의 광고 수수료 중의 일부가 문화예술 진흥을 위한 자금으로 출연되고 있으며, 개인이나 기업의 기부금이 있다. 개인이나 기업의 기부금은 조세감면규제법에 의해 조세 감면 혜택이 주어진다.

문화예술진흥기금 적립은 국고와 공익자금이 적립금 조성 재원의 대부분을 차지하는데, 이는 모금 수입 및 이자 수입은 매년 수행되는 지원사업

〈표 8-6〉 재원별 문예진흥기금 조성(세입) 실적

(단위: 백만 원, %)

구분	1973~2000	2001	2002	2003	2004	2005	2006	2007	2008	계	비중	비고
모금	269,961	38,293	48,434	53,582	7,943	267	71	27	-	418,578	22.1	
국고	184,722	-	-	-	-	-	-	-	-	184,722	9.8	
공익자금	158,907	2,000	1,583	2,000	1,700	1,100	-	-	-	167,290	8.8	방송발전기금
복권기금	-	-	-	-	44,584	50,406	53,770	48,527	19,800	217,087	11.5	
이자	307,890	37,552	29,721	26,570	28,376	28,909	25,972	34,201	25,834	545,025	28.8	
기타	237,045	6,580	18,525	14,372	13,158	15,988	18,597	15,813	19,298	359,376	19.0	
계	1,158,525	84,425	98,263	96,524	95,761	96,670	98,410	98,568	64,932	1,892,078	100.0	

※ 기타 내역: 건물대여료, 민간출연금, 기타 경상이전수입, 골프장수입금 등 잡수입, 조건부 기부금수입, 이월사업 설정액.

〈표 8-7〉 문화예술진흥기금 적립 실적

(단위: 백만 원, %)

구분＼연도	1973~2003	2004	2005	2006	2007	2008	계	비율	비고
국고 출연	124,722	-	-	-	-	-	124,722	30.5	
공익자금	70,000	-	-	-	-	-	70,000	17.1	방송발전기금
기타	311,102	21,430	-34,341	-38,126	-21,174	-24,532	214,359	52.4	
계	505,824	21,430	-34,341	-38,126	-21,174	-24,532	409,081	100.0	

출처: 문화체육관광부(2010), 「2009 문화정책 백서」.

비로 집행되어 왔기 때문이다. 그러나 2004년 모금 폐지와 지원사업비 증가로 이후 문예진흥기금은 지속적으로 감소하고 있다. 문화예술진흥기금이 문예창작 활동에 쓰이고 있는 만큼 안정적인 예술 지원을 위해서는 문화예술기금의 지속적인 확충이 중요하다. 한번 적립된 액수는 인플레이션 등의 영향에 따라 지속적으로 가치가 하락하고, 기금의 용도는 새로운 항목이 지속적으로 나타날 가능성이 있기 때문이다. 모금 방법을 달리하거나 안정적인 국고 지원 방안이 모색되어야 할 것이다.

지방문화예술진흥기금은 1984년부터 지방문화예술진흥기금법에 의해 조성 관리되고 있다. 중앙지원금이 1989년 중단된 이후 지방자치단체의 출연금으로 충당되고 있다. 지방자치제 실시로 인해 광역시와 도의 문화예술진흥기금 지원사업은 다소 확대되는 경향이 있다. 지방자치단체의 문예진흥기금은 조례에 의해 운영되는데, 전라남도의 경우 문화예술진흥조례 제26조에 의거하여 문화예술진흥위원회의 심의를 받아 지원하며 총 지원액의 10%는 예비비로 관리된다.

지방문예진흥기금의 지원 대상은 ① 도내 문화예술단체의 활동으로 문화원을 비롯해 예총, 민예총, 기타 문화예술단체 등, ② 개인 및 단체 창작활동(개인 창작집, 동인지 발간, 공연 전시활동), ③ 향토사료 정리사업(고서 번역, 향토사 연구 발간), ④ 전통문화 계승 발전(지역축제, 지역민속놀이), ⑤ 전국대회 및 도 단위 행사 등이다.

21세기 지식사회에서는 지적·문화적 콘텐츠 개발이 지역 발전의 경쟁력이 됨에 따라 문화예술인들의 창의성과 창작물에 대한 의존도도 높아지게 될 것임을 고려할 때, 지역 문화예술 진흥을 뒷받침하기 위한 재원으로서 기금의 확충은 계속 필요하다.

제3절 기타 기금 및 공공재원

문화관광부 소관의 기금으로는 앞에서 설명한 문화예술진흥기금 이외에 관광진흥개발기금과 신문발전기금, 지역신문발전기금, 영화발전기금, 국민체육진흥기금 총 6종이 운용되고 있다. 이러한 기금은 통상 정부출연금과 민간임의출연금, 강제부담금, 외부차입금, 기금운용수입금 및 기타 수입금에 의해 조성된다. 그러나 민간임의 출연에 의한 기금은 규정은 있지만 실제 실적은 미미한 형편이고 정부출연금은 개별 기금법에 규정되어 있지만 기금의 국고 출연은 억제되고 있어서 기금 확충이 어려운 실정이다.

기금의 내역을 구체적으로 살펴보면, 먼저 영화발전진흥기금은 영화산업의 안정적인 발전 기반을 구축하기 위해 1994년 '영화진흥금고'가 설립되어 2003년까지 1,670억 원이 조성되었다가 이후 2007년 '영화 및 비디오물 진흥에 관한 법률'의 개정에 따라 영화발전기금으로 대체되었다. 영화진흥금고는 주로 투융자사업 등 안정성 위주로 운용되었으나 영화발전기금은 한국 영화의 다양성 확보와 영화산업 구조합리화, 한국 영화의 해외 진출, 영상 전문인력 양성, 디지털 시네마 기술 기반 강화 등 본격적으로 한국 영화의 경쟁력을 강화하기 위한 사업에 지원되고 있다. 영화발전기금은 2009년 현재 2,679억 원이 적립되어 있다.

지역신문발전기금은 2004년 제정된 '지역신문발전지원특별법'에 근거하여 지역신문의 건전한 발전 기반을 마련하여 여론의 다원화, 민주주의의 실현과 지역사회의 균형 발전을 목적으로 조성되었다. 2005년 예비비 250억 원 출연을 시작으로 2009년까지 900억 원을 출연받아 지역신문 등을 지원하고 있으며, 2010년까지 한시적으로 운영된다. 신문발전기금은 2005년 '신문 등의 자유와 기능 보장에 관한 법률'에 근거하여 신문산업 진흥 기반 구축과 신문 투명성 강화를 목적으로 신문발전위원회에 설치되었다. 2008년에는 정부출연금 200억 원을 지원받아 42개 신문사에 69억 원을 지원했다.

관광진흥개발기금은 '관광기본법'과 '관광진흥개발기금법'에 근거하여 1973년부터 조성·운용되고 있다. 정부출연금 이외에 전입금, 카지노사업자의 납부금, 국외 여행자의 납부금 등이 추가되면서 대폭 확대되어, 2009년까지 약 6,898억 원이 조성되었다. 관광진흥개발기금은 주로 민간 관광 인프라 확충과 관광자원 활성화 등의 지원에 쓰이고 있다.

국민체육진흥기금은 '국민체육진흥기금에 관한 법률'에 근거하여 1874년 운동자에 대한 체육시설 입장료 부가금이 허용되면서 시작되었으나, 1982년 '국민체육진흥기금에 관한 법률'이 폐지되고 '국민체육진흥법'으로 통합되어 운영되고 있다. 그동안 전문·생활·학교 체육 진흥에 약 2조 2천억

〈표 8-8〉 2009년 문화관광부 소관 기금 현황

(단위: 백만 원)

기금 유형	문화예술 진흥기금	영화발전 기금	지역신문 발전기금	신문발전 기금	관광진흥 개발기금	국민체육 진흥기금	합계
2009년 기금 총액	397,414	267,949	42,383	37,300	689,786	885,944	2,320,776
2009년 예산·기금	12,240	9,555	600	950	546	19,408	43,299

원을 지원했고, 2009년 현재 8,859억 원이 적립되어 있다.

예산과 기금 이외에 문화 분야에 대한 공공재원의 기능을 담당하는 것은 금고가 있다. 금고는 직장이나 마을, 단체 등 상호 유대 관계를 가진 사람들이 자금을 조성해 회원 간에 활용하고 공동사업을 하기 위해 조성된다. 그러므로 금고는 대부분 민간재원에 의해 조성되고 국고 지원은 제한적이다. 문화관광부 소관으로는 영화진흥금고와 한국출판금고가 있다. 이러한 금고 이외에 문화 분야에 지원되는 공공재원으로는 도서관 정보화사업과 디지털 문화 콘텐츠화, 영상 콘텐츠를 지원하는 정보화촉진기금, 한국마사회의 특별적립금, 경륜경정공익사업 특별적립금 등이 있다.

제 4 절 민간지원금

문화예술 진흥을 위한 재원으로는 정부 예산을 통한 지원금과 준정부기관이라 할 수 있는 문예진흥원의 문예진흥기금 외에 민간의 지원금을 들 수 있다. 민간지원금은 정부투자기관을 비롯한 기업의 지원과 개인기부금을 들 수 있다. 우리나라에서 문화예술에 대한 개인 기부금은 조사된 자료가 없으므로 여기서는 기업의 지원을 중심으로 살펴보기로 한다.

1 문화예술과 기업의 관계

문화예술과 기업 간의 관계는 크게 두 가지 관점에서 파악된다. 첫째, 문화예술의 발전에 걸림돌이 될 수 있는 재정 기반의 취약성을 극복하기 위해 민간 지원, 그 중에서도 기업의 예술 지원의 활성화는 중요한 의미를 가진다. 종전에는 기업의 문화예술 지원이 다분히 시혜적 의미에서 이루어졌으나, 점차 기업의 문화예술 투자와 그 경제적 파급 효과에 대한 인식이 대두되면서 경제활동의 투자 수단으로서 실리적 측면에 대한 관심이 높아지게 되었다.

기업의 지원과 문화예술의 관계에 대해서는 시대적 상황에 따라 세 가지 유형으로 나누어 볼 수 있다.

첫째, 1950년대 중반부터 1960년대 성행했던 필랜스로피(philanthropy)론인데, 이것은 박애정신과 사회적 책임의식에 기반한 기업시민론으로 전통적으로 개인의 기부 관행이 뿌리 깊은 미국 사회에서 발생했다.

둘째, 계몽적 실리주의(enlightened self-interest) 관점의 메세나론이다. 이것은 필랜스로피 관점과 이후에 나타날 마케팅 관점의 절충적 형태를 띠고 있다.

셋째, 마케팅 관점의 메세나론이다. 이것은 1980년대 후반 전반적인 경기침체로 기업 메세나 활동이 위축되는 상황에서 나타난 것으로서 기업 메세나 활동의 동기를 기업 홍보나 판촉전략과 같은 내적 필요성에서 찾으려는 시도이다. 즉 기업의 문화예술에 대한 지원은 기업의 이미지 제고에 어떠한 홍보 방법보다 효과적이라는 다분히 실용적인 관점이다.

이러한 기업 메세나론의 관점 변화는 기업 메세나의 역사를 반영한다. 기업 메세나의 역사가 가장 오래된 미국의 경우를 보면, 초기의 필랜스로피 정신이 약화되고 대신 마케팅 방법으로서의 메세나가 확산되어 나가고 있다.

이에 따라 기업이 문화예술단체를 지원하게 되는 이유도 좀 더 구체화되고 실용화되고 있다. 특히 고객과 친밀한 관계를 유지해야 하는 기업들은 평판이 좋은 기업이 되고자 기부를 한다. 기업은 그들이 활동하는 터전이며, 노동력을 제공해 주는 그 사회에서 친근한 이웃으로서 지역 내의 어느 자선단체든지 지원하려는 경향이 있다. 기업은 자선 기부 프로그램을 통해 근로자와의 관계를 돈독히 하려고 한다. 이러한 활동 방법의 하나는 자원봉사자로서 또는 기금을 모금하는 데 중역진이 직접 참여하여 자선단체들을 지원해 주는 것이다. 물론 기업의 지원이나 기부는 단지 원하는 대상이 있기 때문이라고도 할 수 있는데, 관례에 따라 기부하는 기업들도 있다. 또한 자선단체들의 지속적인 지원 요청에 할 수 없이 응낙하게 되는 경우도 있는데, 기업은 뚜렷한 명분이 있는 요청을 계속해서 거절하는 것도 바람직하지 않다고 생각하기 때문이다.

기업이 문화예술에 관심을 갖고 지원하는 이유도 여러가지인데, 우선 기업은 문화와 예술을 심미적인 이유뿐 아니라 건전한 기업으로서 공익에의 기여라는 차원에서도 이루어진다(이중한, 1996: 117-119). 한 걸음 더 나아가 기업이 한 지역사회의 주도권을 갖기 위해 예술에 대한 지원을 결정할 수도 있다. 이때 지역사회에서의 주도권이란 곧 매출과 관계가 되고 지역사회에 기반을 둔 매출은 장기적인 이익을 보장하는 방편이 된다(홍승찬, 1996: 60). 기업 이익의 일부를 문화 영역에 대한 지원으로 환원하는 것은 기업과 사회의 공생을 위한 장기적 투자가 될 수 있다(심상민·민동원, 2002: 25). 프랑스의 보험회사 '그루파마 강(Grupama Gan)'은 1987년 영화재단을 설립하여 칸영화제, 영화문화제, 영화 배급의 활성화, 영화계의 신진 발굴 등을 후원하고 있다. 영국에서도 기업과 문화예술단체들이 연대하여 1976년 'A&B(Arts & Business)'를 설립하여 파트너십 관계를 형성하고 있다.

다음으로 기업과 문화예술 간의 관계는 최근 문화상품이나 문화산업의 등장에서 파악된다. 즉 기업의 문화예술 지원은 그 자체가 일종의 기술 투자와 마찬가지로 고부가가치의 생산을 위한 투자가 될 수도 있다는 것이다. 이것은 문화예술 그 자체가 갖는 경제적·산업적 효과에 주목하게 되면서 나타난 것으로 후기산업사회에서 급속히 팽창하고 있는 정보, 광고, 산업미술, 패션, 디자인, 영화, 비디오, 텔레비전 등은 그 지역의 문화예술의 발전과 밀접한 관계를 맺고 있음을 고려할 때, 기업의 문화예술에 대한 지원은 그 자체가 경제적 재화로 상품화된다는 점에서 일종의 문화 투자라는 것이다. 이러한 문화경제학적인 입장은 문화 투자야말로 제품 및 생산과 기술혁신의 원동력인 연성적 사회 기반구조에 대한 투자로 간주한다.

어느 한 기업이 예술을 지원하고자 할 때 가장 문제가 되는 것은 어떤 분야를 어떻게 지원하느냐의 문제이다. 지원 대상이 개인이냐 단체이냐에 따라서 혹은 음악이냐 미술이냐에 따라서 지원받아야 할 내용이 달라지기 때문이다. 이처럼 기업이 예술을 지원하는 데에는 몇 가지 효과적인 방법이 있는데 그것을 정리하면 대략 물적 혹은 물품 지원, 인적 지원, 그리고 협찬 등을 통한 재정 지원이다(홍승찬, 1996: 61).

기업이 문화예술을 지원하는 형태는 크게 직접 지원과 간접 지원으로 나누어 볼 수 있다. 먼저, 직접 지원은 기부금과 협찬의 경우이며, 기업이 예술단체를 직접 창설하여 운영하는 것도 직접 지원의 한 형태로 볼 수 있다. 그러나 한편으로 기업 경영에만 익숙한 경영 전문가들이 예술단체를 운영해 나가는 과정에서 예술의 특수성에 대한 지식과 경험 부족으로 인해 문제점이 생기게 되자 기업의 예술 지원은 점차 문화예술재단을 통한 간접 지원 형태로 전환되었다. 재단은 일종의 비영리기관의 형태로 기업과 예술단체 모두로부터 독립되어 있으므로 이들 사이에서 중재 역할을 통해 기업과 예술단체 간의 마찰[2]을 방지하거나 해소할 수 있을 뿐 아니라 기업의 문화예술 지원을 지속적으로 이끌어 낼 수 있다는 장점이 있다.

미국의 경우 라이브극장(live theaters)의 반수 이상이 비영리 문화재단에 의해 운영되며, 라이브극장 전체 고용 인원의 62%를 차지한다. 또한 오케스트라, 오페라, 실내악단의 90% 이상이 문화예술재단의 형태를 띠고 있으며, 이 분야 고용 인원의 99%를 차지한다. 비영리재단은 박물관, 미술관, 동물원 분야에서도 지배적이다. 1990년대 초 서비스산업 센서스에 의해 조

2) 기업은 이윤 추구가 일차적 목표이므로 이윤이 생기지 않는 활동에 대해 간섭하려 하고 반대로 예술단체는 지원은 받되 간섭은 받지 않는 것을 이상적으로 생각하기 때문이다.

사된 3,553개의 민간기관 중에서 87%가 비영리재단이었으며 고용 인원의 대부분을 차지했다(설러먼, 2000: 145). 결국 미국에서 문화와 예술의 상당 부분이 민간 비영리재단에 의해 이루어지고 있으며, 이들은 삶의 질을 제고할 수 있는 메커니즘을 제공한다.

한국에서도 1970, 80년대 이후 기업들의 문화재단 설립이 확산되고 있는데, 1995년 기업의 문화예술 지원액 720억의 63.8%가 12개 재단으로부터 나오고 있어 개별적인 기업 지원액의 2배에 달하고 있다. 이들 재단은 그 숫자에 비해 활동은 아직 저조한 편이지만 문화예술 활동에 대한 재정 지원뿐 아니라 각종 시상제도와 경연대회에 이르기까지 점차 정착되어 가는 추세이다.[3]

2 기업 메세나 활동

기업 메세나 활동은 기업의 사회참여 활동(social involvement of business) 또는 사회공헌 활동(corporate philanthropy)[4]의 하나로 기업이 최근 들어 관심을 기울이기 시작한 분야이다.

기업 메세나(Mecenat)[5]란 고대 로마제국의 재상으로 문화예술 보호에 크게 공헌한 마에케나스(Maecenas, BC 67-AD 8)[6]에서 유래된 "문화예술에 대한 지원"을 의미하는 프랑스어로 기업 또는 개인이 문화예술 활동을 지원하는 문화사업이다.

예술 후원가로서 메세나의 역할은 오늘날 대학, 병원 등의 재단이나 자

3) 현재 문화 관련 재단은 약 79개에 달하나 장학재단이나 사회사업재단 등과의 구분이 명확치 않아 더 늘어날 수도 있다.

4) 기업의 사회공헌 활동은 크게 일곱 가지로 나뉜다. 그중 문화예술 분야에 대한 지원은 메세나가 있으며, 장학·예술, 스포츠, 미디어, 사회복지·의료, 환경, 지역사회 등이 있다.

5) 기업 메세나를 규정하는 요소는 세 가지로 다음과 같다. 첫째, 행위의 주체는 기업이며, 둘째, 행위의 대상은 문화예술이고, 셋째로, 기업문화예술의 관계는 상호 호혜 관계이다.

6) 그는 시인 호라티우스(Horatius) 베르길리우스(Vergilius) 등 당대 예술가들과 친교를 두텁게 하면서 그들의 예술·창작활동을 적극적으로 후원해 예술부국을 이끌었다.

선, 연구 등의 기금이라는 제도로 나타나기도 한다. 이 경우 재단이나 기금은 그들의 재산을 운영하여 얻는 수익을 설립 목적에 충족시키는 데 사용한다. 메세나의 발달된 형태로 기부금 또는 성금을 들 수 있는데, 이것은 개인이나 기업의 사회적 책임의식의 표출이라 할 수 있다. 기업의 입장에서 기부금 또는 성금(corporate giving)의 제공은 사회적 책임의식 이외에 세금 감면의 목적도 있다.

현재의 스폰서십(sponsorship)도 메세나의 조건 없는 후원(patronage)에서 출발한 것이다. 메세나의 개념은 이타(利他)주의적 목적으로 문화 및 사회의 여러 분야를 지원하는 것으로, 좋은 일을 하고 만족하는 것 외에 어떠한 구체적 반대급부에 대한 기대 없이 수행되는 활동으로 정의할 수 있다.[7] 메세나활동은 개인 또는 단체를 대상으로 할 수 있으며, 특성상 그 규모를 파악하기 매우 어렵다. 왜냐하면 대부분의 후원자나 후원기업은 자신의 이름이 후원활동과 연관되어 알려지지 않는다는 조건으로 하기 때문이다.

외국의 메세나를 보면 다음과 같은 몇 가지 특징을 보인다.[8]

첫째, 전세계적으로 정부의 공공 지원이 지속적으로 감소하고 있으며, 이는 예술단체들의 경영 능력에 대한 관심의 증대와 기업 메세나 활동에 대한 정책에 대한 관심의 증대로 이어지고 있다.

둘째, 기업은 마케팅 목표를 달성하는 데 얼마나 효과적인가에 따라 지원을 결정하는 등 기업과 예술단체 상호 이해를 도모하는 방향으로 기업 메세나가 이루어지고 있다.

셋째, 대기업의 지원 액수가 감소하고 있으며, 이에 비해 중소기업이 지역사회의 예술단체를 후원하는 비중이 커지고 있다. 또한 국제행사에 대한 지원이 많아지고 있다. 현금 기부는 감소하고 상대적으로 현물 기부나 서

---

7) 메세나의 기능으로는 다음 다섯 가지를 들 수 있다. 기업과 문화예술계와의 협력, 문화예술에 대한 계몽 및 보급활동, 기업의 문화예술 지원활동의 자료조사 및 연구, 기업의 문화예술 지원활동을 위한 여건 조성과 시상, 문화예술 지원활동에 관한 국제교류 및 해외기업 마케팅이다.

8) 외국의 경우 대표적으로 미국은 1967년, 영국은 1976년, 일본은 1990년에 설립되었다. 미국 일본 유럽 등의 선진국에서는 20여 년 전부터 기업 이윤의 사회 환원과 기업 이미지 제고를 위해 기업인이 참여하는 메세나협의회를 조직해 각종 문화예술활동을 지원해 왔다.

비스 제공은 증가하는 추세이다.

예술에 대한 스폰서십은 예산 확보면에서 환경, 교육, 사회복지 등 새로운 사회공헌 활동 분야와 경쟁적 관계에 있다. 이러한 경향들과 함께 다국적 기업의 국제적 메세나 활동의 확대 등이 앞으로 다가올 21세기 기업 메세나의 경향으로 전망된다. 국내 기업 메세나 전망으로는 사회공헌 활동으로서의 공익성과 마케팅 방법으로서의 실리를 조화시켜 기업 메세나 방식으로 '지원'만큼 기업의 '문화사업 참여'가 중요한 방식으로 대두되고 있으며, 예술창작 진흥과 일반 대중의 문화복지 증진에 기여하는 방향으로 기업 메세나 활동이 전개될 것으로 전망된다.

한국의 경우 메세나운동은 '한국기업메세나협의회(Korea Business Council for the Arts)'라는 공식 명칭과 기업체와 개인을 회원으로 하는 비영리 사단법인 성격으로 1994년 창립되었다. 이 협의회는 "문화예술에 대한 국민의 인식을 제고하여 문화예술 인구의 저변 확대를 기하고 경제와 문화예술의 균형 발전에 기여"하고자 설립되었으며, 1995년 당시 기업(151개), 기업재단(4개), 기업협회(5개), 문화예술단체(9개), 기타(1개) 등 170개 사에서 2004년 현재 125개 회원사로 구성되어 있다. 한국기업메세나협의회[9]는 직접 기금을 모집하거나 적립하지는 않고 기업의 문화예술 지원 확대를 권장하고 사회적 분위기를 조성하는 데 역점을 두고 있다.

[그림 8-2]에서 보는 바와 같이 한국 메세나 현황은 상황에 따라 증감을 되풀이하면서도 설립 이래 2008년까지 약 48%의 증가율을 보이고 있다. 특히 IMF가 터졌던 1998년도를 비롯해, 2000년도, 2002년도에도 약간 주춤하는 경향을 보였는데, 이는 경기 상황에 따른 것으로 풀이되며, 경기 호전에 따라 2003년 이후 지속적인 증가세를 보이고 있다. 2008년 말 기준으로 약 2,300여 건에 1,659억 원을 지원한 것으로 나타나 평균 건당 7천만 원 정도를 지원한 것으로 보인다.

기업의 지원 분야를 보면, 통상 문화예술 교육과 인프라, 미술·전시에

9) 주요 사업은 기업과 문화예술계와의 협력 알선, 기업의 문화예술 지원에 관한 정보 수집 및 배포, 기업의 문화예술 지원활동의 조사 및 연구, 기업의 문화예술 지원활동에 대한 시상, 문화예술 지원활동에 관한 국제교류사업 등이다.

[그림 8-2] 연도별 기업의 문화예술 지원 현황(총액 기준)

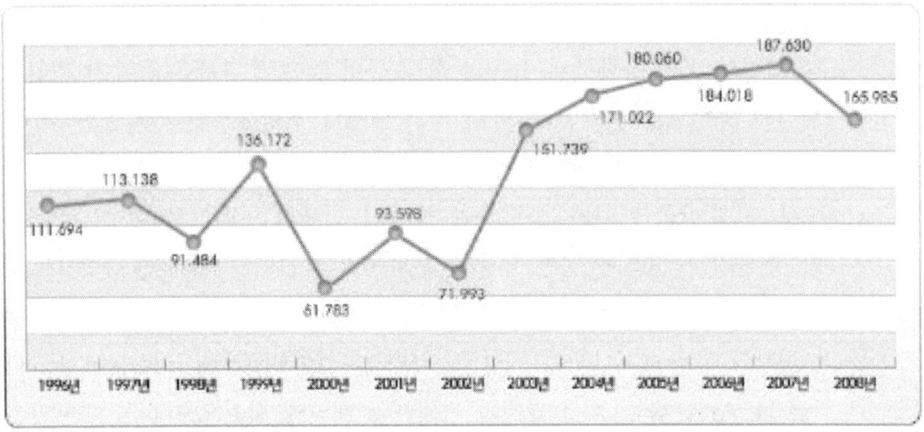

출처: 한국메세나협의회(2009): 「2008년도 연차보고서」.

대한 지원이 가장 많은 것으로 나타난다. 한국메세나협의회가 가장 역점을 두고 지원하는 것이 2000년 이후 시작된 문화예술 교육에 대한 지원으로 여타 분야에 대한 지원이 감소하고 있는 것과 달리 매년 큰 폭으로 증가하고 있다. 이러한 문화예술 교육을 통해 장기적으로 문화 향유 계층을 확대함으로써 문화예술의 자립 기반을 구축하는 데 기여할 것으로 기대된다. 문화시설 지원은 문화예술 진흥의 전제라 할 문화 인프라가 부족한 데 기인한다고 할 수 있다. 전반적으로 미술·전시 분야에 대한 지원 액수가 많은 이유는 기업재단 중 목적 사업장으로 박물관이나 미술관을 운영하는 기업이 많기 때문이다. 음악과 연극, 국악, 무용에 대한 지원은 2005년부터 지원되고 있는 반면 축제·행사에 대한 지원은 사라진 것을 볼 수 있다. 이러한 기업의 지원 내역을 통해 순간예술과 같은 비가시적인 분야에 대한 지원은 점차 줄어들고 가시적인 분야에 대한 지원을 선호하고 있음을 알 수 있다.

기업의 문화예술 지원 유형을 보면 대부분 기업의 자체기획 프로그램이나 행사를 통한 지원(76%)이 많고, 그 다음으로 후원이나 협찬(18%), 예술

〈표 8-9〉 연도별 기업의 부문별 문화예술 지원 현황(1996~2008년)

(단위: 백만 원)

분야	지원 금액													증감률 (%)
	1996	1997	1998	1999	2000	2001	2002	2003	2004	2005	2006	2007	2008	
서양음악	-	-	-	-	-	-	-	-	-	30,163	29,172	22,512	22,439	▾ 25.6
연극	-	-	-	-	-	-	-	-	-	5,011	5,644	1,671	2,113	▾ 57.8
국악	-	-	-	-	-	-	-	-	-	2,386	1,595	1,872	1,832	▾ 23.2
무용	-	-	-	-	-	-	-	-	-	4,875	2,182	1,568	2,633	▾ 45.9
공연예술 (뮤지컬)	25,596	27,429	5,801	11,417	14,147	9,825	16,618	59,525	26,775	-	-	3,962	3,958	▾ 84.5
축제/행사	-	-	-	791	4,817	1,530	2,028	17,185	9,917	-	-	-	-	-
미술/전시	22,351	31,897	21,284	18,161	10,184	2,303	1,900	7,425	96,549	80,269	61,503	11,594	30,499	36.4
영상/미디어	3,866	2,371	1,561	3,971	1,875	1,613	1,685	5,545	428	3,730	4,104	4,731	1,113	▾ 71.2
인프라	42,289	34,628	49,500	94,943	17,342	64,065	34,500	54,888	25,181	36,863	45,316	76,609	35,149	▾ 16.8
전통/민속	10,272	4,527	3,560	1,189	117	347	294	1,464	448	2,974	3,728	2,980	1,522	▾ 85.1
문학	1,740	1,786	1,097	2,427	2,376	2,276	1,062	1,402	2,276	3,116	4,444	9,491	1,360	▾ 21.8
문예교육	-	-	-	-	9,508	187	627	1,084	3,693	5,943	11,633	19,735	37,587	295.3
기타	5,580	10,500	8,681	3,273	1,417	10,452	13,279	3,221	5,755	4,730	14,697	30,905	25,784	362.1
총계	111,694	113,138	91,484	136,172	61,783	92,598	71,993	151,739	171,022	180,060	184,018	187,630	165,989	48.6
(지원 건수)	(1,183)	(1,128)	(662)	(1,160)	(1,050)	(1,034)	(987)	(4,395)	(2,711)	(2,816)	(3,182)	(2,402)	(2,389)	101.9

※ 공연예술, 축제/행사 분야를 2005년부터 서양음악, 연극, 국악, 무용으로 세분화하여 비교했으며, 2007년과 2008년 공연예술은 뮤지컬 지원을 의미함.

출처: 한국메세나협의회, 「연차보고서」 1996~2008년도 부록(기업의 문화예술 지원 현황조사).

단체에 대한 기부금(6%) 순으로 나타난다(한국메세나협의회, 2009). 지원 방식으로는 자금 지원 방식이 가장 많지만 점차 인력이나 장소, 기술, 현물 지원 등의 대체 방식도 늘어나고 있다.

한국의 기업 메세나는 '대기업'이 '기업재단을 통해 지원'하는 방식이 선호되는데, 이는 기업재단의 설립 및 운영에 따른 각종 세제 혜택을 받을 수 있기 때문이다. 하지만 국내의 기업 메세나가 대기업 중심이기 때문에 경기 침체나 정치적인 변화에 영향을 많이 받는 단점이 있다. 한국 기업 메세나는 소수의 대기업과 이들의 기업 재단에 메세나 활동이 집중되어 있으며,

중소기업의 메세나가 전혀 개발되지 않고 있고, 메세나 활동이 전문화되어 있지 못하다.

한국에서 기업 메세나가 활성화되고 있지 못하고 있는 것은 그러한 지원에 대한 제도적인 지원이 미비하기 때문인데, 특히 조세지출(tax expenditure)제도에서 그 문제점을 찾을 수 있다.[10] 지정기부금의 경우 기부 대상이 제한되어 있으며, 공제한도도 낮을 뿐 아니라 기업의 문화시설의 취득・운영에 대한 지방세 감면 범위도 극히 제한되어 있어서 기업의 기부문화 정착에 장애 요인이 되고 있다. 선진국의 경우 기업의 사회적 공헌도가 중시되고 이에 따라 기부금제도가 소득공제를 통해 제도화되어 있어 문화예술 분야에서도 민간 기부금이 중요한 재원 확보의 원천이 되고 있다.

3 민간 지원의 활성화 방안

여기서는 민간의 기부를 활성화시키기 위한 방안을 찾아보기로 한다.

민간의 문예 지원을 활성화하기 위해서는 민간 기부금에 대한 제도적 기반을 마련하는 것이 중요하다. 국가가 담당해야 할 문화예술 진흥을 위한 기부금을 낼 경우 기부자에게 세액 공제 조치를 취해야 하는 논리에서 조세지원제도가 존재한다.

먼저 간접 지원 방법으로는 조세지출제도를 통해 문화예술이 혜택받을 수 있도록 조세특례 조항을 만들어 줌으로써 국가가 조세 수입을 포기하는 것이다. 이러한 지원의 첫째 유형은 문화기관에 대한 기부금을 개인 소득에서 공제한 후 과세하는 제도로서 사실상 정부가 직접 지원해 주는 효과를 가져오는데, 특히 미국에서 가장 활용되는 정책이다. 이것은 기부행위를 조장하기 위해, 기부자의 실질 기부금을 감면 소득세만큼 줄여 줌으로써 정부가 감면 소득세만큼 간접적으로 기부자에게 보조해 주는 효과가 있게 된다.

10) 이는 ① 기부금의 손금산입제도, ② 기업재단 및 비영리 예술단체의 운영에 대한 조세지출제도, ③ 비영리 문화예술사업에 제공하는 재산 및 재화에 대한 조세지출제도, ④ 문화시설의 취득 및 운영에 대한 조세지출제도로 나눌 수 있다.

〈표 8-10〉 주요 국가의 기부 관련 세제 감면

	감면 대상과 범위
미국	- 개인 총수입의 50% 이내, 법인 이익금의 10% 이내를 문화예술을 위해 기부할 때 소득특별공제 * 개인 기부금이 가장 중요한 수입원, 기업의 기부는 개인 기부금의 약 10% 수준, 재단의 기부는 기업 기부액의 약 2배 정도
캐나다	- 순수입의 20% 한도 내에서 현금기부를 특별공제하되. 법인은 43%까지, 개인은 29%까지 조세 감면 * 개인 기부는 매우 적은 편
독일	- 개인은 순수입의 10% 한도에서, 법인은 순수익의 10% 한도 또는 총매출액의 1,000분의 2 이내에서 기부금에 대한 특별공제
네덜란드	- 개인은 총수입의 1% 이상 10% 이내, 법인은 이익금의 6% 이내에서 소득 특별공제
프랑스	- 개인은 소득의 2% 한도에서, 공익단체는 순수입의 5% 한도에서, 법인은 총매출액의 1,000분의 1 이내 특별공제
이태리	- 비영리단체에 예술품의 구입을 목적으로 기부했을 경우와 전시회를 위한 기부금 및 공연예술단체를 위한 기부금에 대해서는 소득세 특별감면, 이익금의 2% 이내 또는 총인건비의 5% 이내에서 조세 감면
영국	- 법인은 100%, 개인은 1,200파운드 이상 100% 조세 감면
일본	- 지정 기부금은 전액, 일반 기부금은 전 수입의 25% 이내에서 감면 - 법인은 자본금×0.25%+소득×2.5%×0.5, 개인은 기부금 합계액-1만 엔

※ 기부금의 소득공제 한도: 한국 5%, 일본 25%, 미국 50%.

둘째 유형은 기부자가 기부금 상당액에 대해 납부한 소득세액만큼을 후에 국세 당국이 기부를 받은 수혜기관에게 추가 지급해 주는 정책으로서 영국 등에서 활용되고 있다.

주요 국가별 조세감면제도의 개괄을 살펴보면 <표 8-10>과 같다. 문화예술에 대한 기부제도를 다양한 개별 국가의 사정을 감안하지 않은 채 일반화시켜 논하기는 어렵다. 그러나 우리와 유사한 일본의 경우를 보면 손금 산입 한도를 차등적으로 적용하는 것이 우리나라와 가장 유사하다. 다만 예술의 보급 향상에 관한 법률을 우리는 '한도액 손금 인정' 범위에 포함시키는 데 비해 일본의 경우는 '지정기부금'으로 정해 전액 손금한다는 점이 차이가 있다(이홍재, 2002).

제 5 절 미국의 문화재정[11)]

1 공공 지원

1) 연방정부 지원금

대부분의 국가가 정부의 적극적인 지원으로 문화예술의 활성화를 도모하고 있지만 문화예술이 가장 발달한 미국의 경우에는 정부의 공적 지원과 민간의 사적 지원이 조화를 이루고 있다. 즉 다른 나라들이 문화부의 관장 아래 중앙집권식의 정책결정과 지원이 이루어지고 있는데 반해 미국의 경우에는 연방정부 차원에서 직접 문화예술을 지원하는 전담조직을 두지 않고 다만 국립예술기금(National Endowment for the Arts: NEA)을 설치해 자율적인 지원이 이루어지도록 하고 있다. 미국의 문화예술 지원 시스템은 지방분권적인 동시에 다양하고 복잡하게 구성되어 있으며, 시대에 따라 변화를 거듭해 왔다.

연방정부 차원의 국립예술기금은 1965년 독립기관으로 설립되어 1970년대 들어 급성장하면서 예산이 대폭 증액되었다. 이후 예산 배분 과정에 의회가 개입하면서 문화예술에 대한 정부개입을 둘러싸고 '팔길이 원칙(arm's-length principle)'에 대한 끊임없는 논쟁이 계속되었고, 문화예술에 대한 공공 지원의 찬반 입장이 팽팽하게 대립하면서 삭감과 증액을 반복했다.

미국은 기본적으로 문화시장의 자율성을 원칙으로 공공 지원을 최소화해 온 반면 민간 지원이 부족한 공공 지원을 대시해 왔다. 미국의 문화예술에 대한 재정 지원 구조를 보면 문화예술기관의 자체 수입이 44%를 차지하고 외부 지원이 56%이다. 외부 지원은 공공 지원과 민간 지원으로 나뉘

11) 여기서 미국의 문화재정을 살펴보는 것은 정부 지원과 민간지원금의 구성 비율 등에서 한국과는 상당히 달라서 비교 자료로 삼기 위한 것이다.

〈표 8-11〉 미국 문화예술 재정의 구성 비율

	공공 지원			민간 지원			자체 수입
	연방	주	지방	개인	기업	재단	
비율(%)	9	1	3	31	3	9	44

출처: National Endowment for the Arts(2007), How the Unites States funds the Arts (www.arts.gov)

며, 연방정부의 지원액 9%를 포함하여 13%가 공공 지원인 반면 민간 지원은 개인 지원 31%를 포함하여 43%를 차지한다(National Endowment for the Arts, 2007: 1-27).

연방정부의 지원을 받는 기관의 하나인 국립예술기금은 연간 1억 달러 이상의 예산을 운용하고 있는데, 이러한 지원은 다양한 방식의 매칭 펀드를 통해 7억 달러 이상의 부가적인 지원을 이끌어 내는 전략을 활용하고 있다. 국립예술기금 지원의 우선순위는 예술교육과 소외계층에게 주어진다. 기금의 지원 기준은 보수적이어서 지역성과 수혜자 유형 같은 지역적·계층적 형평성이 중요하다. 특히 민속예술의 보존이나 무용, 연극, 문학, 오페라 등을 지원하며 주로 비영리재단의 프로그램 수행 능력을 중시한다. 아직까지 연방정부는 국립예술기금과 동반자적이고 독자적인 관계를 유지하면서 직접적인 예산 배분을 통해 예술을 지원하고 있다. 연방정부는 국립예술기금 이외에도 스미소니언박물관이나 의회도서관에는 직접적인 보조를 하고 있으며, 비영리집단에 대한 조세 감면을 통한 간접적인 지원도 병행하고 있다.

2) 지방정부의 지원

연방정부의 국립예술기금을 통한 지원 기준은 지역별 균등 배분이며, 원래 40% 이상은 주정부를 통해 지원하도록 되어 있다. 국립예술기금의 지원을 받기 위해서는 주정부가 5만 달러 이상을 지원하는 주정부 차원의 문화예술기관을 두도록 되어 있기 때문에 1965년 당시 5개에 불과했던 주립예술진흥기관(State Arts Agencies)은 오늘날 50개 주를 포함해 6개의 특별구(Special Jurisdictions)에 설치되어 있다. 주립예술진흥기관은 1960, 70

년대에 설립되어 1980년대에 재정적으로 급성장했다. 즉 1980년대 들어 연방정부의 지원액보다 주정부의 지원액이 더 늘어나면서 예술 지원의 분권화를 선도했다. 국립예술기금이 국회의 기금 삭감에 대항하여 주정부 기본보조금(Basic State Grant)을 당초의 20%에서 1990년 35%로, 2000년 40%로 증가시킴으로써 문화예술 지원에 대한 결정권은 연방정부 차원에서 점차 주정부로 분권화되어 왔다.

주정부의 예술 지원은 주정부의 재정 상황에 따라 다르지만, 주립예술진흥기관들이 2006년 주정부로부터 총 327백만 달러, 그리고 국립예술진흥기금에서 32백만 달러를 지원받음으로써 실제 운용자금의 90%를 주정부로부터 받는데 비해 연방정부로부터는 불과 10%를 지원받는 데 그쳤다. 결국 이러한 주정부로의 재정분권화를 통해 문화예술 진흥을 위한 공공기금의 축소에 대응해 왔다고 볼 수 있다.

주정부는 전통적인 문화제도에 의해 운영되는 조직에 대한 지원뿐 아니라 문화 향유 기회를 소외계층에게까지 확대(접근성 제고 및 참여 확대)해야 하는 두 가지 요구를 모두 충족시켜야 한다. 따라서 주립예술진흥기관은 국립예술기금이 지원하지 않는 더 작은 지역단체나 더 젊은 신진 예술가들을 지원한다.

주립예술진흥기관들은 연방정부 차원의 기금 배분에 대응하기 위해 지역적인 연합체를 구성하고 있다. 즉 중서부예술연합을 비롯해 중부, 대서양, 뉴잉글랜드, 남부, 서부지역 예술연합 등 6개 지역연합체가 있다.

시군 차원에서는 지방예술진흥기관(Local Arts Agencies: LAA)이 설립되어 있는데, 지방예술진흥기관은 1940년 퀸시(Quincy)와 윈스턴 세일럼(Winston-Salem)에 설립된 후 오늘날은 그 숫자가 약 4,000개에 이른다. 그 중 35%만이 공공기관이고 65%는 민간비영리기관이지만 실제로는 준정부기관(quasi-governmental agencies)의 성격을 갖는다. 이러한 지방예술진흥기관은 우리나라의 문화원과 유사하며 실제 현장에서 지역 문화예술 진흥의 구심점 역할을 하고 있다.

지방예술진흥기관의 재원은 국립예술기금을 비롯해 주립예술진흥기관과 시정부의 예산 지원 이외에 민간 지원으로 구성된다. 국립예술기금은 매년

200개 이상의 지방예술진흥기관의 지원 요청을 받아 백만 달러 정도를 지원하고 있다. 시 정체성(City Spirit)에 대한 관심이 제고되면서 시정부의 지원이 늘어나고 있으며, 주로 박물관이나 예술공간, 역사적 건물이나 유적지, 지역 오케스트라 등을 비롯해 다른 지원을 받지 못한 예술단체나 예술가를 지원한다. 지방예술진흥기관은 2006년 현재 총 7억 7천 8백만 달러를 지원하지만 상위 규모에 속하는 50여 개 기관의 지원액이 절반을 차지하여 지방예술진흥기관 간에도 재정적 격차가 크다.

미국은 문화예술을 지원하는 공공재원이 국립예술기금을 비롯해 주립예술진흥기관과 지방예술진흥기관 등으로 분권화되어 있어 특정 예술 분야로만 지원이 집중되는 폐단의 가능성이 낮아지는 반면, 수많은 독자적 프로그램을 통해 다양한 실험과 학습의 확산 가능성은 높아지는 장점을 보여준다.

2 민간 지원

1) 개인의 지원

미국은 다른 어느 나라보다 민간 지원(private giving to the arts)에 의존하는 바가 크다. 민간 지원을 구성하는 개인과 기업, 혹은 재단의 기부(donates)가 일반 자선행위(charity)와 다른 것은 기부의 경우 피기부자가 면세 대상인 비영리법인일 경우 미국 정부의 지원과는 별도의 추가적인 수입원이 될 수 있으며, 기부자도 세금 감면의 혜택을 볼 수 있다는 것이다.

개인 기부는 문화예술에 대한 지원의 31%를 차지하는 만큼 가장 큰 비중을 차지한다. 2005년 현재 미국인들은 13조 5천만 달러를 문화예술에 기부했는데 이것은 1인당 약 45달러를 기부한 것으로 평균 수입의 1.9%에 해당할만큼 개인 기부가 활성화되어 있다. 이렇게 개인 기부가 활성화된 배경에는 미국의 조세제도가 자리하고 있다. 개인적 기부는 통상 달러당 28~40센트 정도의 감세 효과를 가져오는데, 좀 더 다양한 기관에 기부를 많이 할수록 감세 혜택도 커지기 때문에 개인 기부가 일상화되어 있다(National Endowment for the Arts, 2007: 1-27).

2) 기업의 지원

기업의 지원액은 문화예술 분야 전체 수입원의 약 3%의 비중을 차지하며 민간 지원액의 약 7%로 낮은 편이다. 기업의 문예 지원은 기업문화에 따라 크게 차이가 있다. 지원을 받는 단체도 대체로 잘 알려지고 조직된 조직이 펀드를 더 많이 지원받는 경향이 있으며, 좀 더 급진적이거나 혁신적인 예술을 지향하는 조직들은 지원에서 제외되는 경향이 있다.

그러나 문화예술을 지원하는 회사는 일반적으로 알려진 것보다는 상당히 분권화되어 있는 편이다. 기업 기부금의 3/4 정도는 수입액 5천만 달러 미만의 작은 회사에서 나오며, 기부금의 약 90%는 지방예술단체로 지원된다. 2003년 통계를 보면 36%의 기업이 예술 부문에 기부하고 있고, 그러한 예술 분야 기부액은 기업의 전체 기부액 중 약 19% 정도를 차지하는 것으로 나타난다. 기업의 기부도 개인 기부나 마찬가지로 공공정책 결정의 영향을 받는데, 기업 기부(corporate philanthropy) 역시 세금 공제 대상이 된다.

기부 방식은 회사의 크기에 따라 다소 다른데, 작은 회사는 최고경영자가 상대적으로 비공식적인 요구에 응해 이루어지는 경우가 많은 반면, 관료화된 대기업들은 전문 스태프를 두어 공식적인 절차나 재단을 두어 행한다(Useem, 1987: 345). 회사의 규모와 기부의 전문성이 클수록 외부의 영향, 특히 다른 기업의 기부에 대한 반응이 높아지기 때문에 기부행위에 대한 예측이나 획일성이 높아진다(Useem & Kutner, 1986).

일단 한 회사가 문화예술에 대한 기부를 한번 하게 되면, 그러한 기부는 급상승하게 되는 경향이 있으나 이러한 지원은 대체로 중산층을 위한 문화예술에 집중되는 경향이 있다.

3) 재단의 지원

재단(foundations)지원액은 문화예술 분야 수입원의 9%를 차지하며 민간 지원액의 약 21%에 해당한다. 미국에서 재단은 약 400조 달러의 자산을 형성하고 있고 지속적으로 기부가 늘어나고 있으며, 그 영향력 또한 확대되고 있다. 포드재단이나 카네기재단과 같은 대형 재단은 다양한 고급문화를 지원하고 있지만 가족이나 소기업 중심의 소규모 재단 역시 예술에 대한 지원을 하고 있는데, 미국의 정책 자체가 다양한 유형의 재단 설립을 장려하기 때문이다.

재단의 지원을 받는 단체나 대상은 지역적으로 고루 분포되기보다는 다소 편중되어 있는 것으로 나타난다. 이러한 재단 지원은 지원 대상이 되는 단체의 명성에 영향을 받기 때문에 실험예술적인 단체나 저소득층을 위한 예술단체는 지원받기가 어려운 경향이 있다(Cubb, 1989: 41). 주로 고전적이고 상업적인 문화가 결합된 프로그램을 지원하기 때문에 특정 인종이나 국적집단과 관련된 장르를 통해 다양성이나 다원주의적 가치를 지향하는 프로그램이나 단체는 지원에서 배제되는 경향이 있다. 1990대 들어 커뮤니티에 기반한 문화예술 프로그램(community-based arts programs)들에 대한 지원이 증가하는 경향이 있지만, 그렇다고 재단 지원의 엘리트주의적 성향이 사라진 것은 아니다. 실제로 5대 도시에 있는 15개의 기관이 문화예술 부문에 지원되는 민간 기부금의 5, 6%를 차지하고 있다. 따라서 공공지원액 대신 민간 기부금 지원에 의존할 경우, 결국 예술 프로그램은 몇몇 대도시에 집중됨으로써 문화의 지역 격차를 초래할 위험이 있다.

제 6 절 문화재정의 개선 방안

1 정부재정의 문제점 및 개선 방안

일반적으로 우리나라 문화재정의 문제점은 총액이나 비율 그 자체보다는 예산의 내역과 운용 능력에 내재해 있다고 할 수 있다. 그러한 문제점을 정리해 보면 다음과 같다.

첫째, 우리나라 문화재정의 가장 큰 문제점은 정부 주도적 예산과 기금 등 공공재원에 대한 의존성이다. 문화예산이 정부예산에서 차지하는 비중이 선진국 수준에 근접해 있고 기금과 금고 방식의 지원도 있지만 민간 지원 기반이 취약해서 문예정책의 자율성을 확보하기가 어렵다. 민간 문화예술시장이 성장하기 위해서는 상업성에 근거한 민간 투융자를 비롯한 다양한 지원 방식의 개발이 필요하다. 기금 방식의 경우 나누어 먹기식 지원으로 지원의 효율성을 확보하기 어렵고 정치적 결정에 의해 기금의 존폐가 결정되는 문제점이 있다.

둘째, 지역 간 문예재정의 격차가 크다. 이것은 지역 간 문화 격차를 초래하게 되며, 부익부 빈익빈 현상을 심화시킨다. 지방자치제 실시 이후 문예예산에서 지방정부의 비중이 점차 커져 감에 따라 지역 간 문화 격차의 확대 가능성도 더욱 문제시된다.

셋째, 선진국들은 기반적인 문화시설들이 거의 마련되어 있기 때문에 정부의 문화 지출 중 대부분이 예술 진흥과 도서관 등 문화복지에 배정하는데 반해, 우리나라에서는 지방자치단체의 문화재정 중 약 60, 70%가 문화예술회관 건립 등 시설비에 충당되므로 실제로 예술 진흥에 지출될 수 있는 자원은 부족할 수밖에 없다. 인프라 중심의 지원으로 시설의 유지관리비가 크게 늘어나고 있으며, 이에 따라 시설의 유휴화 비용도 늘어나고 있다.

넷째, 지방자치단체의 문화예산은 중앙정부 의존도가 대단히 높고 연도별 지출 비율의 기복이 심한 불안정 상태에 있다. 중앙정부는 문예회관 등 시설비를 매칭 펀드식으로 지출하고 있기 때문에 지방자치단체의 문화예산 편성은 중앙정부의 교부세와 보조금에 의해 그 방향이 결정된다고 할 수 있다(구광모, 2001: 335-337). 중앙 지원이 늘어나면 그만큼 자치단체의 예산도 늘어나고 중앙 지원이 줄어들면 자치단체 예산도 줄어드는 식이다. 또한 지방문화 재정이 시설비 위주로 편성되어 있기 때문에 어느 지방자치단체에서 문화회관을 착공하게 되면 지출이 크게 늘었다가 완공되면 즉시 감소한다. 지방자치단체들이 문화예산을 지속적으로 증액시키기 위해서는 문화시설물이 완공되더라도 연간 평균 건설비에 해당하는 금액을 예술진흥

비로 전환할 수 있도록 중앙정부 차원의 조치와 제도화가 마련되어야 한다.

이러한 재정상의 문제점을 해결하려면 무엇보다 중앙정부의 지역 간 문화재정 격차를 해소하기 위한 적극적 역할이 요구된다. 중앙정부는 지역 격차 해소를 위해 이전재원을 확충해야 하며, 지방자치단체도 나름대로 자체재원과 진흥기금을 확충함과 아울러 지출예산을 효율적으로 관리해야 한다. 문화재정을 확보할 수 있는 방안을 정리해 보면 다음과 같다.

첫째, 이전재원을 확충하기 위해서는 보조금의 문예기준율을 상향 조정하는 방안을 검토할 필요가 있다. 최근 중앙 문화예술 업무의 지방 이양으로 인해 지방의 재정 부담이 커지고 있는 만큼 문화시설이나 기타 정부 주도 문화예술 진흥 업무의 중앙정부 부담률을 높임으로써 지방의 부담을 낮추어 주는 대신 지방자치단체가 지역 특성에 맞는 문예복지 업무를 개발하도록 할 필요가 있다.

둘째, 자체재원 확충을 위해서는 신세원의 발굴이나 문화 관련 부가세 도입을 비롯해 지방채나 복권 발행을 검토해 볼 수 있다. 문화 관련 수익사업을 발굴하는 것도 필요하다. 무엇보다 중요한 것은 민간의 문예 지원과 투자를 이끌어 내는 정책적 변화가 필요하다. 민간 투자에 의한 문화시설 건립과 운영을 지원하는 법률적 근거를 마련하는 한편 민간 기부를 활성화해야 한다. 민간 기부 활성화를 위해서는 기업 메세나운동이나 비영리문화재단 설립에 대해 우호적인 사회적 분위기를 조성하고 세제 감면 등 다양한 인센티브제 도입을 검토할 필요가 있다.

2 지원 방식의 개선 방안

1) 지원 방법 개선

국고와 각종 기금의 역할 분담이 필요하다. 국책기관·단체와 국책사업은 마땅히 국고에서 지원함으로써 각종 기금이 자기 기능을 충실히 할 수 있게 해야 할 것이다. 각 기금은 각각의 설립 목적에 따라 지원 기준이 다를 수 있겠지만, 공통적으로 공공성(공익성, 대중성 등), 창조성(창의성, 작품의 예술성 등), 고유성(독창성, 전통성 등), 경영성(경쟁력, 마케팅 및 홍보 능력 등) 등에 유의해야 한다. 각급 지원 심의위원은 다원적으로 구성하되 국민의 의견이 반영되게 하는 데 유념할 필요가 있으며, 심의 결과는 공개하는 것을 원칙으로 해야 한다.

지원 대상 수와 규모에 관해 '소액 다건주의'와 '다액 집중주의'에 대한 논의가 있으나 이것은 지원사업의 내용과 목적에 따라 다를 수 있으며, 적정 지원 건수와 적정 규모를 합리적으로 결정한 뒤 논의해야 할 사항이다. 다만 지원 대상으로서는 미래 지향적인 '활력 있는 인간(집단)'에 지원되는 것이 바람직하다.

현재 몇몇 사업의 지원에서 중앙정부와 지방정부 간에 매칭 펀드 방식으로 지원되고 있는데 이를 차등화하는 방안을 검토할 필요가 있다. 문예사업에 대한 재정 지원은 중앙정부·광역자치단체·기초자치단체가 나누어 부담하지만 국고지원율과 지방자치단체의 지원율은 획일적으로 정해져 있다. 우리나라 지방자치단체 간의 재정 격차가 크므로 지방자치단체의 재정 여건에 따라 차등화하여 지원하는 것이 현실적이다. 재정 여건이 나은 지방자치단체에 대해서는 국가의 지원율을 다소 낮춤으로써 지방자치단체의 부담률을 높이고, 반대로 재정 여건이 열악한 지방자치단체에 대해서는 국가의 지원율을 높여 지방자치단체의 부담률을 낮추는 것이다. 국가의 이러한 차등지원제는 지역 간 격차를 줄여 주고 문화예술에 대한 지역민들의 향유권을 보장하는 데 기여할 수 있을 것이다.

2) 지원사업 평가

현재 우리나라의 문화 지원기관은 국고를 지원하는 문화관광부와 지방비를 지원하는 각급 지방자치단체를 비롯해 문예진흥기금(지방문예진흥기금 포함), 관광진흥개발기금, 문화산업진흥기금, 영화진흥기금, 출판금고, 방송진흥기금 등 성격과 지원 대상 분야가 각기 다른 지원기관이 많아 일률적으로 지원 방법의 개선과 지원사업 평가를 논의하기는 곤란하다. 다만 각종 지원정책의 형성에 심의위원회 등을 통해 전문가나 문화단체 대표자들을 포함한 일반의 의견들이 반영될 수 있는 틀은 갖추어지고 있으나 평가 체제는 아주 미약한 실정이다. 이를 위해 앞으로는 문화지원정책 형성에 국민적인 의사가 적절히 반영될 수 있는 틀을 가다듬고 평가 시스템을 개발하고 그 실효성을 높이는 작업이 진행되어야 한다.

합리적인 문화정책 결정에 이바지할 수 있게 하려면 정책결정 과정과 평가 과정에 과학적 수단(시스템 분석 등)을 도입할 필요가 있다. 물론 문화예술의 영역에는 심미적 요인이나 가치관 등이 불확정적이어서 계량화하기에 어려운 요소가 본래적으로 내재해 있다. 따라서 문화정책에서는 측정 가능한 지표화 작업이 매우 어렵다. 그러나 문화정책도 정책으로 존재하는 이상 정책결정의 오류를 최소화하고 완벽을 기하기 위해 성과측정을 위한 지표 개발에 노력해야 한다. 문화정책에서 예술경영(아트 매니지먼트)의 중요성이 강조되는 것도 이런 차원에서 비롯된 것이다.

우리나라의 경우 이 분야에 관한 연구·개발과 경험도 극히 소수에 불과하다. '문화기반 시설 운영 평가제도'나, 서울특별시의 '서울시 문예진흥기금 지원사업 평가 방식'을 보완하고 개선하여 이를 전국적으로 확대 도입할 필요가 있다. 그러나 문화사업의 특수성을 감안할 때 수량적으로 계수화할 수 있는 지표 외에도 문화사업의 기대 효과를 평가하는 영향평가(전문가·국민·언론·국제적 비평 등)와 아울러 사업의 질과 내용을 평가하는 질적 평가의 지표도 정밀하게 개발해 나가야 할 것이다.

Chapter 09

창조도시론

제 1 절 창조도시의 등장 배경

20세기 후반 들어 산업사회에서 지식기반사회로, 그리고 대량생산의 포디즘적 생산 방식 대신 다품종 소량생산의 포스트포디즘적 생산 방식으로 변모하면서 다양성과 유연성을 기반으로 하는 문화적 가치가 중시되고 있다. 또한 정보화와 맞물린 세계화의 진전은 국가 간 경계를 넘어서 지역 간, 도시 간 경쟁을 심화시키면서 도시 발전의 패러다임 변화를 요구하고 있다. 세계화의 소용돌이 속에서 발전의 패러다임은 지역이나 도시로 그 중심이 이동하고 있고 경쟁과 시장 원리보다 문화적 다양성을 바탕으로 공존을 지향하며, 시민의 자발적 참여와 창의성을 통해 발전하는 추세를 보이고 있다.

최근에 이러한 급속한 변화의 물결 속에서도 지속적으로 발전하는 도시들을 보면 과거와는 다른 경향을 보이고 있다. 소득 수준이 높아짐에 따라 세계적인 규모의 대도시보다 삶의 질이 높은 중간 규모의 도시들이 뉴 어버니즘(new urbanism)이라는 기치 하에 더욱 각광을 받고 있다. 바르셀로나, 시드니, 헬싱키, 글래스고, 오스틴 같은 도시들이 그러한 사례에 속한다. 이러한 도시들의 성공 요인을 살펴보면, 도시적인 유연성과 문화적 다양성 등이 그 배경에 내재되어 있다.

창조도시의 이슈를 처음으로 제기한 제이콥스(J. Jacobs)는 경제적 번영을 산업의 다양화에 의한 창조도시의 성립에 두고 뉴욕이나 도쿄 같은 세계도시[1)]가 아니라 중부 이탈리아의 중소도시인 볼로냐와 피렌체 등에 주목한다. 그는 이들 지역에 집중되어 있는 특정 분야에 한정된 중소기업군이 이노베이션에 숙달되어 있고 유연하게 기술을 구사하는 고도의 노동력을 갖고 있을 뿐 아니라 기업 서로 간의 공생 관계를 형성하고 있어 직장 이동이 용이하고 효율성과 뛰어난 적응성을 가지고 있다는 점을 들어 이는 과거의 획일적인 대량생산 경제 방식을 대체하는 획기적 변화라고 본다. 즉 제이콥스는 탈대량 생산 시대에 맞는 풍부한 유연성과 혁신적인 자기수정형 경제 시스템을 갖춘 도시가 창조도시이며 이것이 도시경쟁력의 원천이라고 인식한다.

이후 1994년 국제문화경제학회에서 창조도시 개념이 제시되었으며, 유럽 창조도시연구그룹이 1995년 『창조도시』를 발간했고, 이어 2000년 랜드리(C. Landry)도 『창조도시』를 출간했다. 랜드리는 산업의 쇠퇴나 인구 감소 등의 심각한 도시문제를 극복하고 도시재생에 성공한 사례연구를 통해 창의력을 이끌어낼 수 있는 혁신적 도시구조의 유무를 성공 요인으로 들고 있다.[2)] 이러한 창조도시에 대한 관심 이면에는 당시 유럽의 어려운 상황이 자리하고 있는데, 유럽의 경우 다른 어떤 곳보다 먼저 제조업이 쇠퇴하면서 젊은 실업자가 증가하고 복지국가 수정론이 대두되고 있었다. 이에 따

---

1) 세계도시는 프리드만(John Friedmann)과 사센(Saskia Sassen)에 의해 구체화되었는바, 1980년대부터 본격화된 글로버 경제의 관점에 선 다국적 거대기업과 거대 금융기관의 본사나 의사결정 부분이 있고 국제금융시장이 형성되어 금융과 경제의 사령탑 역할을 하는 도시이다. 경영 엘리트와 금융전문가, 법률 및 회계사무소, 경영 컨설턴트, 광고선전업 등 전문서비스업과 IT산업, 연예, 미디어 아트 등이 모여 있다. 그러나 뉴욕을 비롯, 런던과 도쿄 등 세계도시들이 주식과 부동산 붐이 식으면서 재정적 어려움에 처하고 금융산업과 오락산업이 쇠퇴하면서 경제적 양극화가 심화되고 도시 발전이 위기에 봉착하게 되었다. 즉 세계도시는 내부적으로는 부와 빈곤이 양극으로 분열되고 외부적으로는 글로벌 경제의 동향에 도시경제가 좌우되는 불안정성을 노출하고 있다.

2) 랜드리는 창조도시의 요건으로 ① 개인의 자질, ② 의지와 리더십, ③ 다양한 인간의 존재와 다양한 계층의 접근, ④ 조직문화, ⑤ 확실한 지역정체성 확립, ⑥ 도시공간과 시설, ⑦ 네트워킹의 역동성 등 일곱 가지를 들고 있다.

라 국가의 재정 지원으로부터 자립하여 도시 자체적인 발전 방안을 모색해야 한다는 문제 인식이 대두되면서 예술문화가 가진 창조적인 힘을 살려 사회잠재력을 끌어내려는 유럽 도시들의 노력에 주목하여 창조도시론이 등장하게 되었다(사사키 마사유키, 2009). 창조도시를 통해 자유롭고 창조적인 문화활동과 문화 인프라가 이노베이션과 문제 해결 능력을 높여 줌으로써 창조산업 발전의 매개체 기능을 할 수 있다는 것이다. 즉 창조성이 문화예술과 산업경제를 이어 주는 매개체 역할을 하고 있음을 주목한다.

미국의 플로리다(R. Florida)는 미국과 캐나다의 도시들을 대상으로 한 연구에서 새로운 형식이나 디자인을 생산해내는 소위 창조집단의 존재가 도시경쟁력을 좌우한다고 보고, 이러한 최근의 추세에 잘 적응하는 도시들을 창조도시라고 명명한다. 즉 도시 발전을 위해서는 과거와 같은 성장 중심의 산업화가 아니라 지식기반 사회의 근간이 되는 전문가계층을 유인할 수 있는 다양성과 문화적 가치 등의 소프트웨어가 중요하다는 인식을 제기하고 있는 것이다. 이러한 창조도시가 과거 도시 발전의 대안으로 제기되었던 문화도시를 넘어선 21세기 도시 발전의 새로운 대안으로 부상하고 있다.

〈표 9-1〉 창조도시의 개념

연구자	개념 및 내용
Jacobs(1984)	• 포스트포디즘 시대에 풍부한 유연성과 혁신적 자기수정 능력에 기반한 도시경제 시스템을 갖춘 도시
Hall(1998)	• 안정적이고 쾌적한 도시가 아니라 기존의 질서가 창조집단에 의해 끊임없이 도전받는 사회
Landry(2000)	• 후기산업사회의 제조업 쇠퇴와 실업자 문제로부터 도시의 경제 자립과 지속적 발전 방안으로 창조도시 개발 제시 • 예술과 문화가 지닌 창조적 힘에 착안하여 자유롭게 창조적 문화활동을 영위할 수 있도록 문화적 인프라가 갖추어진 도시
Florida(2002)	• 경제 발전의 3T인 기술(technology), 인재(talent), 관용(tolerance)가 공존하는 공간으로 창의적 아이디어가 경제활동의 핵심 역할을 하며 창조계급이 원하는 환경을 갖춘 도시

출처: 서순복(2009: 3).

제 2 절 창조계급과 창조산업

창조도시는 창조계급과 창조산업이 도시의 핵심이 되고 이를 바탕으로 관련 산업이 연계된 도시를 의미한다(강병수, 2009: 434). 따라서 창조도시가 되려면 창조계급이 필요한데, 여기서 창조계급은 말 그대로 창조성을 공급하는 사람으로서 창조성이 필요한 직업에 종사하는 사람들로 주로 과학과 엔지니어링, 건축과 디자인, 교육, 미술, 음악 및 엔터테인먼트 분야에 종사하는 인력이라 할 수 있다. 통상 미국의 창조도시는 창조계급이 전체 고용자의 10~15%를 상회하는 것으로 알려져 있다. 따라서 이들 창조계급과 창조산업이 도시경제를 주도하며 이와 연계되어 다른 산업들도 발전함으로써 도시의 경쟁력이 높아진다. 창의력이나 지식은 그 파급 효과가 크기 때문에 한 사람의 창조계급이 수만 명의 노동자가 만들어내는 생산 유발 효과를 창출하기도 한다. 그러므로 창조도시가 발전하기 위해서는 창조계급의 존재가 무엇보다 중요하다.

플로리다(2002)는 국제노동기구의 직업 분류를 기초로 창조적 활동을 하는 직업을 별도 직업군으로 추가하여 직업군을 노동계급과 서비스계급, 농업계급, 창조계급으로 분류하고 있다. 여기서 창조계급은 슈퍼 창조 핵심계급(super-creative core)과 창조 전문가계급(creative professional)으로 구분되며, 슈퍼 창조 핵심계급은 컴퓨터와 건축, 예술 등의 분야를 포함하고, 창조 전문가계급은 매니지먼트와 비즈니스, 보험, 세일즈 등을 포함하는 직종으로 분류된다.

이러한 창조계급은 관용성이 큰 환경과 다양한 인구 구성, 다문화, 활발한 야외 레크리에이션을 제공하는 곳을 거주지로 선택하는 경향이 있다. 따라서 창조도시는 이러한 창조계급이 선택하는 도시적 특성을 갖추고 있어야 하며, 창조산업은 이러한 창조계급 유인에 유리한 지역에 입지하게 된다. 플로리다(2008)는 창조계급을 유인할 수 있는 지표로서 다양성을 기반으로 하는 '관용환경 지수'를 제시하기도 한다.[3]

〈표 9-2〉 창조계급의 종류

슈퍼 창조 핵심계급	창조 전문가계급
- 컴퓨터 및 수학적 직업 - 건축 및 엔지니어링 직업 - 생명, 자연 및 사회과학 직업 - 교육, 훈련 및 도서관 직업 - 예술, 디자인, 엔터테인먼트, 스포츠, 미디어 직업	- 경영직업 - 비즈니스 및 재정 운영 직업 - 법률직업 - 건강관리 종사자와 기술직업 - 고급 세일즈와 세일즈관리

※ 참고: 강병수(2009): 433.

따라서 창조산업은 이러한 창조계급이 종사하는 산업 분야를 일컫는다고 볼 수 있다. 카바스(Cavas, 2000)는 창조산업이 곧 문화산업이라고 하고, 호킨스(Howkins, 2001)는 지적소유권과 관련된 산업이라고 정의한다. 이러한 정의는 창조산업이 지식기반 사회의 특성이나 문화예술과 관련이 있음을 보여 준다. 그러나 문화산업은 상징적 가치를 지닌 문화상품과 서비스 생산활동에 초점을 두는 반면 창조산업은 창조성을 새로운 부가가치를 위한 자본·노동·지대와 같은 투입 요소로 보고 있으며, 예술적 창의력에만 한정되지 않는다는 점에서 더 큰 범위를 형성하고 있다.

[그림 9-1] 창조산업의 범위

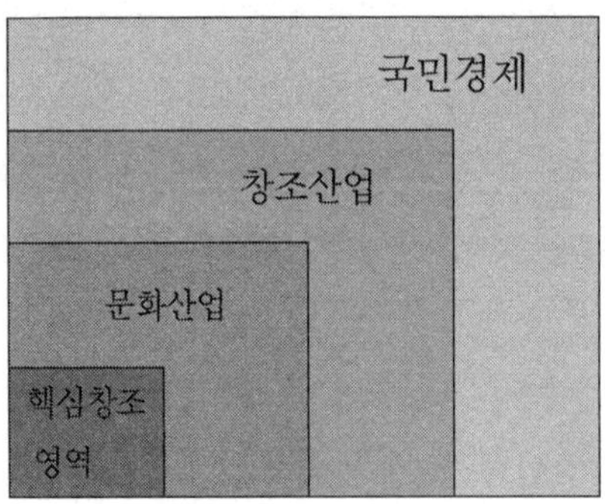

출처: 윤병운(2008: 19).

3) 관용환경 지수는 동성애자 지수, 보헤미안 지수(예술적·창조적인 사람의 백분율), 용광로 지수(melting pot index: 외국 태생 인구 비율)로 측정된다.

〈표 9-3〉 창조산업과 유사 산업의 비교

구분	창조산업	저작권산업	콘텐츠산업	문화산업	디지털 콘텐츠
개념	개인의 창조성이 생산 요소로 투입되어 산출물을 생성	자산의 특징과 산업의 산출물로 정의	산업 생산에 초점을 맞추어 정의	공공정책의 기능과 재정에 의해 정의	기술과 생산의 결합에 의해서 정의

출처: NOIE(National Office for the Information Economy, 2003).

창조산업과 유사한 산업을 구분하여 좀 더 명확하게 개념화하고 있는 것은 호주의 NOIE(National Office for the Information Economy, 2003)보고서이다. 여기서 창조산업은 저작권산업, 콘텐츠산업, 문화산업, 디지털 콘텐츠산업과 비교되고 있는데 콘텐츠산업은 산업 생산에 초점을 두고, 문화산업은 공종 정책의 기능과 재정, 디지털 콘텐츠산업은 기술과 산업 생산의 결합, 그리고 저작권산업은 자산의 특징과 산업의 산출물이라는 관점을 강조한다.

창조산업이 구체적으로 무엇인지를 알기 위해서는 창조산업의 산업 유형을 살펴볼 필요가 있다. <표 9-4>에서 각 국가나 기관의 창조산업 분류를 보면, 창조산업은 문화산업과 지식산업뿐 아니라 좀 더 고급한 질과 다양성을 요하는 소비재까지 포함하며 첨단산업 기술과도 결합되어 있어서 과거 전통적 제조업과는 확연히 구분된다. 특히 이러한 창조산업의 선두에 있는 곳이 영국인데, 영국은 노동당 정부에 의해 문화미디어체육부를 설립한 이후 문화산업 전문가들로 '창조산업 특별위원회'를 만들어 「창조산업 분석보고서(Creative Industries Mapping Document)」를 발간했다. 이 보고서에서 창조산업을 개인의 창의성과 기술, 재능 등을 활용해서 지적 재산권을 설정하고 이를 소득과 고용 창출의 원천으로 삼는 산업으로 정의하고, 부분별 경제 효과를 구체적 수치로 증명하고 있다.

유럽연합에서도 2006년 「유럽의 문화경제(The Economy of Culture in Europe)」 보고서 발간을 통해 유럽의 문화정책이 기존의 예술정책이나 미디어 중심에서 창조산업으로 확대되고 있음을 보여 준다. 여기서 창조산업은 예술을 중심으로 시청각산업 등 문화산업과 디자인, 건축, 광고를 포함한 포괄적 범주로 제시되고 있다. 유럽연합 집행위원회(European Commission)

〈표 9-4〉 각 기관 및 국가들의 창조산업 분류

기관	WIPO*	유럽연합	영국	홍콩	싱가포르	한국
창조산업 분류	• 출판, 문학 • 음악 • 공연 • 영화, 비디오 • 라디오, TV 방송 • 사진 • 소프트웨어, DB • 시각예술 • 그래픽예술 • 광고 서비스 • 저작권 신탁 관리	• 예술 • 시청각 산업 • 디자인 • 건축 • 광고, • 각종 문화 산업	• 광고 • 건축 • 디자인 • 패션 • 영화, 비디오 • 공예 • 공연예술 • 컴퓨터, 비디오게임 • 소프트웨어 • 음악 • 미술, 골동품 • 출판 • TV, 라디오	• 광고 • 건축 • 디자인 • 미술품, 공예 • 디지털 엔터테인먼트 • 영화, 비디오 • 음악 • 공연예술 • 출판 • 소프트웨어, 컴퓨터 서비스 • TV, 라디오	• 광고 • IT, 소프트웨어 • 방송 미디어 • 미술품, 공예 • 인테리어, 그래픽스, 패션디자인 • 건축서비스 • 영상서비스 • 공연예술 • 출판 • 산업디자인 • 사진	• 출판 • 음악 • 만화 • 게임 • 영화 • 애니메이션 • 방송 • 광고 • 문화재 • 캐릭터 • 패션디자인 • 전통공예 • 멀티미디어 콘텐츠

* 세계지적재산권기구(World Intellectual Property Organization)의 약자.
출처: 윤병운(2008).

에서는 2010년 「녹색보고서(Green Paper)」를 통해 문화산업과 창조산업을 결합시킨 '문화창조산업(Cultural and Creative Industries)'이란 새로운 개념을 제안함으로써 창조산업과 문화산업의 경계를 무너뜨리고 있다.

그러나 창조산업의 범주와 영역은 아직 명확한 합의가 이루어지지 않고 있다. 영국이 거의 모든 문화예술 활동을 창조산업에 포함시키는 것과 달리 프랑스는 문화산업이란 용어를 더 선호하고 독일은 창조산업과 문화창조산업을 혼용한다. 일부 북유럽 국가들은 완구와 에듀테인먼트, 싱가포르가 IT와 인테리어, 그리고 한국은 문화재를 포함하고 있다. 자국의 상황과 경쟁력에 따라 창조산업의 범주가 다양하게 규정되고 있음을 볼 수 있다.

이러한 창조산업은 최근 산업의 성장률과 부가가치의 크기로 볼 때, 국가 발전에서 차지하는 비중이 향후 급속히 확대될 것으로 보인다. 창조산업은 1997년에서 2004년 사이에 전체 산업 성장률의 2배에 달하는 6%의 성장률을 보이고 있고, 창조산업의 글로벌 시장가치는 2000년 8천 310억 달러에서 2005년 1조 3천억 달러로 증가했는데, 이는 전체 세계 GDP의

7%에 달한다(윤병윤, 2008: 7). 따라서 향후 국가 간 창조산업을 둘러싼 경쟁은 더욱 가속화되고 전체 산업구조도 창조산업의 역할을 강조하는 방향으로 재편될 것으로 예상된다.

제 3 절 한국의 창조도시와 그 특성

한국에서도 2000년을 전후해서 창조도시에 대한 논의가 제기되어 왔지만 주로 도시재생계획 수준에 머물러 있다가 2005년 참여정부의 국가균형발전정책에 근거한 혁신도시, 기업도시 추진 및 살기 좋은 지역만들기 운동 등의 사업이 추진되면서 창조도시에 대한 연구와 도입이 확산되어 왔다(김영집, 2008).

이러한 창조도시와 관련해 서울을 비롯한 대전, 대구, 인천, 성남, 광주, 전주, 강릉, 김천, 구리, 영월 등 많은 도시들이 창조도시 정책을 표방했지만 아직은 도입 초기 단계에 머물러 있다. 서울시는 2008년 '창의문화도시의 해'를 선언하고 창의문화도시를 달성시키기 위한 컬처노믹스(culturenomics) 추진계획을 발표한 바 있다.[4] 서울시가 세계 대도시들과의 경쟁 속에서 도시경쟁력을 강화하기 위한 방안으로서 창조도시를 지향하고 있으나 앞에서 논의했듯이 창조도시는 세계 대도시보다는 중소도시의 혁신을 통해 달성 가능하다는 점에서 대전이나 전주의 경우를 주목할 필요가 있다. 대전은 인구 150만 명의 중규모 도시로, 다수의 정부출연연구기관이 집적해 대덕연구개발특구를 이루고 있는 과학도시로서의 특징을 가지고 있다. 대전은 우리나라에서 창조도시를 본격 시정 슬로건으로 내건 대표적인 도시로 2008년을 창조도시 원년으로 삼아 창조도시추진본부와 창조도시 포럼을 운영하고 있다.

---

4) 컬처노믹스(culturenonics)는 culture(문화)와 economics(경제)를 융합한 말로, 문화를 통해 경제적 부가가치를 높이고 문화의 경제적 가치를 달성한다는 의미로 사용된다.

전주는 인구 60만의 지방 중소도시 규모로 전통문화가 가장 잘 보존된 도시로 알려져 있다. 2007년부터 전주는 도시 비전으로 한국 전통문화도시를 표방하고 '전통생활 문화도시', '전통문화 창조도시', '전통문화 체험도시'를 지향하고 있다. 이를 위해 전주시는 한국 전통문화를 체험할 수 있는 공간 구축과 한 문화와 전주한옥마을의 브랜드화를 추진하고 있다. 특히 무형문화재 보존과 육성을 전통문화의 콘텐츠를 확보해 나간다는 계획이다. 이에 2006년 참여정부로부터 전통문화도시로 지정받았으며, 700여 개의 한옥이 모여 있는 도심형 한옥지구를 한옥마을로 이름을 붙이고, 전통을 되살리고 전통을 산업화하려는 노력을 계속하고 있다.

<표 9-5>에서 보듯이 우리나라에서 창조도시를 지향하는 도시는 대부분 인구 백만이 넘는 대도시 중심으로 이루어지고 있다. 이것은 우리나라에서 중소도시 중심의 내생적 지역 발전이 결여된 탓이라 할 수 있다. 대도시들이 주변 지역의 인구를 흡수하여 성장하는 동안 자연히 주변 중소도시는 인구 유출로 지역 특성화나 성장 동력을 찾지 못한 채 쇠락의 길을 걸어왔기 때문에 대도시와 농촌의 대립구조만 심화되어 왔다. 그러므로 서구에서와 같이 창조도시에 대한 논의도 중소도시보다는 대도시 위주로 제기되고 있다.

사실 창조도시는 나라마다 각기 다른 사회·경제·문화적 지리적 환경에 의해 다른 모습으로 나타나게 된다. 각 지역의 특성과 조건이 다르기 때문에 창조도시를 추진하는 목표와 전략, 운동 방식도 다르다. 각 나라의 창조도시는 크게 문화예술을 중심으로 성장하는 유럽식 창조도시모형과 창조산업을 중심으로 발전하고 있는 북미식의 창조도시모형, 그리고 문화와 산업 및 지역만들기 운동이 결합되어 나타나는 아시아적 창조도시모형 등이 있다. 이들 창조도시모형과 비교해 볼 때, 우리나라의 창조도시들은 다음 몇 가지 특성을 보인다(김영집, 2008: 108-109).

첫째, 한국의 창조도시는 추진 주체가 주로 지방정부 중심으로 전개되고 있다. 외국의 창조도시가 창의적 리더나 대학, 혹은 기업체들이 중심이 되어 민간 영역에서 시작해서 관과 결합해 시너지를 가져왔다면 한국의 경우에는 지방정부들에 의해 관 주도적으로 추진되고 있다. 지방정부 주도의

〈표 9-5〉 우리나라 지방정부의 창조도시 추진정책

도시	문화계획	개요	사업 내용	비고
서울	창의문화도시 마스터플랜(2008~2010)	• 3개 분야 10대 과제 • 서울문화지도, 컬처노믹스	• 유휴공간의 문화시설 • 한강르네상스 • 디자인 중심도시	• 창의문화도시
경기도	문화콘텐츠 비전 2020 전략전략(2008~2020)	• 3대 목표 6대 정책 로드맵 • 창의적 콘텐츠 육성	• 문화콘텐츠클러스터 조성 • 1천억 경기콘텐츠진흥기금 조성	• 경기문화 비전 2020 • 5대 분야 30대 역점사업
부산	부산발전2020비전과 전략(2006~2020)	• 경제, 문화, 생태 종합 • 아시안게이트웨이 • 도시재창조 프로젝트	• 아시안게이트웨이 • 세계적 미술관 유치 • 부산예술의 전당 건립	• 창조도시 • 영상문화산업도시
인천	인천경제자유구역	• 송도: 첨단지식 국제도시 • 영종: 항공항만 물류도시 • 청라: 레저스포츠관광도시	• 송도: 컨벤션, 문화센터 • 영종: 관광복합레저단지 • 청라: 컬처, 아쿠아파크	• 창조도시
대구	대구문화중장기발전계획(2006~2015)	• 2010년까지 1조 9천억 원	• 대구문화재단 설립 • 도심문화 활성화	• 대구경북창조도시
대전	창조도시대전만들기	• 4대 전략 영역과 비전	• 창조적 인재 양성 • 과학기술과 문화예술 진흥	• 유네스코 창조도시 • 과학도시
광주	광주아시아문화중심도시조성종합계획(2004~2023)	• 2023년까지 4조 8천억 원	• 7대 문화지구 조성 • 아시아문화의 전당 등	• 아시아문화중심도시 • 유네스코 창조도시
전주	전주전통문화육성기본계획(2006~2025)	• 2025년까지 2조 원 • 전통생활문화도시 등	• 5대 핵심전략사업 • 무형문화유산전당	• 전통문화중심도시 • 유네스코 창조도시

출처: 박은실(2008: 45-55).

창조도시 추진은 신속하게 사업이 추진될 수 있다는 장점을 가지는 반면 지역의 개성을 살릴 수 있는 다양한 시민 의견 수렴이 부족하고 가시적 성과 중심의 전시행정으로 흐를 수 있다는 문제가 있다.

둘째, 창조도시 추진 유형이 대부분 유럽식의 문화도시 추진모형을 따르고 있어 기존의 문화도시 사업과 중복된다. 1980년대부터 지역문화도시사업을 추진해 왔던 것이 용어만 바꾸어 창조도시로 나타나는 경향이 있다. 이것은 지방도시 차원에서 창조적 산업의 육성을 통해 창조도시를 추진하기가 쉽지 않음을 보여 주는 것으로 지역 문화자원을 활용한 전략이 가장 손쉽게 추진될 수 있다는 것을 의미한다. 그러나 한편으로 문화예술을 활용한 창조도시는 세계적인 문화예술가의 존재와 창의적인 집단들의 다양한 네트워킹에 의해 성공해 왔음을 볼 때 지금 한국에서 추진되고 있는 창조적 문화도시사업은 이런 혁신 역량을 구비하지 못한 채 진행되고 있음을 지적할 수 있다.

셋째, 한국의 창조도시가 시민사회의 지역만들기, 마을만들기 등의 지역사회운동과 결합되어 한국식의 새로운 모델을 만들어낼 수 있을 것인가의 문제이다. 전주시의 전통문화도시와 한옥마을 만들기의 경우 지역 주민과 시민단체들의 한옥마을보존운동과 결합하여 시너지 효과를 발휘한 사례이다. 영국의 경우 볼런터리조직(주민자치조직)과 사회적 기업에 의한 마을만들기도 빈곤지역의 재생을 도모한 대표적 성공 사례라 할 수 있다. 한국 사회 역시 서구식 도시 개발을 답습하기보다는 지역의 전통자원을 활용하여 지역적 정체성과 유대감을 바탕으로 하는 지역공동체 조직과 지역을 좀 더 살기 좋게 만들려 하는 자발적 지역시민운동이 중심이 되어 창조도시 만들기가 이루어진다면 민관 협력의 거버넌스형 창조도시모형이 개발될 수도 있다.

향후 이러한 지방자치단체 차원의 창조도시 추진정책이 성과를 거두기 위해서는 지역별 창조도시들을 네트워킹하는 것이 중요하다. 최근 중앙정부 차원에서 김해, 부산, 대전, 전주, 성남, 인천 등을 연계하는 창조도시 네트워크정책이 시도되고 있는 것은 이러한 네트워킹의 중요성을 반영하는 것이지만 아직까지 구체적인 연계 방법이나 상호 협력적 교류 체계가 구축되지 못해 소기의 성과를 내지는 못하고 있다.

제 4 절 창조도시 발전 방안

1 도시의 다양성과 관용성 제고

도시의 다양성과 관용성은 창조계급을 유인하고 이러한 창조계급이 창출해내는 지식의 파급을 위해 대단히 중요하다. 서로 다른 재능과 기술을 가진 사람들에게 관용적일 때, 창조계급의 창의력이 마음껏 발휘될 수 있으며 서로 간의 수시적인 교류를 통해 새로운 가치와 융합 기술이 창출될 수 있다. 실제 첨단산업이 밀집한 지역일수록 보헤미안 지수가 높은 것으로 나타난다. 그러므로 창조도시 구축을 위해서는 관용적인 사회 시스템 구축이 필요하다.

교통의 발달과 함께 사람들의 이동 기회가 국가와 도시가 다양한 사람들로 구성되면서 공동체적 동질성이나 지역적 아이덴티티는 붕괴될 수밖에 없다. 이러한 현상은 도시적 특성이 될 수밖에 없는데 우리 사회가 다문화 사회로 진전됨에 따라 다양성과 서로 다름에 대한 관용성은 필수적이다. 새로운 문화를 인정하고 수용하기 위해서는 관용성이 필요하고, 새로운 문화의 수용은 혁신과 변화로 연결되어 새로운 것을 창조해내는 힘이 될 수 있다.

도시의 관용성을 높이기 위해서는 지역 주민들의 의식구조가 관용적으로 바뀌어야 하는데 이를 위해서는 주민교육이 좀 더 창의성을 촉진하고 자유로운 분위기에서 이루어져야 한다. 지역에서 개최하는 축제를 지역민들이 직접 계획해서 시행해 보는 것도 좋은 학습 기회가 된다. 도시계획 등에 주민이 참여해서 자유롭게 의견 개진을 하도록 주민 참여를 촉진하고 제도화하는 것도 필요하다.

2 도시 내외의 네트워크화 및 파트너십 형성

도시 내 다양한 재능과 기술을 가진 창조계급 간 경쟁과 협력의 네트워킹을 통해 창의력이 더 높아지고 경쟁력도 강화될 수 있다. 폐쇄적인 구조 내에서는 교류가 이루어질 수 없고 교류가 안 되면 더 이상의 진전이 이루어질 수 없다. 개방적인 도시구조 내에서 도시 내외의 교류가 활성화되고 네트워크화되면 도시 발전을 위한 자극이 형성되고 그러한 네트워크가 많을수록 도시의 경쟁력은 높아진다. 그러므로 도시 간, 해외 도시와의 다양한 네트워크를 구축하고 활발한 교류가 이루어질 수 있도록 지원해야 한다.[5)]

이러한 네트워크화는 정부간 관계에도 적용된다. 중앙정부와 지방정부 간, 그리고 지방정부 간에도 창조산업 육성을 위한 상호 협력적 파트너십이 필요하다.

3 지역적 정체성 강화 및 브랜드화

창조계급은 그 도시만이 가지고 있는 개성을 존중한다는 점에서 도시의 정체성을 확립하고 그것을 상징할 수 있는 문화예술을 진흥할 필요가 있다. 창조계급은 다른 계층에 비해 높은 문화예술적 취향이나 정체성을 가지고 있기 때문이다. 미국에서 첨단산업이 발달한 도시에서 고유한 음악적 정체성을 형성하고 있는 것으로 나타나 음악과 첨단산업의 관련성이 발견된다

---

5) 유네스코는 2004년부터 창조도시 네트워크제도를 실시하고 있는 바, 이는 문화예술 분야를 중심으로 세계 수준의 경험과 지식, 그리고 전문기술을 가진 도시 간 네트워크이다. 문화적 다양성을 목표로 도시 간 비경쟁적 협력과 지식 및 경험의 공유, 역량 강화, 교육을 장려한다. 2010년 현재 창조도시 네트워크 가입 도시는 7개 분야 24개 도시가 선정되어 있는데, 문학의 에든버러, 멜버른, 아이오와, 더블린, 음악의 볼로냐, 세비아, 글래스고, 겐트, 영화의 브래드퍼드, 공예 및 민속예술의 아스완, 산타페, 이천(경기도), 디자인의 베를린, 몬트리올, 부에노스아이레스, 고베(神戶)·나고야(名古屋), 선전(深圳) 상하이(上海), 서울, 요리의 포파얀, 청두(成都), 오스터순드, 미디어예술의 리옹이다.

(플로리다, 2002). 그 도시만의 독특한 건축이나 경관 등도 창조계급을 유인하는 중요한 요인이 된다. 도시의 정체성은 도시의 브랜드 가치를 높여주기 때문에 지역의 고유한 역사와 전통을 보존하고 구현해 나가는 것이 중요하며, 이와 함께 그 도시의 이미지가 과거의 것으로 고착되지 않도록 할 필요가 있다.

4 창조적 공간 조성

이케카미 준(池上惇)은 문화정책의 목표를 "창조적 환경을 정비하기 위한 공공정책"으로 규정하고, 이러한 창조적 환경 조성을 종합적 지역발전 정책으로 간주한다(池上惇, 2001). 즉 창조계급에는 창조성을 자극할 수 있는 창조적 공간이나 환경 조성이 필요하다. 이러한 공간 조성과 관련하여 어메니티(amenity)는 '쾌적함과 즐거움, 아름다움, 편리함, 활기 등 삶의 감흥을 주는 환경의 총체'로서 창조계급에게 필요한 여건을 제공해 줄 수 있다(한국지방행정연구원, 2007).

어메니티를 통해 쾌적한 생활을 가능하게 하고 레크리에이션과 다양한 야외활동에 대한 접근성을 높이는 것은 창조계급을 유인하는 데 필요한 조건이다. 문화예술과 지식기반산업에 종사하는 전문인력일수록 지속적으로 감성과 창의성을 자극하고 도시생활의 스트레스를 해소할 수 있는 문화나 환경, 휴식 등 어메니티 요소가 중요해지기 때문이다. 지역의 어메니티는 지역 발전의 효과가 큰 하이테크 기업이나 여기에 종사하는 거주민을 끌어들여 양호한 지역 이미지, '장소 위신(place status)'을 형성하여 추가적이고 누적적인 발전을 견인하게 된다. 그러므로 창조도시는 밀집한 대도시의 혼잡성과 삭막함을 탈피하여 도시적인 편리함과 전원의 쾌적함이 조화되는 삶을 제공할 수 있는 공간을 조성해야 한다.

5 문화 인프라 구축

창조계급은 도시 선택에서 직업보다 생활 양식을 중시하며 언제라도 자유롭게 교류할 수 있는 장소를 선호한다. 카페나 서점, 커뮤니티센터 등 다양한 분위기의 교류공간에서 활력을 얻을 수 있어야 한다. 음악과 미술 등을 통해 다양한 가치가 표현되고 다문화적인 가치가 공존될 수 있어야 한다. 창조계급의 다양한 문화적 욕구를 충족시키고 휴식을 통해 재충전의 기회를 가질 수 있도록 문화적 인프라를 구축하고 다양한 이벤트 등의 프로그램을 제공할 수 있어야 한다.

6 기술적 창조성 지원 시스템 구축

다양한 벤처 캐피털을 육성해 이들의 창조적이고 도전적인 활동이 지역에 새로운 활기를 불어넣고 기존의 창조산업과 일반산업을 자극하는 촉매제 역할을 하게 하는 것이 필요하다. 산업사회의 획일적 대량 생산 방식에서 탈피해 유연한 다품종 소량 생산 시스템을 구축해 나가야 한다. 이탈리아 볼로냐의 경우 문화시설이 많이 배치되어 있지만 포장기계산업이 주산업을 이룸으로써 실질적인 창조산업이 결여되어 있고 도시 이미지를 통해 관광객 유치에 치중하고 있기 때문에 창조도시라기보다는 이미지 창조도시로 흐를 우려가 있다. 미국의 산안토니오 시나 오스틴과 같이 창조계급과 창조산업이 일정 비율 이상 구축되어야 한다. 그리고 이들 창조산업 간에도 상시적인 수직적 통합보다는 한시적인 생산품이나 프로젝트를 중심으로 느슨하고 일시적인 관계와 협력 등이 형성되고 자유롭게 창조계급의 인력풀(pool)이 활용되면서 지역 집적이익으로 새로운 지식의 확산 효과가 이루어져야 한다(강병수, 2009: 437).

창조산업은 시장 접근성이나 교통과 같은 전통적 입지 요인에 좌우되지 않고 고정 비용을 낮추기 위해 기술노동력이나 기업 네트워크와 같은 지역 외부 효과 요인에 접근하기 위해 입지를 결정한다. 그러므로 상대적으로 수도권에 대한 접근성이 낮은 지방도시도 창조도시 구축을 위해 경쟁할 수 있는 이점이 있다. 그러므로 창조도시 구축을 위해서는 기업의 연구개발사업이나 제품의 표준화 단계에 접어든 첨단산업의 지사공장 플랫폼(branch plant platform) 등의 유치에 초점을 맞추는 것이 필요하다.

Chapter

10 다문화정책론

제1절 세계화 시대의 문화 이동

21세기를 특징짓는 흐름은 단연 세계화이다. 세계화 시대 우리는 지구촌 방방곡곡과 연계되어 이웃 나라에서 일어나는 일을 과거 이웃집 일처럼 접하게 된다. 기든스(Anthony Giddens)는 세계화(globalization)는 시간과 공간을 초월해 전 지구적 차원에서 형성되는 사회적 관계를 의미하며, 공간적으로는 서로 다른 지역이 하나로 연결되는 지구촌의 확대 과정이라고 정의한다(기든스, 2000). 이것은 우리가 살고 있는 세계가 시간과 공간을 초월하여 하나의 망으로 연결되는 네트워크가 형성되어 지역과 지역의 국제적인 사회 관계가 강화됨을 뜻한다.

이러한 세계화 현상 속에서는 상품과 자본뿐 아니라 노동, 즉 사람도 국경을 넘어 이동하게 된다. 국제이주기구(International Organization for Migration: IOM)의 2003년 「세계이주보고서(World Migration Report)」에 의하면, 60억 5백만의 세계 인구 중 약 3%에 달하는 1억 7천 5백만 명이 국제 이주 인구이며, 우리나라도 국제 이주 인구 100만 명을 넘어섰다.

세계화 현상 속에서 국제 이주자가 늘어나는 것은 지역 간 자본과 노동의 불균등한 분배에 기인하는 것으로, 이러한 이동은 결국 '세계가 평평해

지기까지'(Friedman 2005), 즉 국경을 넘는 사람의 이동은 지역 간 소득 격차가 없어지기까지 계속된다. 농촌의 빈곤은 사람을 도시로 밀어내고 도시의 일자리는 사람을 도시로 끌어당기게 되는데, 이러한 압출(push-out) 요인과 흡입(pull-up) 요인은 국가 간에도 그대로 작용한다. 국가 간 불균등한 발전은 소득이 낮은 나라에서 소득이 높은 나라로의 이주를 촉진시킨다.

특히 선진국을 중심으로 먼저 도래된 저출산 고령사회는 노동력 부족으로 인해 외국의 노동력을 자국으로 끌어당기지 않고서는 발전을 지속할 수 없게 된다. 따라서 외국인 노동자들을 끌어들여 그 지역민들이 놓아버린 일자리를 대신 메우게 된다. 국가 간 이동 과정에서 남성들이 일자리를 찾아 이주한다면, 여성의 경우 일자리를 찾아가는 노동력 이외에 결혼이라는 방식을 통해서도 이주하게 된다.

우리나라는 이주 여성과의 국제결혼이 급격히 늘어나면서 사회문제가 발생하는데, 이러한 현상은 농촌에서 더욱 심화되고 있다. 농촌이 고령화되면서 젊은 여성을 구하지 못한 농촌 남성들은 중국, 베트남, 필리핀 등지에서 온 이주여성과 결혼을 통해 가정을 형성하고 있다. 결혼이민의 대다수(88.3%)는 한국 남성과 이주 여성의 결합으로 농촌의 만혼화 현상과 미혼남성의 증가가 외국의 여성들을 흡인하고 있기 때문이다. 이로 인해 상대적으로 전통적인 가족주의적 가치관을 고수해 온 농촌으로서는 그간 세계화나 세계문화의 보편적 가치에 접촉할 기회가 제한되어 있었지만, 결혼이민자들이 들어오면서 급격한 문화 충격에 부딪히고 있다.

상대적으로 도시지역이 장기간에 걸쳐 외국인 노동자를 수용함으로써 다문화 접촉의 기회를 가졌지만 외국인 노동자들이 공단 주변의 특정 지역에 집중 거주함으로써 그 영향이 제한적이었던데 비해 농촌은 그러한 외국 문화의 접촉 기회에서 배제되어 있다가 가족 관계를 통해 일거에 더 심화된 형태, 즉 일상생활이 이루어지는 사적 영역을 통해 체험하게 됨으로써 다문화의 충격을 더 크게 받고 있다. 가족주의적 연고의식이 강한 농촌에서 결혼이민자와 가족이 된다는 것은 그야말로 정체성의 혼란을 야기할 수 있다.

국제적 이주는 사람만이 아니라 문화의 이동까지 촉진하게 된다. 사람이 이주하는 곳에는 문화가 따르게 마련이기 때문이다. 서로 다른 문화가 만나게 되면 문화적 갈등과 충돌이 야기되고 이러한 과정에서 서로 다른 문화를 향유하는 사람들 사이에는 편견과 차별이 표출되기도 한다. 이러한 문화적 갈등은 부정적으로 작용하면 사회적 불안과 파괴를 초래하지만, 긍정적으로 작용하면 문화적 변용을 통해 새로운 사회를 창조하는 힘이 되기도 한다. 사회는 문화를 담는 그릇이고 문화는 사회라는 그릇에 담긴 내용물이기 때문에 내용물이 달라지면 그것을 담는 그릇도 달라져야 하기 때문이다.

이제 우리 사회에서도 다문화사회의 도래는 피해 갈 수 없는 추세가 되고 있다. 다문화 시대의 도래에 대비한 문화정책에 대한 전면적인 검토가 필요한 시점이다.

제 2 절 다문화정책의 개념과 유형

다문화주의(multiculturalism)는 하나의 사회 현상이지만 한마디로 정의하기 어려운 개념이고, 이에 대한 학자들의 개념도 각기 다양하다. 문화적 관용이라는 의미에서 다양한 내용물을 한 그릇에 담는 '샐러드 그릇'이라는 정의에서부터 '특별한 공간 속에서 다른 문화를 포용하려는 인종 차별의 또 다른 이름'이라는 정의에 이르기까지 다양한 개념이 있다. 어떠한 개념 정의를 따르든 다문화주의는 한 국가 내에 존재하는 인종과 국적, 성별 등에 따른 문화적 다양성이라는 사회 현상에 대한 하나의 접근 방식으로 볼 수 있다.

다문화주의가 적용될 수 있는 범주와 관련하여 잉글리스(Inglis, 1996)는 인구학적-서술적(demographic-descriptive), 프로그램적-정치적(programaticpolitical), 이념적-규범적(ideological-normative)이라는 세 가지 접근 방법을 들고 있다. 인구학적-서술적 접근 방법은 한 국가의 인구 구성 인종의 다양성을 의미하는 것인데 비해 다양한 인종이나 민족을 관리하기 위한 특정 프로그램이나 정책과 관련하여 사용되는 경우 프로그램적-

정치적인 접근 방법이 된다. 이념적-규범적 접근 방법은 헌법이나 사회적 가치 속에 인종의 다양성을 인정하고 이들의 권리와 문화를 존중하여 이들이 사회의 구성원이 되게 하는 데 있다. 이러한 세 가지 접근 방법이 명확히 구분되거나 상호 배타적인 관계에 있지 않으므로 다문화주의는 이 모두를 포함할 수밖에 없으나 사회적 갈등을 예방하고 사회통합으로 나아가기 위해서는 궁극적으로 이념적-규범적 접근 방법을 지향할 필요가 있다.

다문화주의에 대한 이념적-규범적 접근을 따르더라도 한 나라의 정책적 접근은 그 나라가 처한 정치·사회·문화적 여건에 따라 다를 수밖에 없다. 홀(Stuart Hall)과 파레크(Bhikhu Parekh)는 소수집단의 문화적 권리를 그 집단의 문화적 정체성을 유지하기 위한 생존권과 동일시함으로써 다문화주의를 옹호하는 입장에 서 있다. 홀은 문화적 정체성이 생물학적인 것이 아니라 문화적·역사적·정치적으로 규정되는 것으로 끊임없이 주위 환경에 의해 영향받고 재규정되며 사회적 불이익과도 관계된다고 본다. 그러므로 다문화주의의 목표는 소수집단의 문화를 차별하지 않고 사회적 존재로서 인정하는 것이라고 본다. 그런 점에서 애초에 문화를 상호 비교하는 것은 불가능하다고 본다. 파레크는 어떠한 문화가 인간의 보편적 가치를 존중하는가에 따라 비교가 가능할 수는 있지만 궁극적으로 다양한 문화집단이 공존할 수 있는 열린 구조가 필요하다는 데 인식을 같이한다. 타일러(Edward B. Tyler)도 문화의 동등한 가치에 대한 인정이 곧 평등에 대한 인정이라고 보아 다문화주의를 옹호하고 있다.

원래 다문화주의라는 개념은 미국이나 캐나다, 호주 등 이민으로 구성된 국가에서 이민자와 함께 유입된 다양한 문화와 생활 방식을 아우르고 이를 융합하여 하나의 근대국가로의 통합을 이루어내기 위한 필요성에서 시작되었다. 따라서 다문화주의와 이에 대한 대응 방식으로서의 다문화정책도 이민법을 중심으로 발전했다. 호주의 경우 전통적으로 백호주의(白濠主義)를 통해 비유럽인에 대한 이민을 철저히 통제해 오다가 1970년대에 들어서면서 이민차별정책을 폐지하고 인종차별철폐법을 제정하는 등 다문화주의를 수용하기 시작했으며, 1978년 프레이저(Malcom Fraser) 내각이 다문화주의의 원칙을 공표함으로써 공식화했다(이용승, 2004; 지종화 외, 2009). 1971년 발표된 캐나다의 '다문화주의 선언'도 다문화의 공존과 존중의 원칙을 통해 다문화주의를 공식적으로 수용한 것이라 할 수 있다.

그러나 이러한 다문화주의에 대한 시각은 단순히 자유주의나 세계주의의 연장이라는 견해에서 다른 한편으로는 인종이나 성별, 언어에 따른 급진적 분리주의적 견해까지 다양한 스팩트럼이 존재한다. 세키네(關根政美, 1996)는 이러한 다문화주의에 대한 시각을 다음의 다섯 가지 유형으로 구분하여 그 개념과 정책적 특성을 제시하고 있다. 자유주의적 다문화주의는 공적 생활에서 주류사회의 문화와 언어, 관습을 강조한다. 그러므로 사적인 영역에서는 문화적 다양성이나 민족의 존재를 인정하지만 공적 생활에서는 주류사회를 모방해서 적응하는 것이 사회적 통합을 위해 바람직한 것으로 본다. 자유주의적 다문화사회에서는 소수집단에 대한 차별을 금지하고 평등한 기회를 제공하는 데 초점을 두기 때문에 소수집단에 대한 공용어와 사회제도에 관한 교육 및 다양한 지원책을 통해 주류사회로의 편입을 돕는 데 초점을 둔다.

조합주의적 다문화주의는 단순히 '기회의 평등'에만 머무르지 않고 소수집단이 현실적으로 부딪히게 되는 불이익에 주목해 '결과의 평등'을 추구한다는 점에서 자유주의적 다문화주의보다 한 걸음 더 나아간다. 조합주의적 다문화는 구조적 불이익을 극복하기 위해 사회적 소수자의 사회 참여를 촉진하는 재정적·법적 지원을 한다. 다언어 방송, 다언어 의사 소통, 다언어 및 다문화교육 등을 추진하고 사적 영역에서 소수민족학교나 공공단체를 지원하기도 한다. 소수집단에 대한 취업이나 교육 등에서도 할당제를 적용하는데 1960년대부터 미국에서 실시된 긍정적 차별금지법(Affermative Action)이나 쿼터제(Quota System)는 결과의 평등을 높이기 위한 조합주의적 다문화정책에 해당한다.

급진적 다문화주의는 '차이에 대한 권리'를 인정하며, 소수집단의 문화적 권리와 결부되어 이해된다. 단순한 문화적 공존을 넘어 소수집단의 자결원칙(self-determination)에 의한 자치성 확보를 주창하기 때문에 소수집단의 공동체 건설을 적극 지지한다. 급진적 다문화정책은 연방제적 다문화에

〈표 10-1〉 다문화주의의 유형과 특성

유형	자유주의	조합주의	연방제	급진주의	분리 · 독립
성격	동화주의	다원주의	지역자치	문화적 독립	분리 · 독립
특성	• 특수성과 이질성 불인정 • 소수에 대한 특별 우대 없음 • 인종집단과 민족 존재 인정 • 비공식 부문에서 문화다양성 인정 • 공적 생활에서 주류사회의 관습과 문화, 언어 사용	• 소수민족 참여를 위한 재정적 · 법적 지원 • 소수집단의 문화 존중 • 불균형 해소를 위한 민권 운동 전개	• 소수민족의 지역적 자치 인정 • 다문화와 언어의 자율성 인정	• 주류사회의 문화와 언어, 규범 불인정 • 분리된 소수민족 집단 형성	• 소수집단의 분리와 독립 요구
다문화 정책	• 차별 금지 • 사회 참여 기회의 평등보장 • 차별 · 불평등구조 폐지	• 인종차별금지법 제정 • 참정권 인정 • 결과의 평등 강조	• 경제적 효율 추구 • 필요시 자치와 분리 가능	• 국가적 독립보다 문화적 독립 추구	• 국가적 · 문화적으로 완전한 분리 · 독립 추구

출처: 김경아(2008)를 일부 수정.

서 문화적 독립을 추구하는 입장, 그리고 국가의 분리 · 독립 입장까지 다양한 유형이 있을 수 있다. 연방제적 다문화주의는 소수집단을 지역적으로 구분해 자치권을 인정한다. 주요 결정에 대해 자결권을 인정하고 있는 연방제적 다문화는 캐나다와 스위스, 중국이 그 대표적 사례이지만, 퀘벡 주나 연해주의 경우 그동안 분쟁을 거치면서 문화적 독립까지 추구하고 있다. 중국의 입장에서 보면 대만이나 티벳이 비록 독립된 국가로 활동하고 있지만 공식적으로 이들의 독립을 인정하지 않음으로써 분리 · 독립적 다문화주의 시각으로 대응하고 있는 것이며, 아일랜드의 경우는 최근 북아일랜드의회의 독립으로 분리 · 독립 유형으로 볼 수 있다.

제 3 절 다문화정책 현황과 문제점

한국 사회 다문화정책의 현황을 살펴보기 위해서는 먼저 우리 사회에서 다문화정책이 하나의 정책 패러다임으로 존재하는가에 대한 문제 제기부터 필요하다. 하나의 정책 패러다임이 형성되기 위해서는 관련 집단들의 규모나 조직화, 상호작용의 수준, 이해관계와 정체성의 표현, 갈등의 정도 등이 일정 수준 이상 되어야 하지만, 다문화정책의 경우 최근 증폭되고 있는 관심에도 불구하고 본격적인 의제화의 수준에는 이르지 못하고 있다(심보선, 2007). 다문화에 대한 우리 사회의 인식이 특정 분야의 이해관계를 놓고 대립하는 상황에까지 이르고 있지는 않기 때문에 다문화정책과 관련한 정부의 역할도 이해관계를 조정하고 매개하기보다는 오히려 정책 영역을 주도하고 있는 실정이다. 일반 국민들의 다문화에 대한 인식은 교육을 통해 의식화되거나 가치관으로 정착되었기보다는 다분히 이주 여성이나 이주노동자에 대한 '일반적 선의의 표현' 수준에 머물러 있다(홍기원, 2007). 따라서 정부의 다문화정책도 앞에서 논의했던 다문화주의의 유형 중 우리 사회가 어느 유형으로 가야 하는지에 대한 사회적 합의 과정을 생략한 채 다문화가정을 새로운 취약계층으로 보고 이를 돕기 위한 복지 차원의 '온정주의적 다문화정책'을 펴고 있다.

그렇기 때문에 정부의 다문화정책은 여러 부처에서 관련 정책을 펴고 있지만 실질적으로는 보건복지부와 여성가족부에서 주도해 왔다. 다문화정책이 취약계층에 대한 복지정책이라는 점에서 보건복지부, 그리고 다문화가정이 가족문제라는 점에서 여성가족부의 정책 대상이 된다. 보건복지부는 다문화가정과 관련하여 국민건강보험의 비롯해 저소득층 진료, 임산부와 영유아 건강검진 등 모자보건정책과 국민기초생활보장을 비롯해 긴급복지나 자활근로 등 생활보장정책을 펴고 있다. 여성가족부는 가족상담과 가족프로그램, 보육료 지원 등을 통해 다문화정책에 관여하고 있다. 그러나 이러한 프로그램들은 부처에 따라 산발적으로 이루어지고 있는 만큼 그 성과가 제한적이다.

2006년 4월 12개의 관련 부처가 참여하여 발표된 '여성 결혼이민자 가족의 사회통합 · 지원대책'도 다문화사회를 수용하기 위한 정책으로는 미흡하다고 할 수밖에 없다. 여성 결혼이민자가 한국 사회 문화에 적응할 수 있도록 한글과 문화교육을 하고 경제적인 지원책을 마련하는 등 일방적인 동화정책의 테두리를 벗어나지 못하고 있기 때문이다. 결혼이민자에 대한 차별을 없애고 제도적인 기회 균등을 보장하는 자유주의적 접근만으로 다문화사회를 수용하고 사회통합을 이룰 수 있는 것은 아니기 때문이다. '빈부격차 차별시정위원회'의 틀 안에서 다문화가정에 대해 논의하는 것이나 이들을 지원 대상으로만 간주하는 것은 여전히 차별적 시각을 탈피하지 못하고 있는 것이라 할 수 있다(김세훈, 2006).

무엇보다 중요한 문제는 다문화정책이 우리 사회의 문화적 토대를 바꾸어 놓을 수 있는 문화정책의 대상이라는 점에서 문화관광부의 역할이 간과되고 있다는 것이다. 문화관광부에서는 2005년 외국인 노동자축제를 개최하고 10개 국어로 문화 가이드북을 만들어 한국 생활과 문화 적응을 돕고 있고 지방자치단체 차원에서도 한국 문화교육과 한글교육 등을 실시하고 있다. 그러나 다문화정책은 다문화가정을 대상으로 한국 문화에 대한 적응을 지원하기 위한 교육의 문제가 아니라 다문화사회에 대한 국민 전체를 대상으로 하는 교육이 되어야 한다. 즉 소수집단에 한정되는 교육의 문제가 아니라 국민 전체에 대한 새로운 문화교육, 나아가 국민 의식교육이 되어야 한다는 것이다.

다문화사회는 다문화가정에 한정되는 문제가 아니라 새로운 사회적 인식의 전환을 요구하는 문제이기 때문에 사회 구성원 모두에게 해당된다. 그렇기 때문에 다문화정책은 기존의 시각에서 소수집단 내지 취약계층을 대상으로 불만 요인을 제거하거나 시혜적인 복지정책을 펴는 것이 아니라 향후 우리 사회가 가야 할 비전과 방향을 수립하는 것이 되어야 한다. 우리 사회가 그동안 변화의 동인으로 삼아 왔던 민주화나 산업화를 대신하는 문화국가로의 전환을 위한 동인이라는 관점에서 다문화정책을 볼 필요가 있다. 그러므로 다문화정책은 국가의 패러다임 전환을 위한 새로운 어젠다로서의 논의가 필요하다.

제 4 절 다문화사회 문화정책의 방향

다문화사회는 인종의 문제가 아니라 문화의 문제이다. 다문화사회란 단순히 우리 주변에서 다른 인종의 외국인을 빈번하게 접할 수 있게 되었다고 해서 되는 것이 아니라 그들의 언어와 사고 등 생활 방식을 자연스럽게 인정하고 받아들일 수 있을 때 가능하다. 그 때문에 다문화사회는 문화적 수용성의 문제로 우리의 인식의 전환을 요구한다. 다문화사회로의 이행이 예상되는 만큼 이에 대비하는 문화정책의 방향 전환이 필요하다는 인식 하에 향후 우리 사회가 지향해야 할 문화정책의 방향을 살펴보기로 한다.

1 문화적 다양성의 존중

다문화사회는 필연적으로 문화다양성에 대한 논쟁을 통해 문화정책의 변화를 요구한다. 도시지역에서는 외국인 노동자가 증가하고 농촌지역에서는 결혼 이주여성들이 늘어나면서 그들과 함께 유입되는 다양한 문화로 인해 우리의 문화적 정체성이 새삼 도전받고 있다. 특히 이러한 문화적 차이에 대한 경험을 일상생활에서 직접 겪게 되고 가족 관계의 순혈주의가 깨어지면서 받게 되는 충격이 크다. 과거 우리가 몰랐던 다양한 인종적 관습과 언어가 우리의 일상생활에 스며들면서 문화적 다양성을 어디까지 어떻게 인정할 것인가가 문제로 대두된다.

문화산업의 영역에서는 시장 개방과 관련하여 스크린 쿼터제가 논란의 대상이 되었을 때 문화다양성을 인정해야 한다는 주장으로 맞섰던 적이 있다. 소수민족의 전통이나 유산의 보존, 그리고 국가 간 문화적 다양성에 대한 존중 등의 가치를 내세워 우리의 문화적 주권을 지키고자 하는 데는 별반 이의가 없었지만 국내에서 문화적 다양성을 인정하기란 쉽지 않다. 그 때문에 다문화사회로의 시대적 흐름을 인정하면서도 현실 속에서는 배타주의나 동화주의로 주류문화에의 적응을 요구해 왔다. 그러나 문화적 다양성을 인정하지 않고 일방적인 동화만을 강조할 경우 서구 이민국가의 사례에서 보듯이 심각한 사회갈등으로 인한 분열과 사회통합의 붕괴를 예측하기란 어렵지 않다.

기존의 다문화정책은 다문화의 핵심이라 할 수 있는 문화적 다양성과 통합 문제를 동시에 포섭하지 못하고 있는 실정이다. 그러므로 다문화가 문화적 융합과 변용을 통해 새로운 문화 창출의 동력으로 작용하기를 기대하기는 요원하다. 그것은 지금까지 다문화가정의 한국 사회 적응을 지원하거나 문화 향유 기회를 확대하는 데에만 정책적 초점을 맞추어 왔기 때문이다. 한국어교육과 문화교육을 통해 주류사회 적응을 지원하지만 정작 우리가 그들의 문화적 특성을 이해하고 다문화사회를 수용할 수 있는 기회를 만들거나 자국 문화를 보존할 수 있도록 지원하는 데는 인색해 왔다. 그러므로 우리 문화와의 교류나 소통을 통해 다양한 하위문화가 발전하기를 기대하기 어렵다.

다문화사회는 기본적으로 문화적 다양성을 전제하는 것으로 특정의 문화가 지배문화로 다른 문화를 열등화하는 것이 아니라 서로 다름을 인정하고 상호 의존해 나가는 것이다. 마르티니엘레(Marco Martinielle)가 말하듯이 다문화사회에서는 '다르게 평등하게 살기'가 필요하다. 그러므로 문화정책은 서로 다른 문화가 교류하고 소통할 수 있는 기회를 제공하고 다양한 문화가 융합하여 모자이크문화를 구성할 수 있도록 지원해야 한다.

2 문화적 기본권의 확대

문화적 다양성을 확보하기 위해서는 소수민족의 문화적 다양성을 보호하고 존중하는 차원에서 한 걸음 더 나아가 우리 사회 내부의 문화적 기본권에 대한 논의로 확장해 갈 필요가 있다(김세훈, 2006). 유네스코가 제정한 문화적 다양성 선언에 의하면 "문화적 다양성에 대한 방어는 인간 존엄성의 존중인 동시에 인류가 수행해야 할 윤리적 의무"이며, "문화권은 보편적이고 분리할 수 없으며, 상호의존적인 인권의 절대 구성 요소"라고 명시하고 있다. 나아가 모든 인간은 자신이 선택한 언어로 자신의 작품을 창조할 수 있는 자유를 누릴 수 있어야 하고 문화적 다양성을 존중하는 교육과 훈련을 받을 권리가 있으며, 자신의 선택에 따라 문화적 생활에 참여하고 문화활동을 영위할 수 있어야 한다는 것을 천명하고 있다.

'문화적으로 다를 수 있는 권리'를 인정하는 것은 문화적 기본권을 인정하는 것이고, 이것은 정치·경제·사회에 한정되어 있던 기본권의 범주를 문화로 확장하는 것을 의미한다. 문화적 다양성을 인정하여 다문화가 주류문화와 소통하며 상호 발전하기 위해서는 외국 문화뿐 아니라 소득이나 계층, 성별, 지역, 종교, 장애 유무 등에 따라 다양하게 나타나는 문화적 취향이나 삶의 태도에 대해서도 포용하고 이해할 수 있는 시민사회적 토대가 뒷받침되어야 한다. 그런 의미에서 다문화사회의 문화정책은 단순한 문화정책이 아니라 인권정책이기도 하다.

특히 문제가 되고 있는 다문화가정의 여성 결혼이민자는 사회적 약자이며 소수자로서 이중적인 굴레를 지고 있다. 즉 자민족중심주의가 강한 우리 사회에서 외국인이며, 가부장제적 가치관이 지배적인 농촌 가정에서 여성이며 며느리라는 위치에 놓여 있음으로써 사회적 계급이론에서 주변부적인 위치에 머물러 있다. 그러므로 우리 사회에서 다문화사회에 대한 문제는 여성주의적 시각에서의 접근이 필요하지만, 그러한 여성주의적 시각이 가정의 안정성 유지라는 관점에만 매몰되어서는 안 된다. 그간에 여성주의가 양성 평등과 비폭력, 인권 등의 보편적 가치를 지향해 왔던 연장선상에서 결혼이민자 가정에 대한 접근이 필요하다.

문화적 기본권은 다문화가정을 포함한 다양한 문화적으로 다른 집단이나 계층이 문화적 차이 때문에 차별받지 않도록 제도적 평등이 보장되어야 한다는 것을 의미한다. 제도적 평등은 주류집단과 동등한 수준의 제도적 조건을 전제하는 것으로 좀 더 구체적으로는 직업 선택이나 사회 참여에서 차별받지 않아야 한다는 의미이다.

[그림 10-1]은 문화적 관점에서 다문화집단이 어떻게 기여할 수 있는가를 보여 준다. 다문화집단이 소수집단이나 취약계층으로서 배려되어야 할 정책 대상이 아니라 문화적 다름을 통해 좀 더 적극적으로 다문화사회에 어떻게 기여하게 할 수 있을 것인가를 고민해야 한다. 다문화집단의 직업능력 신장을 통해 문화 분야 일자리를 창출하고 사회 참여를 통해 문화적 매개자 및 다문화 시민으로서 기능하게 함으로써 경제활성화와 문화적 콘텐츠, 인력 풀을 확대하고 사회통합을 촉진하여 궁극적으로 다문화사회 발전에 기여할 수 있다. 다문화집단이 취약계층으로서 보호의 대상이 아니라 문화적 다름을 인정받고 그 문화적 다름을 활용해 사회 구성원으로서 경제·사회적으로 제 역할을 할 수 있게 해 주는 것이 다문화정책의 방향이 되어야 한다.

[그림 10-1] 다문화사회 구축을 위한 다문화집단의 역할모형

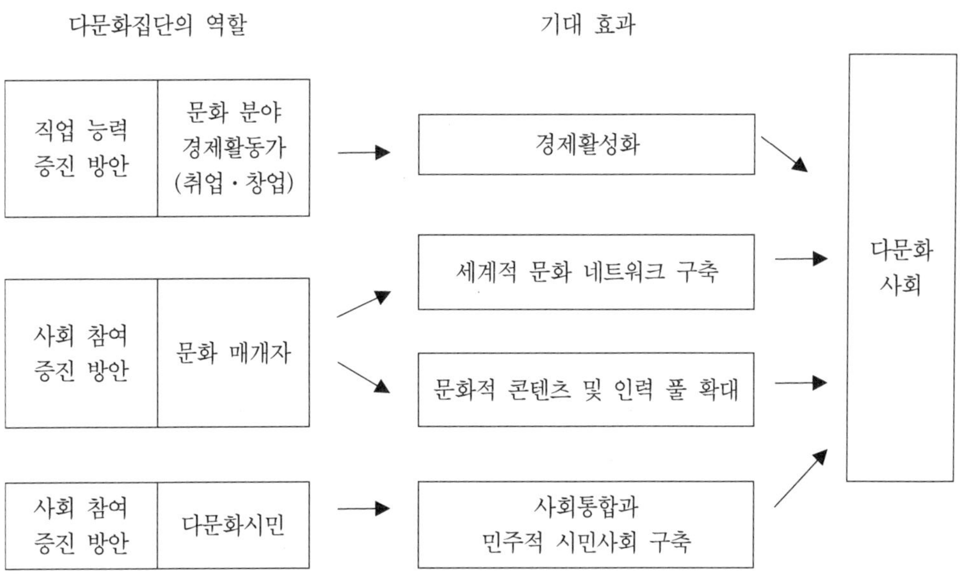

3 국가적 의제화

지난 반세기 동안 한국 사회는 근대화를 통한 경제 성장과 서구적 민주주의의 실현이라는 두 가지 패러다임이 서로 경쟁하고 때로는 충돌하면서 사회 변화를 주도해 왔다. 경제 성장과 민주주의는 우선순위가 분명하지 않은 만큼 동시에 잡아야 하는 두 마리의 토끼처럼 달성이 불가능한 것처럼 보이기도 했지만, 한국 사회는 세계 유례가 없을 정도로 짧은 기간에 두 마리 토끼를 잡는 눈부신 성과를 거두었다. 그러나 그동안 한국 사회의 변화를 주도해 오던 경제 성장과 민주화의 두 패러다임이 점차 그 동력을 소진함에 따라 지속적인 사회 발전을 위한 새로운 패러다임이 요구되고 있다(홍기원, 2007).

선진국 진입을 눈앞에 두고 있는 한국 사회로서는 이제 그 시야를 밖으로 돌려 세계 속의 한국으로 자리매김해 나가야 한다. 세계 속의 한국으로 자리매김하기 위해서는 경제 성장만으로는 이룰 수 없는 국가적인 품격이 필요하고, 그 품격은 문화적인 성숙이 뒷받침되어야 한다. 성숙한 문화는 세계인이 공감할 수 있는 보편주의적 가치에 기반해야 하며, 세계적인 보편성을 획득하기 위해서는 다른 문화와의 교류와 협력, 공존과 융합이 필수적이다. 다른 문화를 받아들여 정체된 기존의 문화를 자극하는 동시에 용광로(melting-pot)에서 녹여내어 끊임없이 새로운 한국 문화를 창출해내는 과정에서 21세기 한국 사회의 변화를 주도할 수 있는 동력을 얻을 수 있다. 그런 점에서 세계화 흐름을 타고 유입되는 다문화에 대한 접근 방식은 국가적인 비전의 문제이기도 하다.

문화적 세계화를 위해서는 편견과 차별 없이 다른 나라의 문화를 인정하는 것이 필요하다. 그런 의미에서 다문화사회는 외국인 노동자나 다문화가정의 문제에 머무르지 않고 다문화사회에서 살아가야 하는 우리 자신의 인식과 태도의 문제라 할 수 있다. 다문화사회에 대한 적응은 다문화에 관계된 소수집단의 문제가 아니라 전 국민과 관계된 문제이다. 변화하는 사회에 적응하기 위해 국민으로서 갖추어야 할 능력으로서 요구되는 것이다. 문화정책으로서 다문화정책은 단순히 문화예술만을 다루는 협의의 문화정책이 아니라 전 국민의 일상이나 의식구조와 관련된 국가적 어젠다로서 문화정책이 되어야 한다. 국가적 어젠다로서 문화정책은 중앙정부만이 아니라 다문화사회의 현장에 좀 더 가까이 있는 지방정부와 민간까지 포괄하는 광범위한 정책 형성과 실천이 요구된다.

이제 우리 앞에 놓인 다문화는 우리의 선택에 따라 우리 사회를 불안과 혼돈으로 빠뜨릴 수도 있고 새로운 사회 변화와 통합의 동력으로 작용할 수도 있다. 이제 우리의 문화정책도 우리 사회의 다문화적 추세에 대한 이해를 바탕으로 다문화를 우리 사회에 포용하고 활용할 수 있는 새로운 접근이 필요하다.

Chapter 11

외국 문화행정과 그 시사점

제 1 절 외국의 문화행정

1 프랑스

1) 문화행정의 발달 과정

프랑스는 제5공화국 이전까지는 절대군주제 하에서 국가가 문화예술의 보호자이면서 통제자로서의 역할을 담당해 왔다. 5공화국 이후에도 문화를 국민교육의 중요한 기제로 인식하여 국가는 문화 영역을 규제하고 관련 제도와 조직을 통해 관리해 왔다. 따라서 프랑스에서 문화는 국가의 주요한 정책의제이며 행정의 주요 대상으로 간주되어 왔다.

프랑스혁명 이후 프랑스의 문화행정에는 세 가지 흐름이 교차해 왔는데, 그것은 군주제적 노선과 자유주의적 노선, 민주적 노선이다. 군주제적 노선은 혁명 이후 프랑스 현대 문화행정에 보호자적 입장 속에서 세습적・중앙집권적 경향을 남겼다. 자유주의적 노선은 계몽주의의 산물로서 문화예술인과 그 작품을 대상으로 검열과 제약을 철폐하는 시장 원리를 중시하지만 창작과 창조성을 지원하기 위한 일부 공권력의 필요성도 인정한다. 민주적 노선은 모든 문화행정의 중심에 사회와의 관계를 위치시킨다. 이 세 가지 흐름은 프랑스 문화행정에 병존하지만 장기적으로 지배적 담론을 구성해 온 것이 민주적 노선이었다면, 문화예술가들은 자유주의적 노선을, 그리고 국가는 군주제적 노선을 선호해 왔다고 할 수 있다.

본격적인 문화행정은 1959년 여러 부처에서 수행되던 문화행정 업무를 독립 부처에서 담당하기 위해 문화부(Ministére de la Culture)가 신설되면서 활성화되었다. 초대 문화부 장관으로 앙드레 말로(Andre Malraux)가 취임하여 이후 10년 동안 문화부의 목적을 민주화, 보급, 창작에 두는 예술과 문화에 대한 국가정책을 탄생시켰다. 이후 프랑스 문화정책의 중요한 이념이 되었던 문화민주화에 의해 국민 누구나가 문화예술을 향유할 수 있도록 함으로써 국민적 자긍심과 사회적 연대를 위한 국민 통합의 원천이 되어 왔다.

말로 장관은 문화정책의 영역을 고전음악과 문화, 공연예술, 조형예술, 건축, 영화 등 소위 엘리트예술에 한정했다. 문화정책의 목표를 전문예술인 교육과 문화재 보호, 문화산업 시장 규제, 문화 교류, 예술 진흥 등으로 설정하고 프랑스 문화의 질을 높이고자 정책개입을 시도했다. 이에 따라 중장기적인 문화시설계획을 수립했으며, 문화 관계 업무 예산을 사회경제적 현대화계획에 반영하는 등 적극적으로 창작활동을 지원했다. 이러한 창작활동의 구심점 역할을 위해 지역별로 '문화의 집'을 설치하고, 음악에 대한 재정 지원과 분권화 조치, 그리고 실질적인 문화재 보호정책 등을 실시했다.[1]

1971~73년에는 자크 뒤아멜(Jaques Duhamel)이 자유주의적이고 다원적인 행정 이념에 기반하여 학제적이고 부처 통합적인 문화발전정책을 펼쳤다. 특히 제6차 개발계획을 통해 문화 향유계층을 확대하는 사업에 주력했다. 이러한 전통은 1980년까지 계속되어 지속적인 발전이 추진되었다.

1980년 이전까지는 주로 문화유산과 예술창작 진흥 및 지역 확산에 초점

1) 이후 문화의 집은 문화활동센터와 문화발전센터 등으로 대체되어 설치되었으나 여전히 '국민무대(Scénes nationales)' 형태의 지역 단위 공동문화시설로 발전되고 있다.

을 두었으나 이후 일상생활 속에서의 문화적 표현과 영상산업과 같은 문화산업 및 문화적 정체성 확립 등의 영역으로 지원 영역이 확대되었다. 특히 1981~93년 자크 랭(Jack Lang)의 재임 기간 동안 문화예산이 확대되면서 문화행정의 영역 확대와 문화의 분권화가 적극 추진되었다. 먼저 문화 영역은 고급예술에서 대중음악이나 재즈, 만화, 서커스, 패션, 요리까지 확대됨으로써 문화 영역의 장벽이 철폐되어 개방적 자세로 전환되었다(박혁준, 2006: 2). 이와 같은 변화는 비교적 대중문화에 익숙한 청소년층을 문화의 영역으로 끌어들이기 위한 조치라 할 것이다. 이에 따라 영화, 음악, 문화재관리 등 장르별로 예술인을 양성하는 교육기관이 창설되고, 학교의 예능교육이 강화되었으며, 문화향유층을 청소년까지 확대했다.

1983년에는 '데페르 법(Loi Defferre)'이 제정되어 문화예술과 관련한 중앙정부의 예산과 다양한 문화시설들을 지방자치단체로 이양했다. 파리와 다른 지역 간 문화 보급의 격차를 줄이기 위해 문화부와 자치단체 간 문화발전협약(Les conventions de développement culturel)을 체결해 자치단체가 자체 지역문화정책이나 프로그램을 계획하여 시행할 수 있도록 매년 5억 프랑을 지원했다.[2] 국가의 지원 하에 지역 프로젝트를 촉진할 수 있도록 함으로써 지역문화를 통해 문화적 다양성을 확보하고 지역민의 문화접근성을 높이는 노력을 했다. 당시 문화장관이던 랭은 "선거로 당선된 공직자들은 자신의 선거구를 위한 문화정책을 주도할 책임을 지며, 문화는 특정 지역의 전유물이 아니라 모든 국민들이 문화생활을 향유할 수 있는 향유권을 갖는다"고 선언할 만큼 문화의 지방분권화를 추진했다(김희영, 1993: 9).

이후 1990년대와 2000년을 거치면서 지방분권화헌장(Charte de la décentralisation), 문화적 지방분권화 의정서(Protocole de décentralisation culturelle), 문화협력 공공기관(Etablissement public de coopération culturelle) 등을 제정하고 설립하여 중앙정부와 지방정부 간 역할 분담과 문화계획에 관련된 예산 집행권, 문화기관들의 관리 등이 이루어짐으로써

2) 예를 들어 피카르디도와 국가 간의 문화헌장-예술작품구매기금을 창설하여 구매기금의 일부는 이 지역예술가나 이 지역에서 발상을 얻은 작품 구매에 사용했다.

문화분권화 정책이 지속적으로 추진되고 있다(임문영, 2004: 163).

프랑스 문화행정은 문화부에서 '문화통신부(Ministére de la Culture et de la Communication)'로 바뀌어 정부 대변과 문서 보관, 영화, 영상에서 정보 및 커뮤니케이션까지 포함해 영역을 확대해 왔지만 최근 다시 기능을 축소하려는 움직임이 제기되고 있다. 그동안 프랑스에서 정부 지원의 주 근거로 삼아왔던 '문화민주화' 목표가 사실상 성과를 거두지 못했고 지역 간 문화 격차도 해소되지 않고 있다는 반성이 제기되는데 따른 것이다. 그러한 실패 이유로는 대중의 접근성이 높은 학교나 매스미디어를 활용하지 않았고, 관객을 확대하기보다는 공급만 증가시킨 때문이라는 것이었다(문시연, 2009: 283-306). 문화예술이 엘리트 전유물로 여겨지면서 오히려 일반 대중의 사회적 소외감을 강화시키고 무관심을 유발했다는 비판이 제기되었다. 이에 따라 대중적 접근성이 높은 텔레비전과 같은 대중매체를 문화 확산 도구로 활용할 필요성을 인정하고, 다른 한편으로는 문화예술의 산업화 추진 필요성을 수용하는 정책 변화가 문화통신부를 통해 반영되었다.

프랑스는 문화정책의 대상과 범위 면에서 가장 포괄적이며 가정 적극적으로 문화행정을 펼쳐 온 국가로 인식되고 있다. 최근 문화산업으로 그 영역을 확대하고 있지만 여전히 문화예술의 진흥과 그러한 문화의 향유권 확대를 통해 문화민주화를 추구하는 정책을 견지해 오고 있다.

2) 문화행정 조직

'문화정책은 프랑스의 발명품'이라고 한 장 미셸 지앙(Jean-Michel Djian)의 말처럼 프랑스 문화정책의 구심점 역할을 해 온 것은 문화부이다. 프랑스의 문화부는 문화예술을 총괄하는 중앙행정 체제로 그간 문화통신부로 명칭이 변경되고 관장 영역을 두고 다소 변화를 겪기도 했지만, 문화통신부로의 변경을 통해 영상과 전자통신 등 테크놀로지 예술의 보급과 발전을 포괄하며 현재 1만 6천 명의 직원이 일하는 방대한 조직으로 발전했다.[3]

3) 그동안의 문화정책이 문화행정의 확장과 공급 위주의 정책으로 문화민주화에 실패하고 파리와 지역 간 문화 격차 해소에도 실패했다는 비판에 직면하면서 2007년부터 사르코지 대통령에 의해 공공정책 개혁작업이 진행되면서 예산을 대폭 삭감하고 문화통신부를 교

장관 직속기구로서 장관비서국과 총무행정감독실, 방호책임관, 부처간 도시화 및 건축조정협력단, 불어권 총괄부가 있다. 그리고 장관 직속의 정보 및 커뮤니케이션 담당과 국제업무 담당이 있다. 정보 및 커뮤니케이션 담당은 커뮤니케이션정책과 문화부 업무 전체의 정책을 규정하고 기획하며 문화정책의 홍보 업무를 수행한다. 국제업무 담당은 문화부의 국제 업무와 문화 교류 업무를 담당하며, 불어권 국가나 유럽 대륙국가와의 협력 강화를 통해 문화유럽 건설을 지원한다. 그 외에 중앙행정 부서로는 공연예술국과 고문서국, 박물관국, 문화재관리국, 교육개발국, 시각예술국, 미디어개발국, 지방문화진흥국, 건축·건물국이 있고, 산하에 국립영화센터가 있다. 특히 공연과 시각예술로 나뉘어 있는 예술국은 예술창작 활동을 지원하는 기구로서 미술교육과 창작 지원 및 홍보, 작품 구입 등을 통해 미래의 문화유산을 형성한다. 또한 건축·건물국은 건설환경부에 소속되었다가 문화부로 이관되었는데, 프랑스 건축의 예술성과 창작성을 높이기 위한 정책을 구상하고 시행한다.

문화통신부 이외에 프랑스는 국제적 문화 교류를 위해 민간단체인 알리앙스 프랑세즈(Alliance Française: AF)를 두어 실질적 문화 교류의 역할을 맡기고 있다. 현재 AF는 프랑스 문화의 확산과 불어교육을 위해 세계 138개국에 사무실을 운영하고 있다. 불어교육 이외에도 출판물과 도서관 기능 등의 사업을 수행하며, 이를 통해 상대 국가의 불어 교육과 사회과학 및 인문 연구활동 등을 펼치고 있다.

다음으로 프랑스예술협회(I'Association Française d'Action Artistique: AFAA)가 있다. 예술협회는 국제 문화 교류 역할을 수행하기 위해 외무부 산하 독립기구로서 1922년 설립되어 프랑스 문화의 증진과 창조적 문화예술활동을 지원하며 국제문화 협력을 개발하고 문화예술가 초빙 및 정보와

육부와 통합하려고 시도했다. 공공조직개혁의 일환으로 범정부적인 개혁이라는 이름으로 문화통신부 장관 산하에 문화정책 기획과 예산을 총괄하는 사무처가 신설되고 문화유산부, 보급·창작부, 문화경제 및 미디어개발부로 조직을 축소하고 지역문화진흥국의 예산을 삭감하는 것을 논의하고 있다.

[그림 11-1] 프랑스의 문화통신부 조직

자문 역할을 한다.

프랑스의 문화행정조직은 중앙집권적이지만 최근 공공문화 서비스 조직을 민영화해 나감으로써 자율적 경영을 보장하고 있다. 코메디 프랑세즈 극단이나 오페라 드 파리, 퐁피두센터 등은 공기업 형태로 운영되고, 연구소나 고등교육기관 등은 공공조직으로서 자율성을 보장하고 있다. 문화정책의 결정 과정이나 추진 과정에 분야별로 다양한 위원회를 두어 자문을 받는다.

프랑스는 사회주의 정권 하에 민중교육에서 시작해 대규모 신도시가 개발되면서 새도시 지역 주민 간의 유대감 형성과 주민의 자부심을 키우기 위한 필요에서 1961~73년 사회문화적 촉매활동이 시작되었다. 문화의 집 개설계획이 문화활동센터나 문화개발센터로 변형되면서 지방분권화와 함께 도시문화정책의 기틀을 마련하고, 문화자치를 위해 정부간 관계가 중시되면서 문화사업 지역문화진흥국(Directions regionales des Affairs culturelles)이 설치되어 문화정책은 국가와 도시정부 간 합작으로 발전해 왔다.

지역문화행정은 주로 지역문화진흥국을 중심으로 교육, 관광, 청소년, 사회문화적 활동과 함께 이루어져 왔다. 지역 차원에서 문화정책에 관심을 갖게 된 것은 지역경제를 살리고 지역의 명성을 높이는 홍보전략의 일환으로 관광정책과 연계해 지방의 문화유산과 문화적 생산물을 개발하기 위한 것이었다. 예술인의 전문직업화 경향이 나타나면서 그 영향력이 커지고 문화산업이 확대됨에 따라 지역 차원에서도 자연스럽게 문화정책의 비중이 높아지고 있다.

2 영 국

1) 문화행정의 발달

영국의 문화정책은 전통적으로 불개입을 원칙으로 삼아 문화예술에 대한 지원을 비롯한 국가 개입을 최소화해 왔다. 따라서 영국의 문화정책을 살펴보면 그 범위와 개념을 대단히 포괄적으로 보아 예술만을 대상으로 하는 것이 아니라 생활로서의 문화 전체를 포괄하는 것으로 이해할 필요가 있다.

영국의 경우 어느 나라보다 풍부한 문화예술적 유산을 가지고 있지만 문화예술에 대한 지원은 다른 유럽 대륙과 마찬가지로 왕족이나 교회의 자발적 지원에 한정되었으며, 특히 전통적인 자유방임주의 사상이 강했기 때문에 정부 차원의 지원은 19세기까지 거의 없었다. 1824년 국립미술관 건립 당시 처음으로 국가 지원이 있었고, 1840년부터 지방정부의 예술 지원이 가능해졌으나 실제적인 공연예술에 대한 지원은 20세기 들어 버밍엄 시의 시향(市響) 설립에 대한 지원에서 시작되었다.

1946년 '영국예술진흥원(Arts Council of Great Britain)'이 설립되어 체계적 지원이 이루어지게 되었다. 이러한 위원회는 조형예술에 대한 지식과 이해 증진 및 발전, 일반인의 접근성 확대, 조형예술의 질 향상, 관련 조직과의 협력 등을 목적으로 설립되었다. 1967년에는 설립 목적이 다소 변경되어 예술의 지식, 이해, 실천 증진 방안, 전 국민의 접근성 확보, 중앙과 지방 관련 조직들 간의 협력 증진 등을 제시하며 조형예술에서 전체 예술 영역으로 관심 영역을 확대했다.

1970년대 들어 국민들로 하여금 문화유산을 향유하게 함으로써 교화 효과를 거둘 수 있다는 주장이 제기되면서 문화정책이 관심을 끌게 되었다(한국문화정책개발원, 1999). 그동안 경제적인 이유로 다수 대중이 문화적으로 교화되지 못했다는 반성과 함께 문화민주주의에 대한 논의가 제기되면서 다양한 정책들이 구체화되기 시작했다. 먼저 국민들에게 문화예술의 향유 기회를 제공하기 위해 문화시설을 확충하고 예술인들을 지원했다. 특히 문화예술을 국민의 기본적인 권리로 보아 지역 간 문화예술 격차 해소와 접근성 제고에 초점을 두었다. 이를 위해 지역별로 아트센터를 건립하는 등 문화시설을 확충하고 순회공연제도와 입장료 가격 인하, 문화예술 교육 등이 정부 주도로 실시되었다.

그러나 1980년 대처(Margaret Thatcher) 정부가 등장하면서 IMF 금융위기 극복을 위한 경제적인 어려움 속에 행정 이념으로 능률성을 표방하면서 정부의 예술에 대한 정부 지원금은 대폭 축소되었다. 문화민주주의 정책이 쇠퇴하고 예술시장에도 시장 논리가 도입되었다. 예술경영 논리가 강조되면서 문화예술이 지역 개발에 미치는 영향이나 관광 진흥의 부가적 가치 등에 대한 관심이 제고되어 정부 대신 기업들의 지원이 시작되었다. 기업은 예술 지원을 통해 기업의 홍보 효과를 높이고 예술은 기업의 지원을 받되 광고 수단으로 이용되었다. 정부에서도 기업의 문화예술 지원에 대해서는 공적 자금을 매칭하는 방식으로 적극적인 장려를 하고 있다.

1990년 들어 영국 문화정책은 행정적으로 중대한 변화의 계기를 맞게 된다. 1992년 '문화유산부(Department of National Heritage)'가 설립되면서 비로소 부처 단위의 행정조직에서 문화예술 행정을 전담하게 되었다. 교육과학부 산하의 '예술도서관청(Office of Arts and Libraries)'에서 담당하던 예술행정 업무를 비롯해 환경부의 문화유산 업무, 내무부의 방송, 통상부의 영상산업 등을 이관받았다. 그러나 문화유산부는 유적지나 기념사적지, 왕

〈표 11-1〉 영국 문화미디어체육부의 업무 영역

알코올 및 오락	건축 및 디자인	예술	방송
공동 주체 및 지방정부	창조산업(광고, 디자인, 패션, 영화, 음악, 예술시장)	문화재	교육 및 사회정책
도박 및 경마	정부 예술품 수집	역사 유물	서훈
인도주의 원조	도서관	박물관 및 미술관	국민 복권
스포츠	관광	올림픽 및 국제 스포츠 행사	-

실 등을 중심으로 운영되어 문화행정은 문화유산 관리 차원을 벗어나지 못했다.

1997년 블레어(Tony Blair) 수상 하에서 '문화미디어체육부(Department for Culture, Media and Sport: DCMS)'로 개편되어 기존의 문화유산 업무에 음악산업과 뉴미디어 시대의 창작 업무를 추가함으로써 문화산업과 문화예술 진흥을 위한 국가정책을 실시하게 되었다. 문화미디어체육부의 출현은 1990년 이후 각종 뉴미디어의 등장으로 미디어산업이 급변하고 있고, 이러한 미디어산업이 해외시장에서 차지하는 비율이 높아지고 있는 데 따른 것이다. 2005년에는 패션 디자인, 광고, 예술시장에 대한 관리 업무를 통상산업부(Department of Trade & Industry)로부터 인수받아 그 영역이 더욱 확대되었다. 이로써 영국의 문화미디어체육부는 선진국의 문화부 중에서도 가장 광범위한 영역을 관장하는 셈이 되었고, 이는 영국이 문화정책의 영역을 가장 광의적으로 해석하고 있음을 시사한다(서헌제 · 정병윤, 2006: 130).

문화미디어체육부의 목적은 모든 국민에게 문화와 스포츠활동을 통해 삶의 질을 높이고 창조산업을 발전시키는 데 있다. 이를 통해 정부의 업무와 국민생활에 활력을 불어넣고 더 많은 사람에게 양질의 창작품을 이용하도록 하며, 미래를 위한 직업을 창출하고자 노력하고 있다.[4)]

4) 문화미디어체육부가 2005년 재무부와의 맺은 공공서비스협약은 모든 업무 분장에 대한 우수성의 제고와 접근성 증진을 목표로 삼고 이를 위한 네 가지 발전전략을 제시하고 있

문화미디어체육부는 2007년에서 2011년까지 예술진흥원의 예산을 4억 1천 7백만 파운드(7,800억 원)에서 4억 6천 7백만 파운드(8,700억 원)로 약 12% 증액함으로써 향후 영국 문화예술에 대한 지원 강화정책을 발표했다. 문화미디어체육부 장관 제임스 페널(James Penell)은 "예술과 문화는 중요하다. 이는 삶의 중요한 부분이고 국가의 정체성이기도 하다. 문화, 예술, 스포츠는 정부가 모든 이에게 기회를 제공하고 재능을 개발시키고자 하는 임무의 중심에 놓여 있다"고 함으로써 예산 증액 배경을 설명하고 있다. 초기 문화의 불개입 원칙에서 출발했지만 지금은 문화의 영역을 포괄적으로 해석하고 창조산업을 통해 국가의 경쟁력을 강화하는 한편 국민의 문화향유권을 보장하는 데 주력하고 있다.

2) 문화행정 조직

영국의 문화정책을 담당하는 행정조직은 주로 '문화미디어체육부(DCMS)'와 각 지방자치단체이다. 문화미디어체육부는 문화 유산, 방송, 미디어, 예술, 스포츠, 국민 복권, 도서관, 박물관, 갤러리 분야의 정책 네트워크를 통해 운영되며, 네트워크센터 역할을 한다. 문화미디어체육부는 주로 정책 영역과 정책 목표를 달성하기 위한 지원 역할을 수행하고, 집행 기능은 왕궁관리청 등 45개 소속기관 및 산하단체(Non-departmental public body 40개, public corporations, 5개)에서 수행한다.

문화미디어체육부의 주요 정책적 목표는 문화예술에 대해 소수가 아닌 다수를 위한 접근성을 확대하고 우수성과 혁신을 추구하며, 교육적 기회를 제공하고, 고용과 부(富)를 창출하는 창작산업 육성에 두고 있다. 특히 최근 예술・건축・창조산업단(Arts, Buildings & Creative Industries Groups) 산하에 창조산업국(creative industries)을 신설한 것은 문화산업을 비롯해 예술과 고미술, 건축, 공예, 디자인, 음악, 공연예술, 광고 등 포괄적 영역에

다. 첫째, 어린이들의 재능 개발과 문화 향유를 위한 더 높은 수준의 문화와 스포츠 접근, 둘째, 개인의 삶의 질 풍요, 커뮤니티 강화, 사는 장소의 발전을 위한 문화스포츠 확대, 셋째, 관광, 창조, 레저산업의 경제 기여 확대, 넷째, 문화 및 스포츠 분야의 개인 및 사회의 필요 충족을 위한 자유방임주의 등이다(장정숙 외, 2006: 57).

걸쳐 고용 창출과 경제 발전을 촉진하기 위한 것으로 보인다. 2005년에는 패션디자인과 예술 디자인의 발전을 촉진하기 위해 중요 정책 대상으로 추가하는 조치가 행해졌다.

이러한 문화예술 분야의 경제적 가치 증진을 극대화하고 이를 범정부적으로 지원하기 위해서 총리실 산하에 부처 간 '범창조산업특별기구(Inter-Departmental Creative Taskforce)'까지 설치했다. 범창조산업특별기구는 부처 간 문화예술산업에 대한 자문기구로서 정부부처 간의 다른 활동에 협력하고 창조적 산업 분야의 복지와 고용 기회를 최대한 창출하며 협력적 활동의 증진을 목표로 삼고 있다.

문화미디어체육부의 조직은 단순하여 문화예술 관련 업무는 산하기관을 제외하고는 예술 · 건축 · 창작산업단과 도서관 · 미술관 · 박물관단(Libraries, Galleries & Museum Groups)에서 담당하는 것으로 구성되어 있다.

문화예술 분야의 재정은 문화미디어체육부의 공식적인 예산 이외에 국민복권에서 약 2백만 파운드 정도가 문화예술 지원에 사용되고 있다. 문화미디어체육부는 예산의 상당 부분을 산하 45개 단체에 배분하여 정책 목표 달성을 추구하면서도 지원하되 간섭하지 않는다는 '팔길이 원칙(arm's length principle)'을 따른다. 영국은 1945년 '예술진흥원(Arts Council)' 창설 당시부터 예술을 정치와 관료로부터 거리를 두기 위해 '팔길이 원칙'을 채택하고 있다. 이것은 영국 문화정책의 근간을 이루는 원칙으로 정부가 문화예술의 진흥을 위해 재정적으로 지원하지만 창작의 자율성을 침해해서는 안 된다는 문화행정의 기본 원리를 표명한 것이다.

영국에서는 공식적인 정부 지원 이외에 민간기업들이 예술활동을 지원하도록 하기 위해 1984년부터 '민관공동예술지원제도(Pairing Scheme for the Arts)'를 도입하여 기업예술지원협회(Association for Business Sponsorship of the Arts)의 운영을 돕고 있다. 이 제도는 일종의 기업 메세나로서 기업과 정부가 협력 체계를 구축해 예술을 지원하는 시스템을 형성해 왔다.

창작예술에 대한 재정 지원은 문화미디어체육부가 직접 지원하기보다는 주로 예술진흥원을 통해 이루어진다. 예술진흥원은 중앙정부의 공공기금과 국립복권기금을 지원받아 예술단체에 분배하는 업무를 통해 예술 육성을 책임진다. 이 기관의 공식 목표는 첫째, 예술에 대한 지식과 이해를 발전 및 향상시키고, 둘째, 대중의 예술에 대한 접근성을 증진하며, 셋째, 정부와 지방자치단체, 웨일스예술진흥원, 스코틀랜드예술진흥원, 북아일랜드예술진흥원 등과의 협조 및 조력에 있다.

이러한 예술진흥원 이외에 지역 단위에는 영국 전역에 걸쳐 10개의 '지역예술위원회(Regional Arts Boards)'가 설치되어 있으며, 문예진흥기금의 약 30%를 배분받고 있다. 지역예술위원회는 지역민의 예술 접근성을 높이기 위해 지역예술 활동과 예술가들을 지원하고 복권기금의 사용에 대해서도 조언하며, 사업의 효율적 관리를 위해 '예술경영계획'을 수립한다. 지역별로 다소 운영 방식에 차이는 있지만 위원의 1/3 정도는 자치단체에서 임명하여 자치단체의 지역문화정책과 긴밀한 관계 속에 운영된다. 지역예술위원회는 지방자치단체가 지역 문화예술의 발전을 위해 일정 역할을 할 수 있도록 고무하고, 각종 예술 프로그램 개발을 독려하며 예술을 활용한 지역 발전 접근법을 자문한다.

영국의 문화정책은 문화미디어체육부 이외에도 중앙부처 차원에서 환경교통지역부와 교육고용부, 외무부 등에서도 문화와 관련한 정책을 부분적으로 담당하고 있다.

국제 문화 교류를 위해서는 외교부 산하에 비영리 민간단체인 '영국문화원(British Council)'을 두고 있다. 현재 200여 개의 해외 대사관과 109개 국가에 사무실을 두고 영국의 문화와 교육 서비스를 제공하고 있다. 교육, 영어, 예술, 과학, 정보 제공 및 거버넌스, 인권 등의 프로그램을 통해 영국 교육과 문화의 명성을 강화하고 있으며, 각종 문화예술 프로그램의 해외 개최를 지원한다.

영국문화원이 해외 문화 교류에 주력하는 반면에 '국제예술교류지원센터(Visiting Arts)'는 국내 유입되는 문화 교류를 책임지고 이를 위한 해외 연결망을 개발하여 영국 문화에 대한 인식 제고와 적극적 문화 교류 활성화를 위해 노력한다. 국제예술교류지원센터는 '예술을 통한 문화적 교류'를 설립 목적으로 삼고 세계 각국의 국제 문화예술가들을 초청하여 훈련, 체류 및 공연 등을 지원하고, 외국의 우수한 작품과 연계된 공동 연구를 장려한다.

[그림 11-2] 영국의 문화미디어체육부 조직

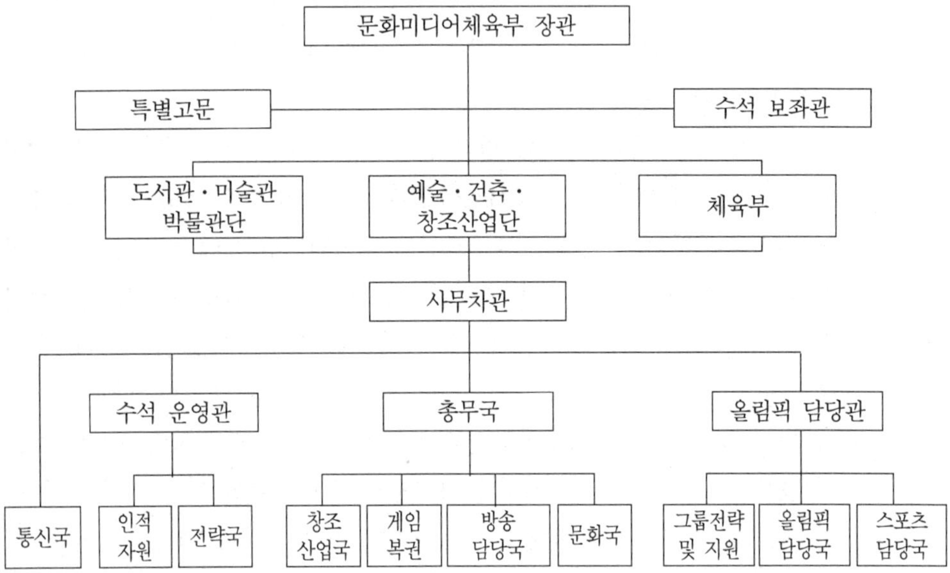

문화예술 교류를 위해 상담, 자문, 출판, 정보 제공, 연수, 보조금 지원 등을 수행하는 일종의 민간 교육단체이며, 예술위원회와 문화미디어체육부의 지원을 받아 운영된다.

지역문화는 오랜 전통에 기반하여 자생해 왔고, 이에 따라 독자성도 강하다. 그러나 지방정부의 재정자립도가 취약하여 중앙정부의 예산과 보조금이 큰 비중을 차지하고 있어 중앙정부의 재정 지원을 통한 영향력이 크게 작용한다. 따라서 문화정책에서도 중앙정부와 지방정부는 중앙집권형과 지방분권형의 중간형에 속한다(김세훈 외, 2003: 9).

3 미 국

1) 문화행정의 발달 과정

1930년 이전까지 미국의 문화예술 진흥정책은 정책적이기보다는 다분히 상징적인 차원에 머물렀으며, 루스벨트(Franklin D. Roosevelt) 시절 경제 공황에 대한 대응책의 하나로 예술가에 대한 재정 지원과 일자리 마련을 위한 사업(FAPWPA)과 공공예술 지원 프로젝트(The Public Works Art Project)가 있었다. 이러한 사업들은 공공건물을 설계하는 데 예술가들을 고용함으로써 생계 지원을 위한 것으로 순수하게 문화예술 진흥을 재정 지원과는 성격이 다르다. 1950년대 이후 냉전 시대 외교정책의 방법으로 활용되었으며, 비영리법인인 포드재단이 설립되면서 비영리 예술조직이 생겨나기 시작했다. 전체적으로 1960년 이전까지의 문화예술정책은 조세 지출 등의 간접적이고 일시적인 방법으로 이루어졌다.

1961년 케네디(John F. Kennedy) 정부에 의해 비로소 현대 미국의 문화정책이 형성되었다. 케네디 정부는 예술에 대한 민간 지원을 촉진하고 민간과 정부활동을 조정하기 위해 연방예술자문위원회(Federal Advisory Council on the Art)를 설립했다. 연방정부 차원의 문화예술 지원은 1965년 존슨(Lyndon B. Johnson) 대통령에 의해 '국립예술기금(National Endowment for the Arts: NEA)'이 설립되면서 시작되었다. 국립예술기금은 미국의 예술과 예술가들을 지원하기 위해 설치되었고, 전적으로 연방정부의 재정 출연에 의존하지만 그 구성과 운영은 정부로부터 독립적이다. 국립예술기금의 목표는 ① 모든 미국인에게 예술의 기회, ② 예술적으로 탁월한 작품의 재현과 창조, ③ 만인에게 예술의 평생교육, ④ 미국 문화유산의 보존, ⑤ 강력하고 안정된 예술조직들, ⑥ 예술을 통한 공동체 건설, ⑦ 공공, 개인 섹터와의 파트너십 고양 등이다(www. foruma.co.kr/faPDS/View.asp?fNum).

지역문화 진흥을 위해서는 주립예술진흥기관과 지역예술진흥기관이 지역 주민에 대한 문화예술 교육을 비롯해 예술작품의 전시와 발표, 순회를 통해 지역민의 예술에 대한 접근성을 높이고 있다. 각 주에는 예술자문집단이 있으며, 1983년에는 전미주정부예술옹호연합(State Arts Advocacy League of America)를 구성하여 주정부 간 네트워크를 형성하고 있다. 전미주정부예술옹호연합은 주로 커뮤니케이션 촉진, 정보 교류, 주정부 상호 간의 지원 제공 등의 사업을 추진하고 있다.

2) 문화행정 조직

미국의 경우 문화예술과 관련하여 연방정부 차원의 공식적인 부처조직은 없고 독립행정기관 형태가 있을 뿐이다.5) 먼저 국립예술·인문과학재단(National Foundation on the Arts and the Humanities)은 1965년 설립되어 국립예술기금과 국립인문과학기금(National Endowment for the Humanities)을 통해 예술과 인문과학을 지원한다.

국립예술기금은 의회에 의해 설립된 독립기관으로서 예술을 지원하고 미국민의 예술에 대한 교육과 접근 기회를 제공하는 것을 목표로 설립되었다. 주요 임무로는 미국에서 예술의 우수성과 다양성, 활력을 촉진하고 예술에 대한 대중의 접근성을 높이는 것이다, 국립예술기금은 기금 운영뿐 아니라 법안과 지역조직과의 파트너십, 다른 연방조직과의 파트너십, 연구, 예술교육 등을 수행해 실질적인 문화예술정책 담당기관이라 할 수 있다. 미국 내 50개 주와 6개 특별관할구의 예술조직과 예술가들에게 예술기금을 제공한다. 국립예술기금의 의장은 의회의 동의를 얻어 대통령이 임명하며 4년 임기가 보장된다. 이와 함께 각 예술 분야의 대표로 구성된 국립문화예술위원회가 국립예술기금 자문하고 사업 심의를 담당한다. 그러나 최근 국립예술기금은 의회의 예산 배정이 축소됨에 따라 조직의 재구조화를 통해 유연성을 확보하고 주요 고객을 예술가에서 예술 관객으로 바꾸어 예술교육과 접근성 증진에 초점을 두고 있다.

연방정부 차원의 문화예술 관련 조직으로는 국립예술진흥기금과 국립예술·인문과학재단 이외에도 미국 의회에서 직접 예산을 받는 박물관연구소(Institution of Museum Studies)와 스미소니언박물관(Smithsoninal Museum) 등이 있다.

국립예술기금의 연방-주정부 파트너십(Federal-State Partnership)정책에 의해 5만 달러 이상의 포괄보조금(block grant)을 얻으려면, 주정부는 주립예술진흥기관을 만들고 예술을 모든 사람과 공동체가 향유할 수 있도록 적

---

5) 미국에는 각 부처와는 별도로 의회에서 예산을 배정받는 독립행정기관 및 공사가 58개 있으며, 국립예술·인문과학재단과 국립예술기금은 그 중의 하나이다.

합한 프로그램이나 시설, 서비스 등을 개발해 나가도록 규정되어 있어 거의 모든 주에 주립예술진흥기관이 창설되었다. 결과적으로 미국의 경우 국립예술기금 등의 연방정부의 지원에 의해 지방정부의 지역 문예 지원이 시작되었고 지역 문화예술의 진흥은 이에 힘입은 바 크다.[6]

주정부는 일차적으로 청중과 예술가에 대한 서비스를 중요시하지만 주정부가 지역 문화예술을 직접적으로 지원하기보다는 주로 지역 내 도시정부의 문예 지원을 촉진하고 지원하는 역할을 한다. 주정부는 문예 지원이 다음 세 가지 점에서 경제적으로 지역 내 도시 발전에 기여할 수 있다고 본다. 첫째, 도시 내 고용 기회의 확대이며, 둘째, 청중과 조직들의 지출에 의한 도시 경제의 활성화, 셋째, 건전한 예술환경 조성이 기업이나 법인의 도시 유치에 공헌할 수 있다는 점에서 주정부는 지역 내 도시정부에 대한 문화예술 지원의 근거를 찾고 있다.

주정부는 지역 단위의 지방예술기관에의 업무 이양을 통해 지역적 형평성이나 프로그램 디자인이나 지원 결정에 드는 시간과 업무를 절약하는 효과를 거두고 있다.

이에 따라 지방예술진흥기관은 지역사회의 문화예술단체를 지원하며 대중에게 문화예술 프로그램을 제공하는 역할을 한다. 많은 지방예술진흥기관은 기금 조성을 통해 예술단체나 예술가에게 재정 지원을 하며, 세미나나 마케팅, 건강보험 등을 지원하고 지역사회의 문화시설을 관리하고, 문화계획을 수립하기도 한다(한국문화관광정책연구원, 2003: 166-167).

4 일 본

1) 문화행정의 발달 과정

일본의 문화정책은 제2차 세계대전까지는 적극적인 예술진흥정책으로

---

6) New York State Council on the Arts의 경우 주의회와 국립예술기금의 기금을 받으며, 예술 담당부서와 비영리 예술조직을 지원한다(http: //www.artswire.org/~nysca/).

추진되지 못하고 미술 중심의 예술정책과 문화재 보호정책으로 이원화되어 통제 위주의 정책이 시행되어 왔다. 전후 1950년대에는 전시(戰時) 중의 문화통제에 대한 반성으로 국가는 문화예술에 대한 소극적 개입에 국한되었다. 1968년 문화청이 창설되면서 이를 중심으로 문예정책과 문화재 보호정책이 일원화되었으며, 민간 예술활동 특히 무대 예술활동에 대한 지원이 증가했다.

1970년 후반부터 1980년대까지는 문화청이 직접 문화예술에 대한 지원체계를 갖추고 지원을 확충했으며, 이 기간 동안 정부의 문화예술 관련 예산도 대폭 확대되었다. 1968년 49억 6천만 엔에 불과했던 예산은 1977년 400억 엔으로 8배 이상 늘어났고, 2007년에는 1,017억 엔으로 지난 40년간 약 20배 늘어났다.[7)]

1990년 들어 '문화예술진흥기금'이 창설되고 사단법인 '기업메세나협의회'가 발족되면서 정부와 민간기업, 예술단체의 3자 파트너십에 의한 문화예술활동 지원 체계가 구축되었다. 문화예술진흥기금은 설립 당시 정부출자금 500억 엔과 민간 기부금 100억 엔으로 조성되어 주로 '우수 문화예술의 전개와 보급'과 '문화마을 만들기'운동을 통해 문화예술의 저변 확대에 노력했다. 무엇보다 이러한 기금과 메세나협의회의 창설을 통해 정부와 민간 간에 문화예술 지원을 위한 공감대와 협력의 장이 마련되었고, 문화예술 지원을 통해 문화정책에 민간과 전문 예술가들의 의견이 반영될 수 있는 채널이 형성되었다는 데 의미가 있다.

또 다른 한편으로 1970, 1980년대 일본의 문화행정에서 나타난 뚜렷한 변화는 지방 시대라는 슬로건 아래 지방자치단체들의 지역문화에 대한 관심과 함께 다양한 지역문화정책이 대두되기 시작한 것이다. 기본적으로는 지역민의 생활의 질 향상과 문화적인 생활환경의 창조를 추구하며, 지역의 문화적 정체성과 자율성이 강조되었다. 과거 크게 관심을 갖지 않았던 지역문화정책이 경제 성장과 함께 지역의 개성을 표현하는 동시에 지역 개발

---

7) 일본의 문화예술 입국을 기치로 문화청 예산을 연간 0.5% 정도 증액시키고 있는데, 문화예술 창조 20,613백만 엔, 문화재 보호 및 국제협력 37,332백만 엔 등이다.

의 한 수단으로서 그 중요성이 인식되고 있음을 반영하는 것이다. 지역문화정책의 등장은 일본의 중앙집권적 관치행정을 분권적 자치행정으로 전환하고자 하는 데 중요한 의미를 갖는다. 즉 자치단체의 문화 수준을 높여 나감으로써 지역 차원의 시민문화 형성을 지원하고 중앙집권적 관치 시스템을 지역 주도의 발전전략으로 전환할 수 있는 계기가 마련되었다.

이에 따라 지역문화의 진흥을 위해 지역정책의 상위 개념에 문화를 두어 각 정책을 문화정책에 통합시키는 방향으로 추진되었으며, 종래의 좁은 의미의 문화정책에서 탈피하여 종합적인 경영의 성격을 갖게 되었다. 지방시대의 연장선상에서 지역문화 진흥이 지역 개발의 핵심적인 내용이 되면서 지역정책이 이념적으로 문화정책에 수렴되는 경향을 보이고 있다.

1990년대 이후 일본의 문화정책은 다음 몇 가지 사업에 중점적으로 노력이 집중되었다(김문환, 2006).

첫째, 우수한 예술창작 활동의 장려이다. 문화예술진흥기금을 통해 직접적으로 예술창작 발표회를 개최하고 우수 공연 프로그램을 지원하는 한편 문화활동을 펼치는 예술가들의 연수·양성과 포상 등 각종 인센티브 사업을 펼침으로써 수준 높은 예술창작 활동을 지원하고 있다.

둘째, 지역문화의 진흥을 위해 지역 전통문화의 계승이나 지역적으로 특색 있는 문화사업을 지원하고 우수한 문화예술의 지역순회 공연 등을 통해 지역민들의 문화 향유 기회를 제공하고 새로운 지역문화의 창조를 도모하고 있다. 지역 단위에서도 세계연극제나 정기적인 오페라 공연 등이 개최되면서 1989년에는 문화청 산하에 지역문화진흥실이 설치되어 지역문화의 진흥을 지원하고 있다.[8]

셋째, 문화재의 정비 및 보존과 더불어 문화재가 국민생활 속에서 친근해지고 생활문화와 함께 전승될 수 있도록 노력하고 있다. 지역의 문화재 보호를 위한 조례가 정비되고 문화재에 대한 학습과 전승활동 등의 지역활동이 활발해지면서 문화재가 주민의 일상생활과 불가분의 관계에 있다는

---

8) 도야마(富山)현에서는 세계연극제가 열리며, 오이타(大分)현 오페라협회에서는 오페라 공연을 정기적으로 개최하고 있다.

인식이 확산되고 있다.

넷째, 경제적인 지원을 바탕으로 일본 문화를 국제적으로 널리 알리고 전파함과 더불어 타문화와의 국제 교류를 통해 한층 더 발전할 수 있도록 하고 있다. 특히 경제대국의 위상에 걸맞게 문화적으로도 세계적인 대국이 되어야 한다는 인식에 문화에 대한 국제적인 지원과 투자를 확대하고 있다.

2) 문화행정 조직

중앙의 문화행정 조직으로는 '문부과학성(Ministry of Education, Culture, Sports, Science, and Technolgy: MEXT)' 산하의 1968년 설립된 '문화청(Agency for Cultural Affairs: ACA)'을 들 수 있다. 문화청 산하에는 예술가와 경제계 인사, 지식인 등으로 구성된 문화예술위원회가 있어 문화정책에 관련한 폭넓은 의견 수렴 창구 역할을 하고 있다. 문화정책추진위원회에는 예술 창조와 지역문화·생활문화, 그리고 국제문화의 3개 소위원회가 설치되어 관련 사업의 심의기구 역할을 한다.

문화청은 행정적인 중추 역할을 담당하는데, 통합 당시 문부성 산하의 문화국과 문화재보존위원회가 통합되어 설립됨으로써 문화예술과 문화재보호 업무를 일원적으로 추진하게 되었다. 여기서 문화는 "예술 및 국민 오락, 문화재보호법에서 규정하는 문화재, 출판 및 저작권 그 외의 저작권법에서 규정하는 권리 및 이들에 관한 국민문화적인 생활 향상을 위한 활동"으로 규정된다.

문화청은 장관관방(長官官房)과 문화국, 문화재국으로 조직되어 있으며, 문화국에는 문화예술과, 지역문화진흥실, 국어과, 저작권과, 종무과가 설치되어 있고, 문화재국에는 문화재감사관, 전통문화과, 기념물과, 미술학예과 및 건조물과가 있다. 1990년에는 장관관방 산하에 문화정책과가 설치되어 국가 차원의 문화정책 수립을 총괄할 수 있게 되었다.

문화행정은 주로 문화청 소관이지만 생애학습이나 사회교육정책은 문부과학성이 주요 역할을 담당하고, 국제 문화 교류는 외무성, 자치체의 문화행정은 자치성, 영화산업과 전통 공예품은 통상산업성, 관광은 운수성 등의 부처로 분산되어 있다.

특히 외무성 감독 하에 '일본문화보조금(Japan's Cultural Grants Aid)'이 설치되어 저개발국의 전통문화와 문화유산, 무대 공연, 전시 및 문화 관련 교육과 연구를 지원한다. 이와 함께 1972년 설립된 '일본재단(Japan Foundation: JF)'은 특수법인 형태로 인적 교류를 기본으로 다양한 문화교류 프로그램을 운영한다. 일본 연구나 교육 같은 학문 교류만이 아니라 예술, 출판, 시각매체, 스포츠, 일반 생활문화에 이르기까지 다양한 활동을 담당한다. 정부기금과 기금이자, 정부보조금 및 민간 기부금 등으로 운영되며 아시아 지역과의 교류에 많은 관심을 기울인다.

문화청 이외에 주요 문화예술기관으로는 일본문화예술진흥법에 근거하여 1990년 설립된 일본예술문화진흥원이 있으며, 산하에 '일본예술진흥기

[그림 11-3] 일본 문화청 조직

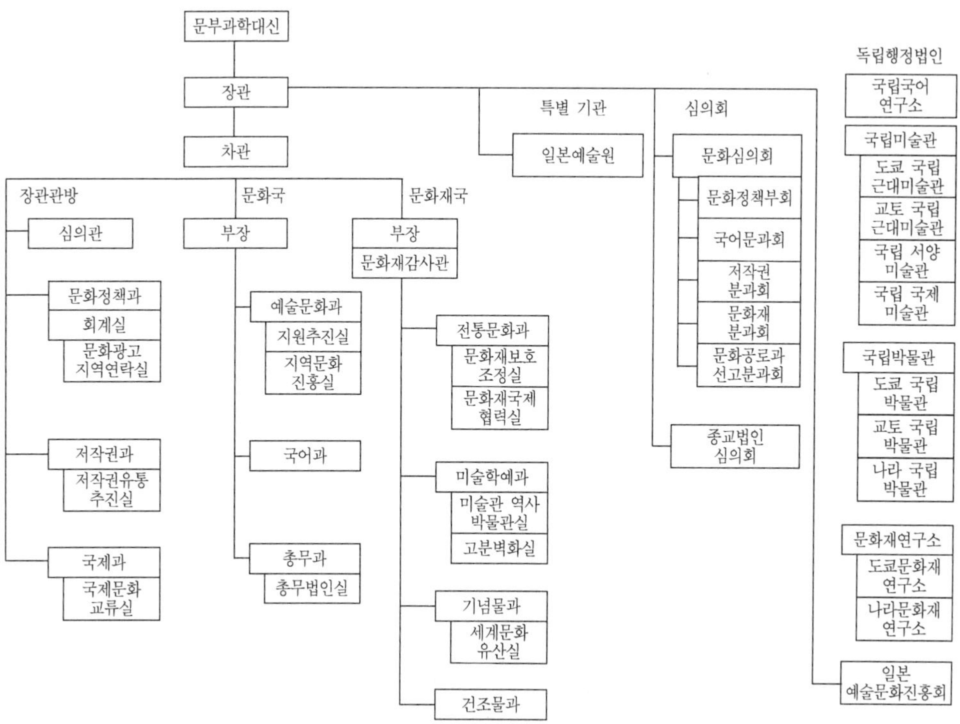

금(Japan Arts Fund)'과 국립극장이 있다.[9] 또한 일본 문화의 국제 교류를 지원하기 위한 '일본국제교류재단(Japan Foundation)'이 1972년 설립되었다.

지방문화행정은 통상적으로 모든 지방자치단체에 설치되어 있는 교육위원회 업무에 속하는데, 최근 생활문화국, 예술문화과, 문화실 등을 설치하는 사례가 늘고 있어 문화예술진흥의 중요성에 대한 인식이 제고되고 있다. 중앙정부의 문화청 설치 이후 지방문화 행정조직도 정비되고 있어 1968년 교육위원회 산하에 문화예술 전담과를 두고 있는 곳은 7개에 불과했으나 1977년에는 모든 현에 설치되었고, 최근에는 도도부현의 주무국 산하에 문화행정 조직이 설치되고 있으며, 시정촌의 경우에는 주무과에 문화담당계가 설치되고 있다. 도도부현에서 문화행정 조직은 1995년 5월 현재 총 41곳 중 기획실 산하가 12곳, 생활복지국(생활환경국와 생활국 포함) 산하가 11곳, 생활문화국(문화환경국 포함) 산하가 8곳, 총무국 산하가 5곳으로 나타난다. 정령지정도시의 경우 대부분 시민국 산하에 설치되어 있으며, 일부는 문화부 시민문화과로 되어 있다.

5 독 일

1) 문화행정의 발달 과정

독일은 연방국가로서 16개 주로 구성되어 있으며, 지방자치제도가 발달했다. 이러한 지방자치의 전통에 따라 전통적으로 연방정부는 문화정책에 대한 관여를 줄이고 지방정부에 맡기는 지방분권형의 형태를 택하고 있다. 이에 따라 문화지출액 중 5%만이 연방정부가 부담하며, 60%는 기초자치단체, 35%는 주정부가 부담하고 있다.

9) 일본문화예술진흥원은 2003년 독립행정법인으로 전환되었는데, 문화예술활동의 진흥 등을 목적으로 하며 예술진흥기금과 국립극장을 관할한다. 조직 구성은 이사장과 이사, 감사 및 직원이 있으며, 자문기관으로 평의회가 설치되어 있다.

독일은 21세기 들어 본격적으로 전개되었던 독일 통일과 유럽통합, 세계화 추세에 따라 다문화사회의 확산이라는 환경 변화에 직면하여 1999년 중반 '콘셉트 2000(Konzeption 2000)'을 발표하여 새로운 문화정책의 시작을 알렸다. 그동안 주정부에 맡겨서 주로 지역적 정체성 확립에 주력하고 연방정부는 독일문화원을 두어 대외적인 독일 문화 소개와 독일어 보급 차원에 머물렀던 문화정책 기조를 연방정부가 개입하여 다문화사회에 대한 대응에 나선 것이다. 이후 문화정책은 이질문화 간 대화와 소통, 공존에 초점을 두어 이질문화로 야기되는 국제 사회의 잠재적 갈등을 예방하고 문화적 정체성과 다양성을 확보하는 데 주력했다(박병석, 2010).

독일의 문화정책은 민관 파트너십을 중시하여 실제 시행은 민간법인이나 재단 형태의 기관을 통해 시행된다. 독일대외연구소와 독일학술교류처, 알렉산더 훔볼트재단, 독일아카데미 등이 연방정부의 지원을 받아 독일문화를 전파해 왔다. 이후 1989년 세계문화의 집(Haus der Kulturen der Welt)이 설립되고, 2001년 InterNationes가 독일문화원에 통합되었다. 이 밖에도 프리드리히 에베르트재단(FES), 콘라트 아데나워재단(KAS), 프리드리히 나우만재단(FNS), 한스 자이델재단(HSS), 하인리히 뵐재단(HBS), 로자 룩셈부르크재단(RLS) 등이 정부를 대신해서 학술 및 연구 지원과 인적 교류, 문화 행사, 문화재 보호 등을 추진하고 개도국의 민주화와 인권 개선 프로그램을 운영해 왔다.

2) 문화행정 조직

연방정부 차원에서는 문화정책을 총괄하는 전담 부서는 내각에 두지 않은 채 여러 부서에 업무가 분산되어 왔다. 대외적인 문화정책은 외무부의 문화국이 담당하고 국내의 문화정책은 내무부 산하의 문화국이 담당한다. 내무부의 문화국은 2부 11과인데, 1부는 문화재와 역사 유물, 국제문화 교류사업 지원을 다루며, 2부는 문화예술사업과 통일에 따른 문화 통합과 문화 촉진, 종교 업무를 담당해 왔다. 이와 별도로 내무부에는 스포츠·미디어담당국이 스포츠와 미디어산업을 담당했다. 연방 외무부의 문화국은 독일 문화를 세계에 알리고 문화에 관한 국제 협력을 위한 해외 문화정책을 관장하며, 독일문화원이나 독일학술교류원, 홈볼트재단 등의 사업을 운영한다.

1998년 연방정부 총리실 산하에 '문화·미디어국(Bunderegierung für Kulturund Medien: BKM)'을 신설하여 과거 산만하게 행해져 오던 외교적 문화·미디어 활동을 통합 관리하게 되었다. 문화·미디어국은 유럽이사회에서 독일 정부의 문화정책을 대표하며, 외국과의 문화적 접촉·교류를 관리하고 독일 내 소수민족의 문화를 보호하고, 재외 독일 예술가와 국내 활동 외국 예술가를 지원한다. 특히 대외방송인 도이체 벨레(DW) 운영을 위해 예산의 80% 이상을 지원하고 있다.

연방정부 차원의 문화행정은 국가적 문화유산의 보존과 보호, 연방문화기관과 프로젝트의 개발, 기금 조성, 문화예술 진흥을 위한 환경 조성, 문화기반 구축, 예술가들의 사회보장 관련 입법 등이다. 그리고 박물관이나 국립도서관, 연방공문서보관소 등 국가적으로 중요한 기관이나 시설 등에 대한 자금을 지원하며, 국가적 규모의 문화행사도 지원한다.

독일 문화정책과 관련하여 주정부는 주의 정체성과 지역 차원의 문화 주권 실현이라는 명분에 따라 문화정책의 책임을 진다. 연방정부와의 관계 속에서 1957년 '연방의 대외조약 체결에 관한 연방과 주정부 간의 양해각서'에 근거하여 '린다우어협정'을 체결함으로써 연방정부의 문화정책은 반드시 주정부와 협의를 거치도록 했다. 대부분의 문화시설은 지방자치단체에서 운영하기 때문에 국민들의 문화향유권 보장은 지방자치단체의 역할이라 할 수 있다.

주정부와 기초자치단체 차원에서는 '국제업무원(Commission for International Affairs)'과 '의회외국위원회(Foreign Committee of the Bundestag)'가 국제문화교류 업무를 수행한다. 주정부의 경우 연방제 하에서 문화 주권이 확보되어 있으며, 영화와 미디어까지 문화정책 영역에 포함된다. 주정부의 문화행정은 분권화 기조와 예술의 독립성 원칙 등을 유지하며 하위 자치단체에 권한을 이양하고 있다. 주정부 문화정책의 쟁점이 되는 사항을 조정하기 위해 1948년 이래 '주정부문화장관회의(Standing Conference of the Ministers of Education and Cultural Affairs of the

Lander: KMK)'가 설치되어 있다. 문화위원회는 박물관, 기념물 보존, 영화에 대한 하위 위원회로 구성되었으며, 문화 부문의 중추적 역할을 담당한다.

기초자치단체는 연방정부와 주정부로부터 독립적인 문화정책을 수행하고 있으며, 그 역할도 상당하다. 기초자치단체의 문화 부서는 1970년대와 1980년대 초반에 신설 확대되었다.

이 밖에 주요 문화예술조직으로 1982년 신설된 '독일예술진흥원(Deuscher Kulturrat, German Arts Council)'이 있다. 이 기관은 문화 부문의 전문화된 회합조직으로 여러 기관과 협력해 문화정책에 대한 토론에 참여하고 문화정책을 제안하는 역할을 한다. 1987년에는 주정부의 '문화재단(Cultural Foundation of the Lander)'이 설립되어 독일 문화자산의 구입과 보존을 위해 문화재단에의 기금 기부 활성화를 도모하고 있다. 최근 연방정부와의 협약에 의해 연방정부가 기금을 지원하는 문화재단 관리 역할까지 맡고 있다.

[그림 11-4] 독일 문화 업무 조직(연방정부 단위)

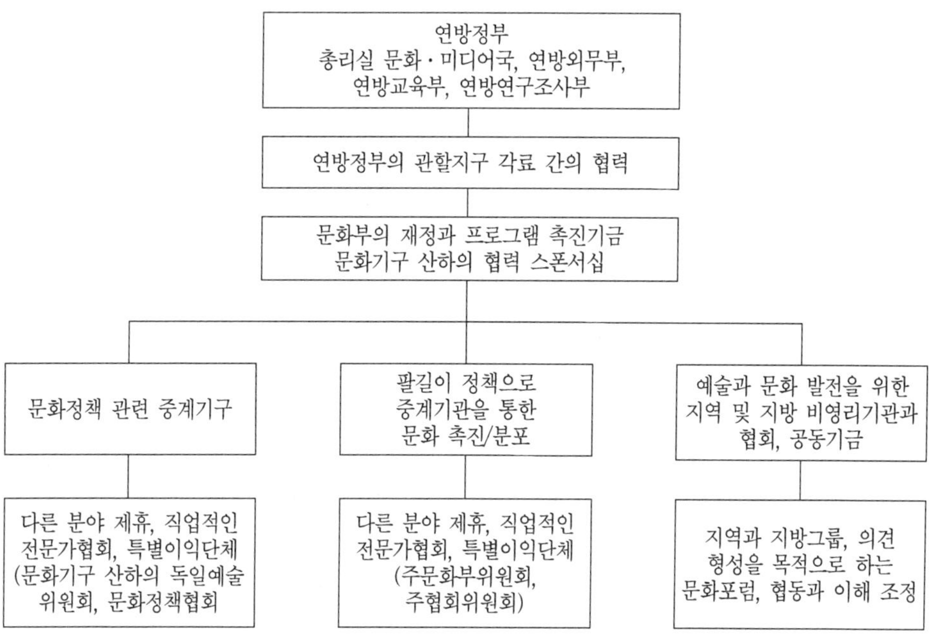

출처: Council of Europe/ERIcarts(2006), 정정숙 외에서 재인용.

6 캐나다

1) 문화행정의 발달 과정

캐나다는 1957년 '캐나다예술진흥원(The Canada Council of the Arts)'을 설립하면서 문화정책에 관심을 갖기 시작했다. 이후 1995년 '캐나다문화유산부법(Department of Canadian Heritage Act)'에 의거하여 그동안 연방정부의 여러 기관에 산재해 있던 문화 관련 행정부서를 통합하여 '문화유산부(Department of Canadian Heritage)'가 신설되었다. 문화유산부는 방송과 문화산업, 예술, 문화유산, 공식 언어, 원주민 언어와 문화, 캐나다의 정체성, 시민 참여, 스포츠 등을 총괄적으로 관할하며 본부가 있는 온타리오를 비롯해 전국에 있는 25개 부서에서 업무를 담당한다. 주요 외국에는 문화교역개발관을 두어 문화 교역을 촉진하고 있다.

캐나다예술진흥원은 문화유산부의 위임을 받아 예술가와 제작자 및 예술가조합을 지원하며, 캐나다 유네스코위원회의 역할을 담당한다. 진흥원 산하에는 국립도서관, 국립문서보관소를 비롯한 총 19개의 기관이 있다.

캐나다 문화정책의 궁극적인 목표는 모든 캐나다인이 문화시민 생활에 참여할 기회가 부여되는 '좀 더 창조적이고 단합된 캐나다' 건설에 있다. 이를 달성하기 위해 캐나다적인 콘텐츠 확보와 문화적 활동과 고용 증대, 상호 연계 확대, 시민 참여 활성화를 중간 목표로 삼고 있다. 캐나다의 문화정책의 특징은 규율이나 규제보다는 지원을 중심으로 삼고 문화예술에 대한 정부 지원을 강화하고 있다. 정부 지원은 교부금 프로그램(Transfer Payment Program)과 조건부 보조기금(Conditional Grants Foundation)이 있는데, 전자는 무상의 정부지출금으로 보조금과 기여금, 기타 교부금이 있고, 후자는 기금협정 조건에 따라 특정 목적 달성을 위해 다년간 지원되는 기금이다.

캐나다는 1992년 '예술가지위법(Status of the Artist Act)'을 제정하여

캐나다의 문화예술 발전을 통해 캐나다인의 삶의 질 제고에 기여하는 예술가들의 역할에 걸맞은 사회적 지위를 보장하고 있다(서헌제 · 정병윤, 2006: 187). 이 법에 의해 문화유산부 장관은 예술가들과 제작자들의 표현과 결사의 자유를 보장하고 예술가들의 법적 지위 및 전문가적 사회경제적 이익을 대변하는 조합 결성의 권리를 보장해야 한다. 예술가들의 조합 결성과 조합에 대한 인증, 단체교섭, 스케일 협정 체결, 이에 관련한 업무 수행과 분쟁 해결을 위한 심판소 설치 등에 관한 규정을 두고 있다. 이 법은 종래 저작권법이나 개별적인 보호만으로는 충족하지 못하는 집단적 이익을 보호하는 한편 예술가들의 창작 특성상 노동법만으로 보호되지 못하는 점을 배려한 것이다.

또한 캐나다는 다양한 인종으로 구성된 연방국가이기 때문에 다문화적인 성격을 가지고 있다. 미국도 캐나다와 마찬가지로 다문화적 성격이 강하지만 정책적으로는 용광로(melting-pot) 사회를 지향하는 문화적 동화정책(assimilation)을 추구하는 데 반해 캐나다는 문화적 차이를 인정하는 다문화적 모자이크(multicultural mosaic) 사회를 지향한다. 1985년 세계 최초로 '다합문화주의법(Multiculturalism Act)'을 제정했는데, 이 법은 캐나다 정부로 하여금 모든 캐나다 국민에게 고용과 승진의 기회 균등을 보장하고, 캐나다 사회 구성원의 다양성을 존중하고 이해할 수 있는 정책을 수립해 실행할 것을 의무화하고 있다. 캐나다 문화정책의 기조는 동화보다는 융합(integration)을 통해 문화적인 국가정체성을 유지하는 데 있다.

캐나다 문화정책에서 중요한 비중을 차지하는 것은 문화유산 분야이다. 문화유산부라는 부처명에서 보듯이 캐나다의 문화유산정책은 문화적 수준이나 기술적인 측면에서 전 세계적 모범국가라는 평가를 받고 있다. 문화유산의 보존과 향유가 미래의 문화 수준을 결정한다고 보고, 문화정책을 미래문화유산 전략으로 간주하고 있다. 문화유산부는 문화유산에 관한 종합적인 정책을 수립하고 캐나다 순회 전시회 등을 통해 캐나다의 모든 지역민이 쉽게 문화유산을 향유할 수 있는 기회를 제공하고, 이를 통해 국가적인 정체성을 확립하기 위해 노력하고 있다. 문화유산 보호를 위해 국립박물관 공사 설치와 국립박물관 정책 공표를 통해 박물관 지원 프로그램을 실시하고 있다. 이 밖에도 캐나다 문화유산 정보네트워크(Canadian Heritage Information Network), 캐나다 보존기구(Canadian Conservative Institute) 등의 프로그램을 실시하고 있다. 1977년에는 '문화재 수출입통제법(Cultural Property Export and Import Control Act)'을 제정하여 문화재 수출통제 리스트를 정해 문화유산의 반출을 엄격히 통제하는 한편 문화유산이 캐나다 내에 보존될 수 있도록 법적 조치를 강구하고 있다.

종합하면, 캐나다의 문화유산부는 방송과, 문화산업, 예술, 문화유산, 공식 언어, 원주민 문화, 캐나다 정체성 유지, 시민 참여, 청소년, 복다문화주의, 스포츠 등을 종합적으로 관장한다.

지방문화행정을 보면, 지역에 따라 인종과 언어가 다르고 이로 인해 역사적으로 분리주의 움직임까지 있어 왔기 때문에 문화에 대한 접근 방식도 크게 차이가 있다. 퀘벡 주는 프랑스어를 쓰는 만큼 문화행정도 프랑스식 모형을 따르고 있다. 퀘벡 주는 1961년 내각에 문화부를 설치하여 전형적인 중앙집권적 문화행정을 펼쳐 왔다. 그러나 이와 별도로 1992년 비영리조직인 '인문예술원(Council des Arts et des Lettres)'을 설립하여 팔길이 원칙과 분권화 원칙을 도입하고 있다. 최근 퀘벡 주는 '문화기업개발공사(Societe de Development des Entreprises Culturelles)'를 설립하여 문화의 경제적 기능을 중시하고 있다.

반면에 밴쿠버를 중심으로 여타 지역에서는 사회기획부 산하에 '문화업무과(Office of Cultural Affairs)'를 두어 시민 참여를 통한 창조적 도시 만들기에 주력하고 있다. 문화업무과에서는 문화기금(cultural grant)의 배분과 도시경관 가꾸기에도 주력하고 있다. 지역사회 공공예술과(community public art)에서는 예술의 공동체적 기반을 강조하여 예술가와 지역민에게 공공 예술작품의 디자인과 집행에 참여할 수 있는 접근 기회를 제공한다. 캐나다는 연방제이기 때문에 각 지역은 독자적인 문화정책을 수행할 수 있도록 권한과 책임이 분산되어 있지만 연방과 각 주의 문화부서 간에는 효율적 정책 수행을 위한 다양한 협력 체계가 구축되어 있다. 주정부들도 연방정부의 '팔길이 원칙'을 따르고 있으며, 서로 간 파트너십을 통해 통합적인 문화정책 기조를 유지하고 있다.

2) 문화행정 조직

캐나다 문화유산부는 1993년 정부조직 개편에 의해 과거 '연방통신부(Department of Communication)'가 담당하던 문화정책에 관한 권한을 비롯해 연방정부의 여러 기관에 산재하고 있던 문화행정 관련 부서들을 통합해서 창설되었다. 문화유산부는 '여성부(Minister responsible for Status of Women)'에 관한 업무도 겸직하고 있다. 다문화를 담당하는 국무장관과

[그림 11-5] 캐나다의 문화유산부 조직

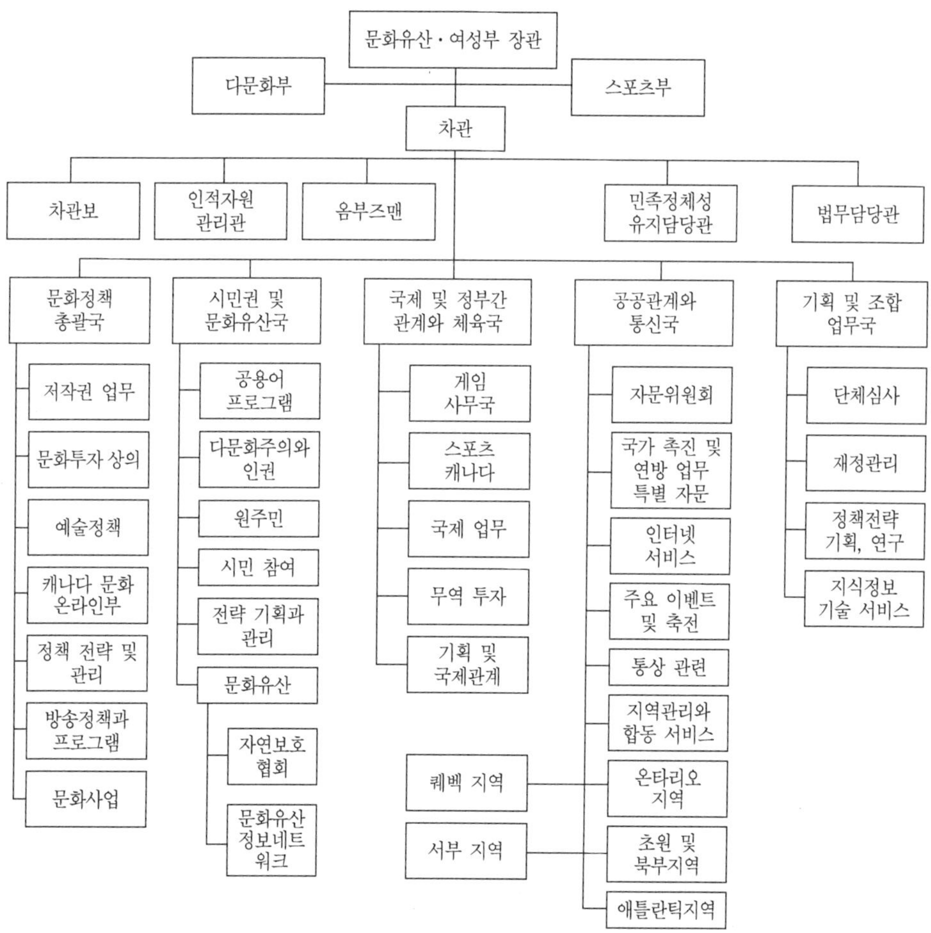

스포츠를 담당하는 국무장관의 보좌를 받고 있으며, 차관보와 인적자원관리관(Director General Human Resources)을 비롯해 법무담당관(General counsel)과 민족정체성 유지담당관 등을 두고 있다.

차관 산하에는 문화정책총괄국(Assistant Deputy Minister Cultural Affairs)과 시민권 및 문화유산국(Assistant Deputy Minister Citizenship & Heritage), 국제 및 정부간 관계와 체육국(Assistant Deputy Minister International & Intergovernmental Affairs & Sports), 기획 및 조합 업무국(Assistant Deputy Minister Planning & Corporate Affairs), 공공관계와 통신국(Assistant Deputy Minister Public Affairs & Communications)이 있다.

문화유산부는 예술 진흥과 예술가 지원 업무를 위해 영국과 마찬가지로 '캐나다예술진흥원(Canada Council of the Arts)'을 두고 있다. 예술 분야의 창작과 예술의 향유 및 예술에 대한 연구 등을 수행할 목적으로 1957년 캐나다진흥원법에 의해 설립되어 각종 예술상을 수여하고 예술가를 지원하고 있다.

제 2 절 문화행정의 시사점

지금까지 프랑스와 영국, 미국, 일본, 독일, 캐나다의 문화행정의 발달 과정과 문화행정 조직을 살펴보았다. 이러한 선진국의 문화행정에 대한 조망을 통해 다음과 같은 몇 가지 시사점을 발견할 수 있다.

1 지원 영역의 다변화

문화행정 영역의 다변화를 볼 수 있는데, 정부 지원활동의 범위는 고급문화에서 대중문화로, 전통적인 순수예술에서 문화산업과 미디어예술 등 다양한 영역으로 확대되고 있다. 이에 따라 지원 대상도 문화예술 전문가에 대한 지원에서 점차 아마추어 예술가와 일반 시민에 대한 지원으로 확대되고 있다. 그것은 보는 문화에서 다양한 체험문화가 중시되는 추세에 따른 것이기도 하지만 본질적으로 시민문화의 형성과 문화적 다양성을 중시하기 때문이다. 시민문화의 토대가 굳건할수록 문화적 다양성이 확보되고 문화 수요층이 확대됨으로써 문화예술도 발전할 수 있기 때문이다.

문화행정의 지원 프로그램은 문화예술 창작활동 외에 문화예술 사회교육 프로그램에 대한 지원으로 확대되고 있다. 문화예술 행정을 국가의 이미지와 정체성을 확립하고 적극적인 문화외교 자원으로 활용하는 경향도 커지고 있다.

2 경제적 · 복지적 접근 강화

선진국의 문화행정은 그 접근 방법 면에서 변화가 나타나고 있다.

첫째, 문화예술을 산업적 경제적인 차원에서 접근하는 경향이 확산되고 있다. 축제나 문화상품을 관광자원이나 지역 발전 자원으로 인식하고 영화산업이나 만화, 애니메이션, 음반, 디자인 등의 문화산업에 대한 관심과 투자가 급증하는 경향이 있다. 특히 경제 불황이나 긴축재정으로 문화예술에 대한 공공의 지원 규모가 축소됨에 따라 문화예술의 산업적 측면에 대한 접근이 확대되고 있다. 영국은 문화미디어체육부 신설을 통해 기존의 문화유산 관련 업무에 국한했던 문화행정을 음악산업과 뉴미디어 관련 산업을 추가하고, 프랑스는 샹송, 대중음악, 재즈, 패션과 광고 등의 장식예술을 문화행정 영역에 포함하고 있는데서 보듯이 문화산업, 문화관광, 문화경제, 문화상품 개발 등이 문화행정의 주요 관심사로 떠오르고 있다.

둘째, 문화행정의 초기에는 문화예술의 창작 진흥과 발전에 초점이 두어졌으나 점차 국민의 문화복지와 생활문화에 대한 관심이 커지고 있다. 국민들의 생활문화정책은 고급 문화예술에 대한 접근 기회를 확대하는 것뿐아니라 예술 창작과 예술 학습활동 등을 활성화하는 방향으로 나아가고 있다. 최근 프랑스에서 모든 계층의 문화적 접근권을 보장하기 위해 예술교육을 강화하여 초등학교 학생들의 수업시간을 단축하고 미술관이나 박물관 등을 통해 일상생활 속의 문화 체험을 강조하는 것도 이러한 변화를 반영한다. 문화예술의 질보다는 문화예술에서 소외된 계층에게 이를 향유할 수 있는 권리와 기회를 보장하는 것이 정책적 관심사가 된다(김경욱, 2003: 39-45). 이에 따라 선진국일수록 정부의 문화예술에 대한 지원은 모든 국민이 문화예술적 혜택을 누릴 수 있도록 하는 적극적이고 평등주의적인 문화복지 개념을 강조하는 경향이 있다.

3 문화행정의 분권화

세계적인 분권화 추세에 따라 문화행정에서도 중앙정부 위주에서 지방정부 위주로 분권화 경향이 나타나면서 지역문화가 강조되고 있다. 문화의 특성상 다원성과 창조성을 위해서는 획일적인 중앙문화보다 다양한 지역문화의 발달이 요구되며, 이러한 경향은 지방자치 실시 이후 지역의 특성과 지역민의 문화적인 욕구 충족의 필요성과 함께 더욱 강화되고 있다. 일본의 경우 1980년 들어 문화 시대, 지방 시대를 표방하고 지역 주민의 생활의 질과 쾌적한 생활환경 창조의 핵심을 문화예술에 두고, 지역 특성을 살린 지역문화정책을 전개했다. 프랑스도 지역 다양화를 통해 문화의 분권화를 추진하고 문화부와 지방정부 간 협정을 체결하여 상당수의 문화기관을 지방으로 이양했다. 미국와 독일의 경우 연방제 하에서 전통적으로 문화정책은 주정부의 책임으로 자리잡아 왔다. 이러한 분권화는 중앙의 프로그램을 지역으로 보급·확산하는 위로부터의 정책을 탈피하여 아래로부터의 상향적 정책을 추진함으로써 지역 문화예술의 자생력을 배양하고, 궁극적으로 문화자치를 지향하고 있음을 의미한다.

4 준정부조직의 역할 확대

행정의 전반적인 탈관료화 · 탈정부화 추세와 함께 문화행정에서도 준정부조직이나 비영리단체의 역할이 강조되고 있다. 이러한 비영리조직을 통해 문화예술의 전문성과 독립성을 바탕으로 좀 더 효과적이고 자율적인 문화행정을 수행할 수 있다. 영국과 미국은 비부처 문화기관인 문화예술진흥원이나 문화예술진흥위원회를 통해 '지원하되 간섭하지 않는다'는 팔길이 원칙을 중시해 왔으며, 그 밖에도 NPO 형태의 다양한 비영리 민간조직들이 문화예술 진흥과 지원 역할을 맡고 있다. 이러한 단체나 조직들이 정부의 예산 지원을 받기도 하지만 이들 준정부기관이나 민간단체의 매개 역할에 의해 문화예술에 대한 기업의 지원과 개인 기부도 늘어나고 있다. 각종 문화예술기관에도 민간 문화예술인의 참여가 늘고 책임경영제가 도입되면서 관료적인 문화행정의 틀이 깨어지고 있다.

5 종합행정화

문화정책의 영역이 확대되면서 문화정책을 관련 행정과의 연계 하에 종합적으로 추진하는 경향이 나타나고 있다. 관광정책과 미디어정책, 도시경관정책, 산업경제정책, 교육정책, 청소년정책, 외교정책, 복지정책, 여가정책, 스포츠정책 등이 그것이다. 문화행정 조직의 하위 부서나 관장 업무를 살펴보면 예술행정 및 문화유산 행정뿐 아니라 방송 미디어, 생활체육 및 레크리에이션, 관광행정을 포함하고 있는 경우가 많다. 그것은 문화정책이 정책 목표를 달성하고 효과적으로 추진되기 위해서는 이러한 관련 영역과의 유기적인 연계가 필요하기 때문이다. 특히 국가 및 도시발전정책도 문화예술적인 시각에서 총체적으로 접근해야 더 높은 성과를 거둘 수 있다는 인식이 확대됨에 따라 문화행정은 '문화의 행정화' 추세를 넘어 '행정의 문화화'를 통해 종합행정의 일환으로 발전하고 있다.

〈표 11-2〉 각국 문화행정 조직의 업무 내용

국가	문화 관련 부서	업무 내용
프랑스	문화통신부	문화행정+정보 및 커뮤니케이션 +공보
영국	문화미디어체육부	문화예술 행정+ 관광+방송
일본	문부성 산하 문화청	문화행정
캐나다	문화유산부	문화행정+방송+스포츠+공원관리+어문행정+ 캐나다 정체성 행정
네덜란드	교육문화과학부	문화행정+방송언론+교육+과학
호주	통신예술부	문화행정+방송홍보 및 미디어
뉴질랜드	문화부	문화행정
미국	국립예술기금(NEA)	문화예술 프로그램 후원
독일	총리실 문화·미디어국 내무부의 문화국	문화재관리+통독 문화사업+종무 국제 교류사업
이탈리아	문화환경스포츠스펙터클부 산업통상공예부	문화행정+스포츠+오락 공예산업
중국	국무원 산하의 문화부	문화행정

Chapter 12 한국 문화행정의 발달 및 기능 변화

제 1 절 발달 과정

우리나라의 문화정책은 사회·경제·정치 상황의 변동에 따라 그 목표, 내용, 수단 면에서 많은 변화를 겪었다. 그동안 문화정책은 경제 성장 제일주의에 가려 상대적으로 주목을 받지 못했으나 국민의 생활 수준이 향상되면서 문화 욕구도 동반 상승하여 최근에는 국가의 중요한 정책 대상으로 부상하고 있다. 특히 문화가 단순한 소비가 아니라 국가의 경쟁력을 결정하는 주요 원천으로 인식됨에 따라 문화정책이나 문화행정은 그동안 주류 행정이나 정책의 보조적인 위치에서 벗어나 점차 주류 전문 분야로 격상되고 있다.

여기서는 정부 수립 이후 정부에서 추진해 왔던 문화정책의 역사적 발전 과정과 조직 및 제도 등 문화행정의 변천 과정을 살펴보기로 한다. 먼저 우리나라 문화정책과 행정의 발전 과정은 각 단계가 갖는 특성을 중심으로 정책 빈곤기(1960년대 이전), 정책 발아기(1961~1970년), 기반 조성기(1971~1980년), 정부 주요 발전기(1981~1990년), 지역 분산기(1991~2000년), 산업화 추진기(2000년 이후)의 6단계로 구분해 볼 수 있다.

1 정책 빈곤기(1960년 이전)

1) 조직과 관련 법규

1948년 정부 수립 이후[1] 현재 문화체육부의 전신인 공보부 발족 시까지의 시기로서, 특히 문화예술정책 분야에서는 정책 빈곤기에 해당된다고 할 수 있다(문화공보부, 1979).

1948년 정부가 수립되자 문화정책은 비교적 의욕적인 출발을 했다. 문화행정 업무는 공보처와 문교부로 나뉘어 수행되었다. 공보처는 주로 법령의 공시, 언론홍보, 선전, 영화, 통계, 인쇄, 출판, 저작권 및 방송에 관한 사항을 관장하기 위해 국무총리 소속 하에 1948년 11월 1실 4국 24과로 설치되었다. 이 시기의 문화예술에 관한 업무는 특정 업무를 제외하고는 공보처보다는 문교부에서 관장하는 특징을 보여 주고 있었다. 문교부는 1실 5국 22과로 시작되었으며, 문화와 관련되는 부서는 출판국과 방송국을 들 수 있는데 출판국에서는 출판물과, 편집과, 인쇄과가 있었고, 방송국에서는 9개 과가 있었지만 문예과와 방송과, 편성과 정도가 문화와 관련되는 부서였다. 그러나 2년 뒤인 1950년 직제를 개편하고 출판국을 폐지하고 아울러 비서실 직제도 폐지했다. 또한 6·25 직후인 1952년에는 선전 업무의 강화를 위해 선전국이 신설되고 이듬해는 방송국이 방송관리국으로 기능이 축

1) 정부 수립 이전의 우리의 문화정책은 일제 36년간의 세계 식민정책 사상 가장 악명 높은 일본의 조선에 대한 동화정책이었다. 1905년 을사보호조약 이후 일반 국민에 대한 하나의 사회·교육적 효과를 일제의 식민지 교육정책은 광복 때까지 3기로 나누어 고찰할 수 있다. 제1기는 1905년~1919년까지로 조선 민족에 대한 우민정책에 주력한 시기이며, 제2기는 1920년~1938년까지 3·1운동에 따른 문화정치 시기로 조선 민족에 대한 교육의 기회가 넓어지기는 했으나 교과과정에서는 오히려 일본인화에 주력이 된 시기였다. 제3기는 1938년~1945년까지의 민족말살 시기로 일제가 전쟁 수행을 위해 전시 체제로 개편하면서 조선인 학교에 대한 '황민화' 교육을 한층 강화하는 한편, 세계에서 유례를 찾아볼 수 없는 식민지 문화정책이 맹휘를 발하던 시기였다. 해방 이후 일제의 문화정책은 대한민국 수립과 더불어 많은 영향을 미쳤다(송건호, 1982: 145-167).

소되어 문화 업무와는 무관한 부서가 되었으며, 1956년부터는 공보처가 폐지되고 대통령 소속 하의 공보실로 편제되어 60년대 초까지 공보실은 문화 업무와는 무관한 공보, 선전의 업무만을 담당하는 기구가 되었다.

정책 빈곤기의 문화 관련 업무는 주로 문교부가 중심이 되어 수행해 왔는데, 문교부에서 중점을 두었던 사업은 문화 관련 사업을 추진할 근거 법규를 마련하는 것이었다. 6·25동란의 후유증으로 빈곤과 혼란의 와중에서 1949년 대한민국 미술전람회의의 창설과 1950년 국립극장과 국립국악원 설치, 그리고 1952년의 학술원과 예술원 설치 및 운영에 관한 근거 규정을 제시한 문화보호법의 제정, 1953년 '문화인 등록령' 시행, 1957년 1월 제정된 저작권법 이외에는 별다른 정책이 마련되지 않았고(문화공보부, 1979: 221-222), 영화, 출판, 그리고 불교재산관리 등은 근거 법규 없이 정부의 재량행정으로 집행되어 상당한 물의를 빚었다.

2) 특징

이 기간 동안은 해방 이후의 정국 불안정, 6·25동란과 전후 복구사업, 5·16 이후 경제성장정책의 시각 등으로 문화에 대한 정책적 관심이 낮을 수밖에 없었다. 그러므로 빈곤과 혼란 속에서 갈피를 잡지 못했던 1950년대는 오히려 미미하게나마 존재하던 문화시설이나 조상의 얼이 담긴 문화유산이 전쟁으로 거의 파괴되어 문화적 기반은 오히려 황무지화되어 버렸다. 당시의 정치지도자나 관료들은 국가 발전은 물론 문화유산의 복구를 위한 구체적인 방안조차도 마련하지 못한 시기였기 때문에 이러한 상황에서 문화정책을 기대하기란 어려웠다. 이처럼 문화예술 부문의 국가정책이 전무했던 상황에서 지방이나 도시문화의 육성에 대한 정책적 관심을 갖고 추진한다는 것은 애초에 불가능했다(예술행정연구회, 1987: 36). 그럼에도 불구하고 이 시기 나름대로 문화정책의 필요성과 정당성은 제기되었기 때문에 미흡하나마 문화정책이 추진되었던 바, 이를 종합해 보면 다음과 같다(구광모, 1999: 150-152).

첫째, 유형문화재의 보호와 보존을 위한 문화재정책이다. 일제가 남기고 간 우리 유형문화재들을 보존하고 보호하기 위한 임시적인 규제 조치들을 마련하고 최소한의 지출을 부담하기 위한 정책이라 할 것이다.

둘째, 민족문화의 중흥을 위한 정책이다. 특히 국악과 고전 무용을 중흥시키기 위해 1951년 '국립국악원'을 설립하고 이의 활성화에 이승만 대통령 자신이 각별한 관심을 나타냈다.

셋째, 일제 식민지 시대의 문화기관들을 혁신하여 우리 문화예술의 기간구조를 확립하기 위해 노력했다.

넷째, 반공 이념에 따라 좌파적 문화의 영향을 차단하기 위한 것이었다. 모든 좌익문화의 유입이 엄격히 차단되었을 뿐만 아니라 북한에서 활동하는 민족주의 문화예술인들의 작품의 소개와 발표 및 공연 등이 모두 금지되었다.[2)]

다섯째, 전통문화와 자유민주주의 문화와의 조화로운 접목을 시도하는 것이었다. 미국의 도움으로 해방된 우리나라로서는 민주주의와 자본주의의 조기 정착이 중요하고도 시급한 과제가 되지 않을 수 없었고, 이에 따라 자연히 서구 문화를 수용하되 전통문화와의 조화를 도모했다.

여섯째, 문화를 교육과 연계하여 문화 발전을 공식적인 학교교육을 통해 달성하고자 노력했다.

2 정책 발아기(1961~70년)

1) 조직과 관련 법규

문화정책 발아기는 1961년 공보부의 발족 때부터 1960년대 말 문화공보부의 발족 이전까지이다. 이 기간의 문화예술 관련 업무는 여전히 문교부와 공보부로 이원화되어 추진되었다.

1961년 5월 16일 군사혁명 이후 혁명정부는 종래 문화행정 업무를 담당했던 문교부의 편제를 그대로 답습한 채, 대통령 소속 하에 있던 공보실을

---

2) 이러한 좌파 문화의 차단은 문화의 이데올로기적 경직성을 초래하여 이후 우리 문화 발전을 제약하는 요인으로 작용했다.

부처 차원으로 격상시키고 그 당시 우선적으로 필요로 했던 공보 업무를 원활히 수행하기 위해 예산과 정원의 범위 안에서 조직을 재조정했다. 그러나 공보부의 문화 관련 업무는 문화선전국에서 단지 홍보적인 차원에만 국한되어 있었기 때문에 문화 업무는 문교부와 더불어 이원적으로 진행되었다(박이준, 1990: 108). 즉, 1961년 공보부의 발족과 함께 종전 문교부에서 관장해 오던 영화, 공연사무와 국립극장, 국립국악원이 공보부로 이관됨으로써 문학, 미술, 음악, 도서, 문화재 행정 등을 문교부에서 관장하고 영화, 공연, 연예 등의 업무는 공보부에서 관장함으로써 이원화된 불합리한 업무 분담 구조를 보이게 되었다(유진룡, 1988: 36). 한편 민간문화 기구로서 문화원이 이 기간 정부에 의해 공식적인 인정을 받고 사단법인화하게 되었으며, 또 다른 민간기구로 한국예술문화단체 총연합회가 이 시기에 창립되었다.[3]

이 시기에 이루어진 주요 내용을 보면, 문화 관련 법령의 제정은 주로 문화산업의 규제에 집중되었다. 이에는 공연법 제정(1961.12.30), 문화재보호법 제정(1962. 1. 10), 향교재산법 제정(1962. 1. 10), 불교재산관리법 제정(1962. 5. 31), 지방문화사업조성법 제정(1965. 7. 1), 영화법 제정(1966. 8. 3), 음반에 관한 법률 제정(1967. 3. 30) 등 현재 시행되고 있는 문화 관계 법률이 거의 대부분 제정되었고, 1961년에는 문화재관리국이 설치되었다.

이 밖에 1965년에는 국립극장, 국립국악원, 국악양성소, 미술관 등 각종 문화시설을 연차적으로 건립해 나가기 위한 종합민족문화센터 건립계획이 공보부에서 추진되었으나 국악양성소(1967년), 세종대왕기념관(1970년)이 건립되었다.

행정적으로는 대한민국문화예술상(1969)을 창설하고, 국립극장 산하단체로 1962년에 국립창극단, 국립무용단, 국립오페라단을 창단했으며, 국립현대미술관(1969)을 창립하고, 출판금고(1969)를 설치했다.

---

3) 이러한 조직의 법적 근거는 1964년 제정된 '지방문화사업조성법'에 근거를 두고 있는 것으로, 이후 문화원의 중요한 기능 중의 하나가 정부정책의 홍보 기능이 되었다.

2) 특징

이 시기는 본격적으로 문화정책의 발아를 위한 제도적 기반 조성이 시작됨으로써 국가 기능의 확대 기반을 구비하는 시기였다고 하겠다. 즉, 군사정부의 과업 지향적인 강력한 경제성장정책의 추진과 더불어 각종 업무 진행에도 각 부내에서 활기 있는 개발사업이 착수되었으며 문화 관련 업무도 예외는 아니었다. 이때 싹트기 시작한 민족적 자각과 민족주체성 확립을 위한 노력은 민족 문화예술의 재건을 추진하는 과정에서 정부의 문화예술정책에 적극성을 부여하는 계기가 되었다(박이준, 1990: 109-110).

따라서 문화정책의 목적은 민족의식 함양에 두어졌고, 주된 정책 영역은 문화유산 보존으로 나타났다. 이러한 내용으로는 1968년부터 한글 전용화 정책과 고전 국역사업을 시작했다. 이 밖에도 1966년에 한국예술문화윤리위원회를 설립했으며, 국민정신을 재창조하기 위한 국민교육헌장을 제정하고 건전가요와 국민 표준 오락 등을 보급하는 등 문화에 대한 행정 개입과 행정 규제가 확대되어 갔다. 한편 국가문서 기록은 후세에 귀중한 문화재가 되기 때문에, 많은 국가에서 문화행정의 범위에 포함시키는 것이 일반화되었다. 그 결과 1969년 8월에 총무처 산하기관으로 정부기록보존소를 창설하여 역사적으로 가치 있는 문서와 기록들을 수집·보관하게 되었다.

지역문화와 직접 관련된 것으로서 1965년 '지방문화사업조성법'의 제정과 각종 문화재 관련 법규의 제정을 들 수 있다. '지방문화사업조성법'은 비영리법인이 지역사회의 문화 개발을 위해 행하는 지역문화사업을 보호·육성함을 목적으로 했다. 그러나 지역문화 사업자에 대한 범위를 국가 또는 지방자치단체의 시책 및 업적을 일반에게 주지시키는 사업과 향토문화를 개발, 보급·선전하는 사업, 외국 문화기관과의 협조로 민주 우방 제국의 문화를 소개·선전하는 사업을 하는 경우에 한정시킴으로써 지방문화원의 설립 근거와 현실적인 지원 근거를 마련하는 데 불과 했을 뿐 지역문화의 진흥과는 거리가 있다.

문화재 관계 법규의 경우에도 보존을 위한 기본 법체계를 갖추기는 했으나 실행 면에서 국가 재정의 빈약으로 예산이 뒷받침되지 못한 형식에 그치고 말았다(유진룡, 1987: 16-17). 무엇보다 군사정권의 속성과 사회 전반의 인식 부족으로 이 시기의 문화 관련 법규는 자유로운 문화예술의 창작 분위기를 고취하기보다는 통제와 규제에 초점이 맞추어졌다. 따라서 이 시기는 문화예술정책이 독자적인 가치를 인정받기보다는 군사정권의 정당화와 경제성장정책의 보조 수단으로서 관심끌기로 정책적 발아기에 해당되지만 실제 문화정책에 관해서는 특별한 의미를 가지지 못한다고 보아야 할 것이다.

3 기반 조성기(1971~80년)

1) 조직과 관련 법규

정치적으로 제3·4공화국에 해당되는 이 시기는 경제 성장을 제일의 발전 가치로 추구했지만 종합적인 문화정책의 기반 조성기[4]라고 할 수 있다. 1970년대로 대표되는 이 시기는 전반적인 정치·사회적인 풍토의 변화에 맞추어 문화행정의 이원적 체계로 인한 불합리를 개선하기 위해 1968년 문화공보부를 신설하여 문화 업무의 일원화를 도모한 시기이다.

문화공보부 발족 당시는 공보행정을 담당하는 공보국과 방송관리국, 문화행정을 담당하는 문화국과 예술국으로 나뉘어 있었으며, 이러한 문화와 공보라는 이원 체제는 1990년 문화부 발족 시까지 이어져 왔다. 그 중 문화행정조직은 1979년 국제교류국이 신설된 것을 제외하면 대체로 종무국, 문화국, 예술국이라는 편제를 계속 유지해 왔다. 소속기관으로서는 칠백의총관리소(1975), 세종대왕유적관리소(1977)가 신설되었다. 이 시기에 이루어진 중요한 사업은 중요한 사업은 다음과 같다(문화예술진흥원 문화발전연구소, 1992: 19-21).

---

4) 1970년대 우리나라 문화정책의 태동기, 문화예술 중흥 기반 조성기, 문화정책의 분수령으로 불리기도 한다. 왜냐하면 문화정책의 구체적인 방향을 제시한 '문화예술진흥법'이 제4공화국이 성립된 1972년에 제정되고, 1974년 이후에는 국가적인 차원에서 종합적인 문화정책을 반영하는 '문예진흥 5개년계획'이 수립되어 시행되었기 때문이다.

먼저 1972년에는 문화정책의 근간이라고 할 수 있는 '문화예술진흥법'[5]이 제정·공포되었고, 1973년에는 한국문화예술진흥원을 특수법인 형태로 설립하여 각종 기부금과 문화시설 이용객들에게 부가하는 일정액을 적립하는 '문화진흥기금'을 관리하여 본격적인 문화예술진흥사업을 추진하게 되었다.

문예진흥법과 문예중흥 5개년계획에 따라 제정되거나 정비된 법령은 '외국 간행 수입 배포에 관한 법률'(1973)의 제정, '영화법'(1973)의 개정 및 '공연법'(1975)의 전면 개정 등이 포함되며, 문화활동 수입에 대한 소득세 감면(1975; 소득세법 개정)과 문예진흥기금을 위한 기부금에 대한 소득세와 법인세 면제(1977; 조세감면법 개정) 등이 해당된다.

이러한 제도적 기반 조성과 함께 1978년에 세종문화회관과 한국문화예술진흥원 산하로 미술회관과 문예회관이 건립되었고, 경주와 공주박물관이 확장되었으며, 광주박물관이 개관되었다. 창작 진흥을 위한 문화행사로는 1973년에 '문화의 날' 선정에 이어, 대한민국 문학상(1976), 대한민국 음악제(1976), 대한민국 연극제(1977), 대한민국 작곡상(1977), 대한민국 무용제(1979) 등이 마련되었으며, 문화예술의 국제 교류도 활발해졌다.

문화행정기관의 증설로는 1973년에 영화법에 근거하여 영화진흥공사를 설립하고, 한국예술문화윤리위원회를 1975년에 공연법에 근거하여 공연윤리위원회로 대체했다.[6] 또한 1976년에는 한국도서잡지위원회가 한국주간신문윤리위원회를 흡수하여 '한국도서잡지주간신문윤리위원회'를 창립했다.

2) 특징

이 시기는 문화공보부 발족 이후부터 제5공화국 출범 시까지의 기간으로서 종합적인 문화정책의 기반 조성기라고 할 수 있다. 특히 이 시기는 성장

5) '문화예술진흥법'은 국가가 문화예술의 진흥에 적극적으로 참여할 것임을 천명하고 전통문화의 계승과 새로운 문화를 창조함으로써 민족문화의 중흥에 기여하겠다는 목표를 설정하고 있다.

6) 한국예술문화 윤리위원회는 1975년 공연유니위원회로 변경된 이후 1999년 영상물등급위원회로 대체되었다.

위주의 경제정책에 밀려 국가적으로는 문화 부문에 큰 정책적 관심을 기울일 수는 없었지만 문화 발전을 위한 제도적 장치가 폭넓게 마련되었으며, 본격적인 문화예술정책이 추진되기 시작했다. 따라서 이 시기의 사업을 살펴보면 법적·제도적 수준에서뿐만 아니라 구체적인 업무의 담당기구 설립에 이르기까지 체계적인 문화정책의 수행 기반이 구축되었다.

이 시기에는 최초의 중장기 문화발전계획으로 볼 수 있는 '문화중흥 5개년계획'(1974~1978)이 경제개발계획과 유사한 형태로 입안되었다. 이 계획은 전통문화를 계승하고 그 바탕 위에서 새로운 민족문화를 창조하여 문화중흥을 이룩하는 것을 기조로 ① 올바른 민족사관을 정립하고 새로운 민족예술을 창조하며, ② 예술의 생활화와 대중화로 국민의 문화 수준을 높이고, ③ 문화예술의 적극적인 국제 교류를 통해 문화 한국의 국위 선양을 위한 사업을 전개한다는 세 가지 정책 목표를 설정했다. 이어서 1978년에는 '제2차 문예중흥 5개년계획'(1979~1984)이 수립되었다. 이 계획의 목표로는 첫째로 민족문화의 전통을 연구 계발하고, 둘째로 전통문화를 토대로 새로운 민족 문화예술을 창조하며, 셋째로 균등하고 균형 있는 문화생활을 향유하게 하고, 넷째로 문화예술의 국제 교류 증진 등을 설정했다.

또한 1977년에는 대통령 연두 기자회견에 시정 목표로 정신문화 개발이 제시됨으로써 문화정책이 국가 시정 목표에 최초로 포함되기도 했다. 이와 같이 1970년대는 1960년대 이전과 달리 문화 분야에 대해 실질적인 투자가 이루어지고 민족문화의 중흥이 구체적인 목표로서 정립되었다. 그러나 이 과정에서 문화예술에 대한 정부 개입의 수준과 범위는 1960년대에 비해 훨씬 확대되었을 뿐만 아니라 정치적 통제와 활용 방법도 매우 구체화되는 특색을 지닌다. 이는 1972년의 '10월유신'의 성립과 밀접한 관련을 갖는다.

이상과 같은 물량적·외형적 성장에도 불구하고 1970년대 유신정권의 문화정책은 기본적으로 국가의 목표 달성을 위한 하나의 수단으로서 문화·예술 현상을 이용했고, 그를 위한 기제로서 선별적 지원과 심의·검열 등을 통한 통제를 적절히 사용했다.[7] 이러한 특성을 갖는 1970년대의 문화

---

7) 1970년대 문화정책의 성격을 잘 보여 주는 한 가지 예로 우수영화 선정에 관한 지침을

정책을 혹자는 '문화통제정책'이라고 부르기도 한다(정재완, 1986: 301).

이 시기의 지역문화에서도 제1·2차 문화중흥 5개년계획이 갖는 의의는 크다. 그것은 국립경주박물관, 광주박물관, 공주박물관 등 지방국립박물관이 신축되었으며, 그 밖에 몇 개의 지역문화시설이 조성되었다. 이와같이 정부의 문화정책 내용에 전국민이 문화적 혜택을 균형 있게 누리도록 한다는 취지의 지역문화 육성 방안이 포함되기 시작한 것은 1970년대 말부터였으나 실제로 그 이후는 계획 수립만 끝나고 실질적인 재원 확보 등의 추진이 이루어지지 못함으로써 이 시기 역시 적극적인 지역문화 육성정책은 없는 상태에서 소극적으로 문화유산의 보존·전승에 치중한 이른바 지역문화의 기반 조성기 정도로 평가될 수 있다.

4 정부 주도 발전기(1981~90년)

1) 조직과 관련 법규

이 시기는 제5공화국과 제6공화국 초기에 해당하는 시기로서 문화정책의 정부 주도 발전기라고 할 수 있다. 제5공화국은 헌법 제8조에서 "국가는 전통문화의 계승·발전과 민족문화의 창달에 노력하여야 한다"고 규정하고, 헌법 제44조에서는 대통령의 취임선서에 "민족문화의 발전"을 국민 앞에 다짐하도록 하고 있어 국가의 문화 진흥 의무를 명기하고 4대 국정지표의 하나로 교육혁신과 함께 문화 창달을 제시하여 문화 진흥의 의지를 밝혔다. 이러한 문화 창달의 의지는 새로 제정되거나 개정되는 관계 법령에 반영되어 규제 지향에서 조장 위주로의 문화정책의 기조 변화가 가시화되었다.

이 시기에는 우선 문화 관련 업무의 일원화로 마련된 문화공보부의 기본

들 수 있다. 우수영화로 선정되면 그 당시 영화계의 가장 큰 이권이었던 외화수입권이 배당되었는데 우수영화의 선정 기준으로 제일 먼저 고려된 사항은 "10월유신을 구현하는 내용"이었고 "새마을 운동에 적극 참여케 하는 내용" 등이 있다(최협, 1996: 10).

적 골격이 유지된 채, 부분적인 개편을 단행했다. 즉 종래 홍보조정실을 더 확충하여 홍보정책실로 개편하여 그 아래 홍보정책관, 홍보기획관, 홍보심의관, 홍보담당관을 각각 두어 정부의 정책 및 문화 일반에 대한 대내적인 홍보 기능을 강화했으며, 또한 차관 밑에 문화사업기획관을 신설하여 예술의 전당 등 대규모 문화시설의 건립 및 이용 관리에 관한 기획 조정과 서울올림픽 문화 행사 등을 효율적으로 추진하도록 했다. 문화예술국은 종전과 마찬가지로 진흥과, 문화과, 예술1과, 2과로 편성되었으며, 종래의 방송관리국은 매체국으로 개편하여 방송만이 아니라 신문, 출판의 업무까지를 담당하도록 확장했다.

이후 문화공보부는 조직의 큰 개편은 없었으나, 다만 1987년 저작권 문제가 현안 문제로 등장하게 되어 문화예술국은 문화국과 예술국으로 분리하여 문화국 내에 문화과와 출판과에서 확장된 출판1과, 2과, 그리고 새로이 신설된 저작권과를 두어 확장하고 예술국에는 종전의 진흥국과 예술1과 2과를 편제시켰다. 이외에 정부의 언론자율화 시책에 따라 매체국 방송과를 방송1과, 2과로 확장하는 정도의 개편이 있었다. 따라서 몇 년 사이에 문화행정의 주무주서가 기능상의 변화는 없는 채 분리와 통합을 반복하여 조직의 안정성 유지가 흔들리기도 했다(오양열, 1995: 49).

1988년 서울올림픽을 치른 정부는 문화행정 조직의 독립적이고 체계적인 개편을 위한 각계의 요청에 따라 1989년 행정개혁위원회의 의견 수렴을 거쳐 공보 업무와는 독립된 최초의 단일 문화 관련 부서인 문화부가 1990년 설치되었다. 따라서 이 시기의 가장 큰 성과는 문화부의 설립이라 할 것이다.

또한 이 시기에 '문화예술진흥법'(1982), '공연법'(1981), '영화법'(1984, 1986), '문화재보호법'(1982, 1984), '음반에 관한 법률'(1981), '저작권법'(1986)이 개정되고, '박물관법'(1985), '전통건조물보존법'(1984), '유선방송관리법'(1986)이 새로 제정되었다. 문화정책에 대한 정책적 관심도 높아져 1980년대 '새문화정책', 1983년에 제5차 경제사회발전 5개년 수정계획에 포함시켜 발표한 '문화예술 부문 계획', 1986년에 발표된 '제6차 경제사회발전 5개년계획의 문화예술 부문 계획'에 그 기조가 나타나 있다(문화부,

1992: 27).

한편 1980년대 말부터 미수교국을 포함한 북한 문화예술의 개방을 위한 조치들이 취해지기 시작했다. 이러한 개방 조치로는 미수교국 예술작품 국내 개방지침 발표(1988. 6. 20), 납·월북작가 해방 전 문학작품 출판 허용(1988. 7. 19), 북한 및 공산권 자료 공개 확대(1988. 9. 3), 납·월북 작가의 음악·미술작품 규제 해제(1988. 10. 27) 등을 들 수 있다. 이러한 문화정책 기조는 1990년 문화부의 발족과 더불어 지속적으로 이어진다. 문화정책도 국가사회 발전을 위한 전략의 하나로 채택되기에 이르렀다(한국문화예술진흥원 문화발전연구소, 1992: 23).

2) 특징

1980년대는 정부 차원에서 문화사업 자체가 올림픽에 집중된 시기이다. 이것이 계기가 되어 문화예술의 활동과 향수는 급격히 증가하게 되고 전반적으로 문화에 대한 인식 또한 제고되어 문화정책의 발전이 이루어진 시기라 할 수 있다.

1980년대에 등장한 제5공화국은 그 출발부터 정당성을 결여하고 있었다. 바로 이러한 이유 때문에 제5공화국 정권은 언론 통제와 상징 조작, 이미지 개선 등과 같은 소위 문화적 현상에 더 많은 관심과 노력을 기울였다. 이를 뒷받침이라도 하듯 5공화국 등장과 더불어 새로이 제정된 헌법에는 이례적으로 "국가는 전통문화의 계승 발전과 문화의 창달에 노력해야 한다"(제8조)라는 국가의 문화 창달 의무를 규정해 두었다.

1980년대 초기에 수립한 '새문화정책'에서는 1970년대와 달리 문화정책의 대상을 국민 전체로 확대시키고, 문화 발전을 국가사회 발전을 지향하는 전략적 계획으로 격상시켜야 한다고 밝히고 있다. 그러나 무엇보다도 1980년대 문화정책의 본질을 적나라하게 보여 주는 것은 프로 야구를 시발로 한 프로 스포츠의 시작, 정치적으로 무관심한 검열의 완화에 따른 선정·오락영화와 잡지의 범람, 컬러TV의 조기 방영 등을 꼽을 수 있다. 이는 1980년대 문화정책의 기저에는 물량 지원을 통한 문화·예술의 진흥과 대중문화에의 개입을 통한 국민 동원 체제의 강화라는 두 요인이 깔려 있음을 말해 준다(최협, 1996: 11).

1980년대 문화정책의 또 다른 특징은 이 기간 동안에 문화 부문의 예산이 거의 3~4배가량 증가하고 이를 바탕으로 대규모 시설 투자가 이루어졌다는 점이다. 국립현대미술관, 예술의 전당, 독립기념관, 국립국악당의 건립과 궁궐복원사업을 들 수 있다. 특히 지방문화의 육성과 진흥을 위해 각 지역에 종합문예회관과 지역별 문예 특장 전문시설을 건립하기 시작했다. 그 밖에도 문화공간 조성사업과 지방 문화행사를 적극적으로 지원했다. 이러한 문화예술 발전계획에 따라 문화예술 부문에 대한 투자도 확대되어 정부재정과 문화예술진흥기금을 비롯한 공익자금 그리고 민간기업 분야까지도 그 투자에 참여하게 되었다. 따라서 이 시기에 지역 문화행정에서도 상당한 발전이 이루어졌는데, 그 내용을 살펴보면 다음과 같다(박이준, 1990: 122-124).

첫째, 문화의 매개자로서 지역 문화예술인들의 활동이 활발해지고 지역 문화시장이 경제생활 수준의 향상과 더불어 커지면서, 지방정부 차원보다는 오히려 민간 차원에서 활발하게 이루어지게 되었다. 또한 지방자치제의 실시 예고로 인해 이러한 지역문화운동은 더 활성화되었다. 지방문화 육성을 위한 정부의 관심은 법제도면에서 나타나 1982년에 문화예술진흥법을 개정하여 전국 시·도별 지방문예진흥위원회를 설치할 수 있는 근거를 마련하게 되었으며, 1983년부터는 문화공보부뿐만 아니라 내무부에서도 지역개발계획의 일부로서 지역문화 육성정책에 관심을 가지게 되었고, 1984년에는 문공부에서 지역문화중흥 5개년계획을 수립하여 추진하게 되었다.

둘째, 지역문화시설 확충·지원사업으로서 그 당시 대규모 문화예술시설을 갖추고 있지 못했던 경기, 강원, 충남, 전남, 경남, 경북, 제주 지역에서 각각 1개소씩 종합문화예술회관을 건립하기로 하고, 시설건립비를 지원했다. 또한 시·도별로 지역문화의 특성과 연관된 중소 규모의 특장 전문시설의 건립과 기타 기존의 문화시설의 활용도를 높이기 위한 개수 및 보수 비용을 지원하도록 하는 등의 계획을 했다.

셋째, 지역문화원의 활성화를 위한 장비 보강 및 활동지원금 명목으로 매년 7억 원씩의 지원을 하게 된다. 이러한 지역문화 활성화계획에 수반되는 예산은 문예진흥기금으로는 불가능하기 때문에 1982년 이후 문화예술

진흥을 위한 사업에 사용이 가능하도록 개정된 한국방송광고공사법에 근거하여 공익자금을 문예진흥기금에 투입해 활용하게 되었다. 또한 1983년부터는 지역문화의 육성을 위해 시·도종합예술제의 특장 전문을 지정하고 지원하는 한편, 시·도별로 지방미술전람회를 대전화(大展化)하여 중앙의 대한민국미술대전의 수준으로 강화하여 향토미술인의 참여의 장으로 내실화를 기하도록 했다(내무부·문화공보부, 1984). 또한 전국 지방 단위 연극제를 창설·운영하고, 지방 대도시를 순회하며 개최했던 전국민속예술경연대회를 중소도시에서 순회, 개최하도록 하는 등을 추진함과 동시에 지역별로 대표적인 향토축제를 육성하며, 중앙문화인의 지방 초청 활동을 확대하게 된 것은 특기할 만한 사항이라 할 것이다.

지방자치단체의 지역문화 중흥을 위한 노력도 이 시기부터는 상당히 적극적으로 확대되어 가는 경향을 보이고 있으며, 매년 문공부와 협조하여 시달되는 내무부의 지방문화 육성지침에 따라 각 지방자치단체장들이 관심을 갖게 되어 구체적인 계획이 수립되고 시행되었다. 따라서 1980년대의 시기는 문화정책이 국가발전정책의 일환으로 추진되던 시기라고 평가할 수 있다.

5 지역 분산기(1991~2000년)

1) 조직과 관련 법규

이 시기는 정치적 민주화와 함께 문화정책에서도 민주성과 자율성이 강조되면서 문화정책에 대중의 욕구 충족 기능이 강화되는 한편 문화의 지역분산이 추진된 지역문화 정착기에 해당한다고 할 수 있다. 특히, 1995년 지방자치제가 도입됨에 따라 정치·행정 전반에 걸친 지방분권화가 진행되었고, 문화정책도 예외는 아니어서 지방자치단체의 문화에 대한 관심과 투자가 증대되었다.

그동안 우리나라의 경우 문화행정의 영역이 확대되고 정책 목적과 이념이 변화되면서 실제로 문화행정을 담당하는 조직 체계도 많은 변화를 겪어 왔다. 1948년에 학무국 문화과에서 문화행정을 담당한 이래, 1968년 문화공보부 발족 등으로 조직이 점차 확대 개편되어 왔다.

1990년 1월에 신설된 문화부는 문화정책국, 생활문화국, 예술진흥국, 어문출판국, 문화재관리국으로 구성되었으며, 1990년 5월에는 도서관 정책 및 국립도서관 운영 업무가 교육부에서 문화부로 이관되었다. 1993년에는 문화부가 문화체육부로 개편되면서 문화예술 업무에 체육 및 청소년 업무가 추가되었고, 1994년 5월에는 문화산업국이 신설되었으며, 12월에는 교통부로부터 관광국이 이관되었다. 특히, 문화산업국은 1994년 1월 25일 청와대 업무 보고에서 부가가치가 높은 문화산업을 육성하고, 일반 공산품에도 문화를 활용하여 국제경쟁력을 제고하라는 대통령 지시를 직제에 반영, 5월 4일 4개 과(문화산업기획과, 출판진흥과, 영화진흥과, 영상음반과)로 신설되었다.

국민의 정부가 들어서면서 정부조직 개편에 따라 문화체육부는 1차관보 2실 6국 5관 29과 5담당관 문화관광부로 개편되었고, 기존에 공보처에서 담당하던 방송, 광고, 신문, 잡지 행정 업무가 문화관광부로 이관되었다. 이 기간 동안 '도서관 및 독서진흥법'(1994. 3. 24.), '박물관 및 미술관진흥법'(1991. 11. 30.), '영상진흥기본법'(1995. 1. 5), '영화진흥법'(1995. 12. 30.), '종합유선방송법'(1991. 12. 31.), '지방문화원진흥법'(1994. 1. 7) 등이 새로 제정되었다.

2) 특징

이 시기의 문화정책은 중앙정부 차원에서 지방정부 차원으로 분권화되는 추세를 보였다. 1990년대 들어와서 정부는 '문화발전 10개년계획'(1990), '문화창달 5개년계획'(1993), '21세기를 문화와 함께'(1995), '우리나라 문화복지 증진 방안 연구'(1996), '21세기를 향한 한국문화의 비전과 전략'(1996), '창의적인 문화국가 건설을 위한 정책제안'(1997), '국민의 정부 새문화관광정책'(1998) 등의 문화계획을 수립했다. 이 시기의 문화예술정책은 이전의 시기에 비해 문화복지 프로그램을 개발 보급하고, 문화관광, 문화산업, 문화경제 등 문화예술의 생산적·경제적 가치를 높이기 위한 노력을 기울였다.

1995년에 지방자치가 본격적으로 실시되면서 문화예술정책을 지역 발전의 관점에서 접근하려는 시도가 나타나면서 지방자치단체들도 문화 관련 전담 부서를 설치함으로써 과와 계 차원의 문화행정을 강화했다. 이에 따라 지방자치단체의 문화예술 행정조직은 기존의 '문화공보' 틀에서 벗어나 문화예술, 체육, 관광, 국제 교류, 공보 등 다양한 조직 형태로 바뀌었다. 특히 문화예술 축제, 문화시설 확충, 조각공원 등 예술테마 공간 조성, 도시경관, 문화예술관광 등에 대한 관심이 한층 부각됨으로써 지역문화정책이 자치단체 주도로 분산 정착되는 단계에 진입했다. 지역 문화정책이 각광을 받으면서 지역에서는 두 가지 흐름이 나타났다. 문화가 지역 발전의 수단으로서 특히 도시재생 수단으로 활용되기 시작했고, 다른 한편으로는 시민단체나 주민단체를 중심으로 지역문화운동이 펼쳐지기 시작했다. 전자는 도시계획이나 지역정책에 문화가 한출을 담당하는 것으로 나타났고, 후자는 지역 문화운동을 통해 지방분권화를 더욱 촉진하는 효과를 가져왔다. 지역문화를 통해 그 간의 획일적 중앙집권적 권위주의로부터 탈피하는 데 기여했다.

6 산업화 추진기(2000년 이후)

1) 조직과 관련 법규

21세기 문화의 세기를 맞아 문화가 국가 경쟁력의 원천이라는 인식 하에 그 중요성이 더욱 높아지고 있다. 특히 문화의 경제적 효과가 강조되면서 이 시기는 '문화의 산업화, 산업의 문화화' 현상이 강화된 시기라 할 수 있다.

참여정부 출범 이후 문화관광부의 조직과 각 조직의 기능은 여러 차례 개편되었다. 먼저 2003년 장관의 정책 기능을 강화하기 위해 정책보좌관 직위가 신설되었고, 2004년에는 2실 7국 4관 6담당관 체제로 개편되었다.

종무실의 2개 과가 1담당관으로 축소되고 문화정책국의 도서관박물관과가 폐지되어 업무는 국립중앙도서관과 국립중앙박물관으로 이관되었다. 지역문화과와 국제문화협력과, 그리고 문화예술교육과가 신설되었다. 공연예술과와 전통지역문화과가 폐지되면서 기초예술진흥과와 예술정책과로 개편되었다.

가장 주목할 만한 변화는 문화산업 분야의 강화인데, 문화산업국 1국 체제에서 문화미디어국이 신설되어 문화산업을 2개국이 담당하게 되었다. 문화산업국은 문화선업정책과, 영상산업진흥과, 게임음악산업과 콘텐츠진흥과를 두고, 문화미디어국은 문화미디어산업진흥과와 방송광고과, 출판산업과를 두게 되었다. 이후 개편을 통해 문화정책국 산하의 저작권과가 문화산업과로 이관되고 문화기술 인력과도 신설되어 문화산업 기능이 그 어느 때보다 강화되었다. 이러한 변화는 환경의 변화에 따른 정책 방향과 업무 영역의 재설정 과정에서 초래된 것이다. 2007년에는 전면적 팀제를 도입함으로써 중간관리 계층구조를 3단계(과장-계장-담당급)에서 2단계(팀장-팀원)로 단순화했다.

또한 정부의 문화정책을 지원하기 위한 민간기구들로는 2003년 아시아문화산업교류재단(2006년 국제문화산업교류재단으로 명칭 변경)이 설립되었고, 2005년에는 문화예술교육진흥원, 그리고 카이스트(KAIST) 내에 문화기술전문대학원, 2006년 예술경영지원센터가 설립되었다.

이명박 정부 들어서는 그동안 분리·분산되어 있던 기관들을 통합하고 기능 중복과 혼선을 조정함으로써 문화행정조직을 효율화·체계화하려는 시도가 이루어졌다. 이러한 정책 방향 속에서 2009년 문화콘텐츠진흥원과 한국방송영상산업진흥원, 한국게임산업진흥원, 문화콘텐츠센터, 한국소프트웨어진흥원 디지털콘텐츠사업단 등 5개 기관이 한국콘텐츠진흥원으로 통합되고, 저작권위원회와 컴퓨터프로그램보호위원회가 한국저작권위원회로 통합되었다. 한국문화예술위원회의 기능도 그간의 예술 지원 중심에서 예술 발전을 위한 정책 개발 기능을 강화하는 방향으로 개편되었다.

이와 함께 다양한 법률 정비도 진행되었다. 특히 다양한 형태의 미디어의 등장으로 언론 피해가 문제됨에 따라 신속한 구제를 위해 불합리한 규제를 정비하고 열악한 문화산업의 투자환경을 개선하기 위한 제도와 자금 조달 방식 등을 마련하기 위한 법률적 정비가 이루어졌다. 온라인상의 불법 복제를 규제하여 저작권 보호정책의 일관성 유지와 효율적 집행을 도모하기 위해 '컴퓨터프로그램법'이 '저작권법'으로 통합되었다. 또한 문화재를 보존·관리하는 데 필요한 재원을 안정적으로 확보하기 위해 '문화재보호기금법'이 제정되었다.

2) 특징

문화정책은 참여정부 하에서 가장 변화가 두드러진 영역이라고 할 수 있다. 참여정부는 2004년 들어 발표한 두 가지 정책 프로젝트를 통해 문화정책 방향과 비전을 제시하고 있다. '21세기 새로운 문화의 비전-창의 한국'은 문화정책의 각 분야에 대한 문화 비전을 제시한 프로젝트이며, '새로운 한국의 예술정책-예술의 힘'(이하 새예술정책)은 예술정책 부문을 상세하게 다룬 것으로 두 가지 프로젝트는 공통적으로 문화예술이 정치, 경제 발전의 토대이자 목적임을 밝히면서 그 발전의 동력은 바로 개인, 지역, 국가의 '창의성(creativity)'임을 천명하고 있다(양효석, http). 즉 창의성을 길러 주는 것은 문화이고 이를 바탕으로 문화, 관광, 레저 스포츠의 다양한 콘텐츠의 산업적 활용을 통해 국민소득 3만 달러 시대를 조기에 견인한다는 것이다.

이러한 프로젝트에 나타난 참여정부의 문화예술정책의 특징을 몇 가지로 정리해 보면, 새예술정책은 현장 문화예술인들의 시각을 담아 작성된 것으로 향유자 중심의 예술활동, 예술의 창조성과 자생력 증진, 열린 예술 행정 체계 등을 지향하고 있다. 특히 자율과 참여, 분권의 원리에 기반하여 국가와 예술 현장, 지역사회 간의 유기적인 협력 체계를 구축함으로써 관 주도의 정책결정과 중앙과 지방정부 간 서열화를 막고 재원이 현장 중심으로 합리적이고 효과적으로 쓰일 수 있도록 하는 동시에 문화진흥원을 문화예술위원회로 전환하여 민간 주도의 예술 진흥을 위한 법과 제도의 개선까지 도모하고 있다.

이를 구체적으로 살펴보기 위해 새예술정책의 투자계획을 보면, 2004년부터 2008년까지 총 1조 7,343억 원의 투자액 중에서 지역문화 분야에 41%를 비롯해 공연 19.8%, 시각예술 13.9%, 예술교육 13.5% 순으로 편성했다. 지역문화에 대한 투자비가 큰 것은 참여정부의 분권화정책을 반영한다. 지역문화진흥법을 통해 각 시도에 지역문화예술위원회의 설치를 의무화하고 있고, 광주를 아시아문화 중심도시로 육성하기 위한 종합계획을 수립했다.

또한 참여정부의 문화예술정책은 공공성에 대한 높은 관심을 반영했다. 문화예술에 대한 정책적 접근은 문화예술이 일반 국민의 생활환경에 미치는 영향의 중요성을 인식하는 데서 시작된다. 문화예술의 창조적 작업을 통해 사회병리 현상을 치유하고 문화예술적 가치가 사회 전반에 확산되도록 하는 데 의미가 있다. 이를 위해 미술은행제도가 신설되고 건축물 등 생활환경의 미학적 관점이 장려되었다. 이를 반영하여 새예술정책의 재원은 국고 70%, 그리고 기금 20%와 지방비 10%로 구성했다. 이는 국고 지원을 중심으로 하되 방송발전기금이나 관광개발진흥기금 등 공적 기금과 복권기금 등을 투입하여 재원 확대를 도모하고 있음을 보여 준다. 민자분은 0.03%에 불과한데, 그것은 문화예술 분야에 대한 민간 투자가 확대되어야 하는 것은 당연하지만, 기부금에 대한 획기적인 세제 혜택 등의 조치가 뒤따르지 않는 한 현실적으로 한계가 있음을 시사한다.

참여정부의 문화정책이 현장을 중시하면서 문화진흥원을 대신하여 발족

〈표 12-1〉 새 예술정책의 장르별 투자계획

(단위: 백만 원)

장르 \ 연도	합계	%	2004	2005	2006	2007	2008
문학	96,530	5.6	7,630	12,500	20,100	27,000	29,300
시각예술	240,640	13.9	5,620	31,790	69,930	72,490	60,810
공연	343,370	19.8	50,976	51,600	84,404	85,620	70,770
예술교육	234,911	13.5	19,771	36,510	46,960	76,610	55,060
전통예술	105,390	6.1	8,400	13,160	28,010	30,910	24,910
지역문화	713,500	41.1	100,800	93,400	142,400	179,200	197,700
합계	1,734,341	100	193,197	238,960	391,804	471,830	438,550

된 문화예술위원회는 그간의 관료 중심에서 탈피하여 현장의 문화예술인들이 중심이 되어 중단기전략계획으로 'ARKO · Vision · 2010'을 발표했다. 여기서 향후 문화예술정책의 비전을 "예술을 통해 창의적인 사회 · 성숙한 사회 · 열린 사회 구현"으로 정하고 이를 통해 모두에게 신뢰받는 위원회가 되는 것을 지향했다. 창의적인 사회는 예술가의 창조 역량과 현장의 자생력을 강화함으로써 활기찬 예술 현장을 만들고 성숙한 사회는 예술의 생활화와 소외계층에 대한 예술의 사회적 역할 확대를 통해 삶을 채우는 예술을 지향한다는 것이다. 열린 사회는 새로운 예술 주체의 발굴과 예술의 다양성 확보를 비롯해 예술에 대한 사회적 인식을 제고하고 가치를 확산시켜 나갈 수 있다는 것이다.

이를 위해 2005년 문화예술교육 강화를 위해 예술국 내에 문화예술교육과를 신설하고 '문화예술교육지원법'을 제정하며, 문화예술교육진흥원을 신설했다. 이와 같은 변화는 기존의 창작자 위주의 문화예술정책이 고급문화의 확산에는 기여했지만, 기본적으로 문화예술에 대한 향유 능력이 없는 소외계층에는 소홀했음을 반성하는 것으로 교육을 통해 문화예술의 향유 능력을 개발함으로써 개개인의 삶의 질 제고뿐 아니라 문화 수요의 저변을 확대하고자 하는 것이다(양효석, http).

이명박 정부의 문화정책은 '대한민국 선진화'라는 국정 기조 속에서 국민 모두가 생활 속의 문화적 삶을 누릴 수 있도록 하는 것을 목표로 삼고 문화행정의 운용 방식으로는 '원칙'과 '효율'이 강조되었다. 먼저 문화정책의 목표로 제시된 모든 국민의 문화적 삶은 일상생활 속에서 문화 서비스를 체감할 수 있어야 한다는 원칙으로 '생활공감형 문화정책' 수립이 시도되었다. 이에 따라 전통시장이나 중소기업 근로 현장 등 국민들의 생활 현장을 지향하는 문화정책을 추진했다.

다음으로 문화행정의 운용 방식으로 제시된 '원칙'은 문화 영역에의 지원이 국민의 세금으로 이루어지는 만큼 책임과 의무가 명확해야 한다는 것이고 지원되는 영역도 공공적 필요성에 입각해야 한다는 의미이다. '효율'과 관련해서는 단순히 국가자원 활용의 효율성뿐 아니라 이러한 자원이 경쟁력을 갖도록 운용되고 성장 동력과 연계될 수 있어야 한다는 점에서 나누어 주기식 배분이 아니라 '선택과 집중', '사후 지원', '간접 지원'이라는 방식으로 구체화되고 있다. 차세대 성장 동력으로 녹색성장이 제시된 만큼 문화정책도 녹색생활이나 녹색문화 등이 발전전략으로 강조된다.

제 2 절 문화체육관광부의 조직과 기능

여기서는 문화정책을 주도하는 문화체육관광부의 조직과 기능을 살펴본다. 이명박 정부 들어 2008년에는 국정홍보처의 국정홍보, 정부 발표 기능과 정보통신부의 디지털콘텐츠산업 기능이 문화관광부로 이관되었고, 명칭도 문화체육관광부로 변경되었다. 참여정부 당시 조직의 생산성 향상을 목표로 도입되었던 팀제와 본부제는 작은 정부를 지향하는 신정부 방침에 따라 조직간소화를 위한 대국대과제(大局大課制)로 변경되어 본부 62개 팀을 54개 팀으로 축소되고 지나치게 세분화된 '팀'제 조직을 '과' 편제로 원상복귀되었다(2009년 문화정책백서). 이에 따라 2010년 12월 현재 문화체육관광부의 조직은 2차관 3실 11관 3단 54과와 소속기관으로 1차 11개, 2차 18개를 두고 있다. 정원은 소속기관을 포함해 2,456명이다.

먼저 장차관 직속기관으로 정책보조관과 대변인, 감사관을 두고 차관 직속기관으로 인사과와 운영지원과를 두고 있다. 제1차관은 기획조정실과 문화콘텐츠산업실, 문화예술국, 관광산업국, 도서관정보정책기획단, 대한민국역사박물관건립추진단을 관할하고, 제2차관은 종무실과 체육국, 미디어정책국, 홍보지원국, 아시아문화중심도시추진단을 관할한다.

기획조정실은 정책기획관과 비상계획관을 두고 있으며, 중장기기획을 총괄하고, 예산과 조직, 성과관리, 국회 대응, 정보화사업을 담당한다. 종무실은 우리나라 종교정책 업무를 총괄하며, 종교인들 간의 화합과 갈등 해소를 통해 종교가 우리 사회에 건전한 영향을 미치도록 하는 업무를 수행한다. 하부조직으로 종무1담당관은 종무정책에 관한 종합계획의 수립 및 시행, 연합종교단체 관련 업무의 지원과 법인의 설립 허가 및 활동 지원, 불

[그림 12-1] 문화체육관광부 조직(2010. 12. 31. 기준)

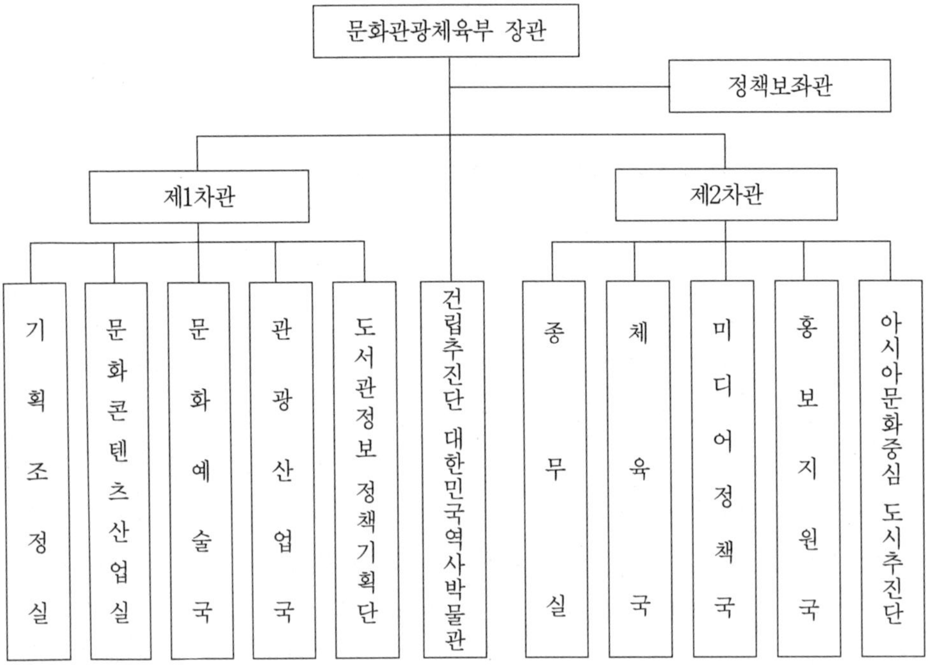

교·유교 및 민족종교 관련 종무정책의 수립·시행과 관련 업무의 지원, 관련 법인의 설립 허가 및 활동 지원, 전통사찰 및 향교재산의 보존·관리에 관한 사항, 불교활동 실태에 대한 조사·연구, 남북 및 국제종교 교류지원 등의 업무를 담당한다. 종무2담당관은 유교 등 민족종교 및 개신교·천주교 관련 종무정책의 수립 및 시행과 실태조사 등을 담당한다.

다음으로 문화콘텐츠산업실은 2008년 3월 콘텐츠 관련 산업의 종합적 추진을 위해 문화콘텐츠와 저작권, 미디어를 통합하여 설치되었으나 2009년 5월 미디어 분야를 제2차관 소속의 미디어정책국으로 이관했다. 문화콘텐츠산업실은 실장 산하에 콘텐츠정책관과 저작권정책관으로 구성된다. 콘텐츠정책관은 영화, 음악, 애니메이션, 미디오, 게임, 멀티미디어, 캐릭터, 만화 등 문화산업 분야의 기반시설 확충과 전문인력 양성, 문화상품 개발, 문화산업의 해외 진출 등을 지원하며, 저작권정책관은 콘텐츠 보호를 위해 저작권의 생산과 유통, 소비 과정의 저작권 인증과 불법 저작물 단속 업무를 수행한다. 콘텐츠정책관 산하에는 문화산업정책과와 영상콘텐츠산업과 게임콘텐츠산업과 디지털콘텐츠산업과를 두고 저작권정책관 산하에는 저작권정책과, 저작권산업과, 저작권보호과를 두고 있다.

문화예술국은 문화·여가 발전을 위한 기본 계획을 수립하고 도서관·박물관 정책, 국어정책, 지역문화 진흥, 국제문화 교류, 문화예술 교육 업무를 관장한다. 하부조직으로 문화여가정책과, 국어민족문화과, 지역문화과, 국제문화과, 문화예술교육팀을 두고 있다. 보좌기관으로 문화정책관과 예술정책관을 두어 예술진흥 정책 수립과 예술 창작 지원, 각종 문화예술 프로그램의 개발·보급 등을 담당한다.

관광산업국은 참여정부 당시 기존의 국(局)에서 격상하여 관광산업본부 체제로 운영되었으나 다시 국 체제로 환원되었다. 관광산업국은 국제화 추세에 대응하여 굴뚝 없는 산업이라 할 만큼 부가가치가 높은 관광산업의 진흥을 위해 적극적인 외래 관광객의 유치와 국민관광의 균형 발전 등을 추진한다. 특히 이명박 정부의 중요 어젠다라 할 수 있는 '4대강 문화로 살리기'와 녹색관광, 새만금 개발 등을 추진한다. 이를 위해 하부조직으로 녹색관광과와 관광레저도시과, 새만금개발팀을 두고 있다. 또한 산하에 설치된 관광레저도시추진기획단은 지역의 균형 발전과 국가의 경쟁력 강화를 위해 관광, 레저 스포츠, 문화, 교육, 의료, 주거 등 다양한 기능이 복합적으로 갖추어진 관광레저형 기업도시 조성을 위한 정책 개발 및 지원, 집행 업무를 수행한다. 이는 낙후지역을 복합적 관광산업을 통해 개발하고자 무주와 태안, 해남·영암 지역 3곳을 시범지역으로 선정해 추진하고 있다.

다음으로 미디어정책국은 방송·통신 융합 등 급변하는 미디어 환경에 대응하여 미디어산업을 체계적으로 육성하고 방송영상·광고 기반 구축, 전자출판 진흥 업무를 담당한다. 미디어정책국 하부조직으로 미디어정책과와 방송영상광고과, 출판인쇄산업과가 있다.

홍보지원국은 이명박 정부 들어 과거 국정홍보처의 기능을 흡수한 것으로 중요 정책에 대한 홍보컨설팅을 통해 정책홍보와 관련한 자문을 수행하며 보좌기관으로 홍보콘텐츠기획관과 홍보지원 정책과 국정과제홍보과, 분석과, 정책광고과, 홍보콘텐츠과, 정책포털온라인 홍보협력과를 두고 있다.

아시아문화중심도시추진단은 정치·경제·문화의 수도권 집중 폐해를 극복하고 21세기 신성장 동력인 문화를 통해 혁신함으로써 새로운 도시 발전모형을 만들어내기 위한 시범사업으로 광주광역시를 아시아문화중심도시로 육성하기 위한 사업을 지원한다. 하부조직으로 문화도시정책과, 문화도시개발과, 전당기획과, 전당시설과 전당운영협력팀을 두고 있다. 아시아문화중심도시는 국가가 문화를 통해 지역균형 발전을 달성하기 위한 대규모 문화 프로젝트로서 2023년까지 2조 원이 투자되는 계획을 수립하고 있다. 대통령 소속으로 '아시아문화중심도시조성위원회'를 설치하여 아시아문화중심도시 조성의 기본 방향과 제도, 인력 양성 및 국제 협력, 아시아문화전당 건립 및 운영 등의 업무에 대한 심의 및 자문 기능을 수행한다. 그러나 아시아문화중심도시는 역사 속에서 광주가 갖는 상징성을 감안하여 노무현 대통령의 공약사업으로 추진됨으로써 문화적 논리보다 정치적 논리로 진행되었다는 비판도 제기된다.

제 3 절 문화재청의 조직과 기능

문화재 업무를 담당하는 행정조직은 1961년 10월 문교부 외국 형태의 문화재관리국으로 처음 설치되어 1968년 문화공보부 설치와 함께 문화공보부 외국으로 변경되었다가 1989년 문화부, 1998년 문광부를 거쳐 1999년 5월 24일 문화유산의 보존과 가치 창출로 민족문화 발전에 기여함을 목적으로 독립 승격되어 오늘에 이른다.

문화재청은 문화재 지정 및 등록을 비롯해 현상 변경·발굴 등 허가, 문화재 보존과 재정 지원, 조선 궁·능 및 중요 유적지 관리, 우리 문화재 세계화 및 남북문화재 교류, 문화재 조사·연구 및 전문인력 양성 업무를 수행하고 있다. 이를 위해 문화재청장과 차장 산하에 기획조정관과 문화재정

[그림 12-2] 문화재청 조직(2010. 12. 31 기준)

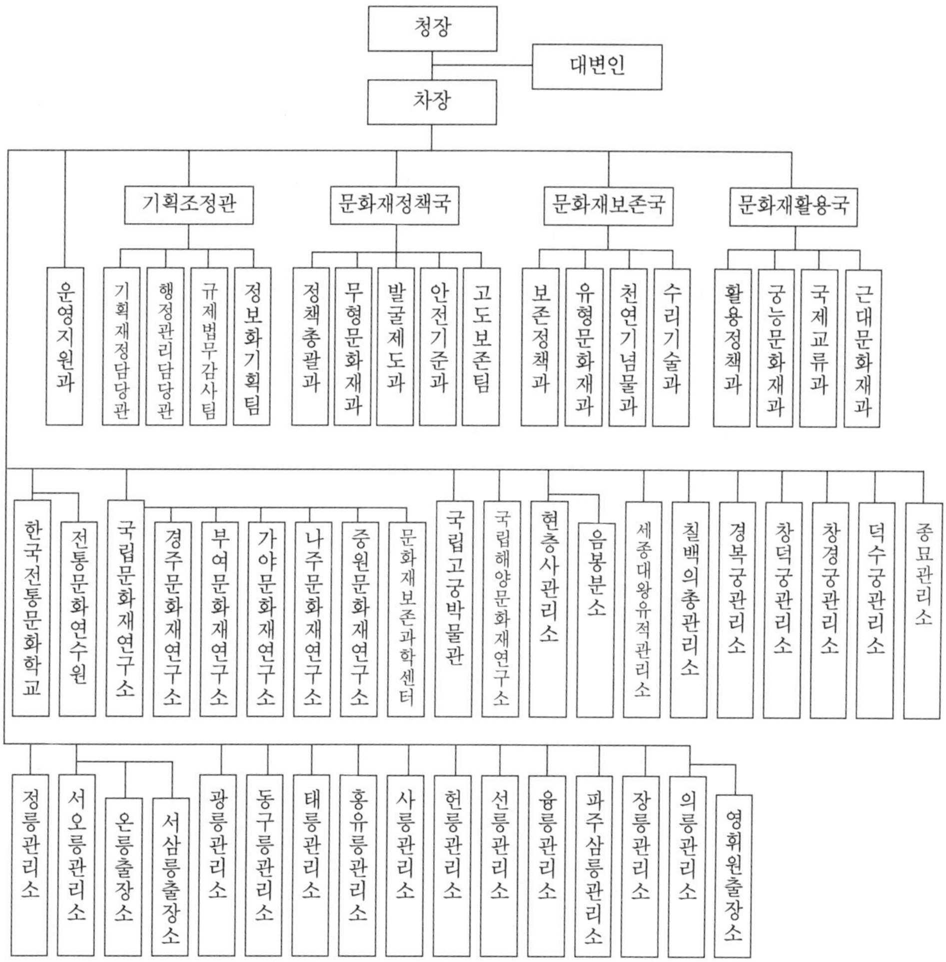

책국, 문화재보존국, 문화재활용국의 1관 3국 체제를 갖추고 있다. 산하에는 국립문화재연구소를 비롯해 5개의 지역별 문화재연구소와 문화재보존과학센터를 두고 있으며, 한국전통문화학교와 국립고궁박물관, 국립해양문화재연구소와 현충사관리소 외에 20개의 관리소, 1개 분소와 3개 출장소를 두고 있다.

문화재청의 승격과 함께 인력과 예산도 증가했는데, 문화재청 인원은

1998년 541명에서 2006년 736명으로 증가했고 동기간 동안 예산도 2배 이상 늘어났다. <표 12-2>에서 2000년 문화재청 예산은 2,558억 원에서 2010년 5,212억 원으로 2배 이상 늘어났는데, 특히 2005년 균특회계가 신설되고, 2010년에는 문화재보호기금이 신설됨으로써 실질적 예산 증액 요인으로 작용했다.

그러나 이러한 문화재예산을 정부예산이나 문화관광 분야 예산과 비교하면 여전히 낮은 것으로 나타난다. 문화재 예산의 정부예산 점유율은 0.18%, 문화관광 분야 예산 점유율은 14.1%에 불과한 것으로 나타나 큰 변화가 없는 것으로 보인다.[8] 즉 문화재 예산의 증액이 정부예산이나 문화관광 분야 예산 증가율을 따르지 못하고 있는 것으로 볼 수 있다. 이러한 문화재 예산은 사적 및 자연문화재 보존관리비가 가장 많고, 다음으로 문화재 행정 지원, 궁능원 보존, 문화재 조사연구 복원, 동산 및 건조물문화재보

〈표 12-2〉 정부예산 대비 문화재 관리예산

연도별	정부		문화관광 분야			문화재청			
	재정지출 규모	전년 대비	재정지출 규모	전년 대비	점유율 (정부)	재정지출 규모	전년 대비	점유율 (정부)	점유율 (문화부)
2004	1,969,410	26.5	24,464	-	1.24	3,609	3.5	0.18	14.7
2005	2,095980	6.4	27,227	11.3	1.30	3,580	△2.4	0.17	13.1
2006	2,347,066	12.0	29,189	7.2	1.24	3,867	8.2	0.16	13.2
2007	2,337,186	△0.4	28,619	△2.0	1.20	4,157	8.0	0.18	14.5
2008	2,571,657	10.0	32,580	13.8	1.27	4,348	7.2	0.17	13.3
2009	3,017,526	17.3	35,526	9.0	1.18	5,006	15.1	0.17	14.1
2010	2,928,159	△3.0	36,959	4.0	1.26	5,212	5.8	0.18	14.1

참고: 재정지출 규모는 예산과 기금을 더하고 내부거래 및 보전지출을 제외한 것이며, 2010 예산은 2010년 6월 기준으로 추경편성 이전 자료임.

8) http://www.cha.go.kr/ 문화재청 주요 업무 통계자료집을 참조. 균특회계는 2010년 광특회계로 변경되었다.

존관리, 무형문화재 보호 등의 순으로 사용되고 있다.

문화재를 둘러싼 여건의 변화가 급속하게 진행되고 있기 때문에 향후 문화재정책에서도 이에 대한 대응이 필요하다. 문화재에 대한 국민의 관심은 주5일 근무제가 정착하면서 크게 늘어 문화재 관람이나 향유에 대한 수요 증가를 보이고 있다. 남대문 화재와 관련한 국민의 폭발적 관심은 문화재에 대한 인식이 크게 달라졌음을 의미한다. 문화재는 그 특성상 보존관리가 가장 중요하기 때문에 문화재관리를 위한 행정 체계를 한 단계 업그레이드시키고 보존관리 방안을 발전시켜야 한다. 이와 함께 국민의 문화재 수요 충족을 위한 접근성을 제고하기 위해 단순한 보존에서 한 걸음 더 나아가 일상생활에서의 활용과 산업화 방향으로의 추진도 필요하다. 문화유산의 관광자원화를 통해 국가 이미지 제고와 국가경쟁력을 강화하고자 하는 것은 세계적인 추세이다.

특히 세계화 시대의 도래와 함께 국가의 정체성 위기가 심화되고 주변국의 역사 왜곡으로 인한 갈등 유발 가능성도 제고됨에 따라 문화재정책의 중요성도 높아지고 있다. 이에 따라 문화유산의 국제관리나 국제 교류 등이 강화될 필요가 있다. 지금까지 유네스코의 세계 문화유산 등재는 16건이 이루어졌으나 자치단체 차원에서도 세계유산 등록에 대한 관심이 제고되면서 다양한 문화유산 등록이 추진되고 있다.[9] 이 같은 추세는 문화재가 관리비만 드는 애물단지로 방임되던 과거와 비교하면 큰 차이가 있다. 문화재야말로 새로운 문화 콘텐츠 개발의 보고(寶庫)라는 인식이 대두되면서 문화정책뿐 아니라 문화산업 정책면에서도 문화재가 차지하는 정책 비중이 크게 높아지고 있다.

---

9) 유네스코의 등재 유산은 크게 세 가지로 세계유산과 인류의 무형유산, 세계기록유산이 있으며, 우리나라는 세계유산으로 석굴암 불국사(1995), 해인사 장경판전(1995), 종묘(1995), 창덕궁(1997), 수원 화성(1997), 경주 역사유적지구(2000), 고인돌 유적(2000), 제주 화산섬과 용암동굴(2007), 조선왕릉(2009)이 있고, 세계기록유산으로 훈민정음(1997), 조선왕조실록(1997), 직지심체요절(2001), 승정원일기(2001), 조선왕조의궤(2007), 고려대장경판과 제경판(2007), 동의보감(2009)이 있다. 2010년 8월 안동하회마을과 양동마을이 세계유산으로 추가 지정되었다.

[그림 12-3] 문화재정책의 비전과 목표

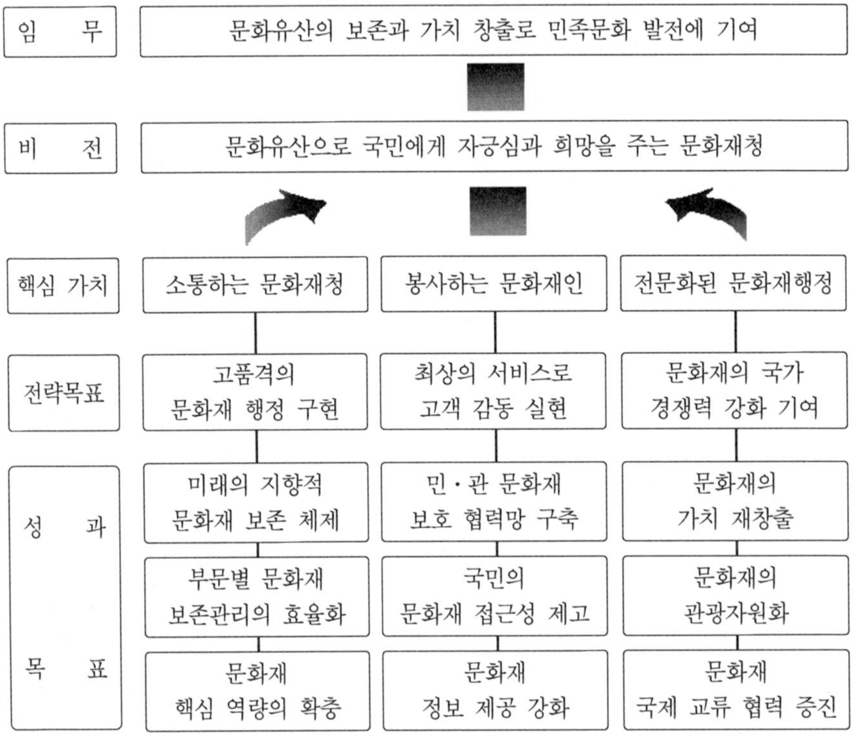

출처: http://www. cha.go.kr 문화재청 주요업무 추진계획.

제 4 절 지방 문화행정 조직

1 지방 문화행정의 변화

1980년대부터 지역문화의 활성화가 문화정책의 핵심 가치로 등장하기 시작한 이후에 지역문화정책은 주로 문화예술의 발전과 지역 주민의 문화 생활 수준 향상에 초점을 두어 왔다. 이러한 정책 목표는 '1980년대 새문화정책'(1981년), '지방문화중흥 5개년계획'(1983년), '새문화 · 체육 · 청소년 진흥 5개년계획'(1994년) 등에 일관되게 나타나 있으며, 1996년 초부터 문화체육부 문화복지기획단에서도 문화복지정책의 하나로 문화도시 건설과 지역문화 활성화를 중요한 정책의제로 논의하고 있다.

이러한 중앙정부의 지역문화 활성화 노력과 달리 지방정부 차원에서는 문화예술 업무를 전담하는 조직 체계를 갖추지 못해 전문적이고 효과적인 추진이 이루어지지 못했다. 1980년대에 자치단체의 문화행정 조직은 공보행정 조직과 혼재되어 있었으며, 문화행정 업무를 담당하는 공무원들의 전문성은 매우 낮은 실정이었다.

그러나 1995년 지방자치가 본격적으로 실시되면서부터 지방자치단체가 문화정책에 적극적으로 관심을 기울이기 시작했고, 문화행정 조직이 전문성을 띠기 시작했다. 그것은 문화정책이 지역민들의 높아지는 문화적 욕구를 충족시켜 줄 뿐 아니라 지역적 정체성을 확인시켜 줌으로써 주민들의 참여와 통합을 이끌어낼 수 있는 수단으로 인식되기 시작되었기 때문이다. 주민의 문화적 참여와 문화 향유 기회를 제공할 수 있고 문화행정의 분권화에 기여할 수 있다는 점에서 의미가 있다. 특히 문화관광을 통해 지역 개발의 효과까지 기대할 수 있다는 점에서 다양한 문화정책과 문화행정의 방법들이 도입되면서 자치단체 차원의 전담조직을 통해 지역별로 차별화된 다양한 문화정책을 추진할 수 있는 기반이 형성된 셈이다.

그러나 지방자치단체 차원에서 문화행정 조직의 주요 업무라 할 수 있는 축제나 각종 이벤트 개최가 양적으로는 급증했지만 지역별로 차별화되거나 주민의 삶 속에 착근되지 못함으로써 행사성 낭비 요인으로 비판받기도 한다. 문화정책이 지역 개발을 위한 다양한 시도로 평가받기도 했지만 많은 경우 전시성(展示性) 사업에 머무름으로써 실제 지역 개발의 효과나 지역민의 삶의 질을 높이는 데까지는 이르지 못했다는 반성이 제기되면서 문화행정 조직의 전문화나 확대 추세에도 최근 제동이 예상되지만 또 다른 한편으로 대규모 국제행사나 국제기구 가입 등을 통해 지역의 글로벌 경쟁력을 강화하려는 경향도 나타난다.

2 조직의 특성

민선지방자치제 실시 이후 지방자치단체의 업무에서 문화 기능이 중요시되면서 문화 관련 조직도 변화되고 있다. 서울시가 '디자인 서울'을 통해 문화를 전면에 내세우는가 하면 부산이 부산국제영화제를 계기로 문화예술도시를 지향하고 있고 광주가 아시아문화 중심도시, 경주가 역사문화 중심도시, 전주가 전통문화 중심도시를 지향하고 있다. 이에 따라 자연히 문화 관련 조직들이 지방행정에서 중요 부서로 등장하고 인력과 조직 확대 등을 나타내고 있다. 이러한 지방정부의 문화행정 조직의 특징을 살펴보면 다음과 같다.

기존의 공보 기능을 분리하여 문화행정을 전담하는 조직 체계를 갖춘 자치단체가 하나둘씩 늘어나고 있으며, 이에 따라 조직의 전문화가 강화되고 있다. 그것은 문화정책이 시정이나 도정의 전면에 부상하고 지역 발전의 주요 수단으로 등장하고 있음을 반영한다. 광주광역시, 춘천시, 수원시, 부천시, 진도군, 광명시 등과 같이 지역의 정체성이나 목표를 '문화도시'에 두고 이를 적극적으로 표방하는 자치단체들이 나타나고 있다. 특히 광주광역시의 경우에는 '아시아문화 중심도시' 또는 '문화수도' 건설이라는 명분으로 문화체육관광부에 직접 별도의 추진조직을 통해 관리되고 있다. 광주광역시의 자체 조직을 보면 문화체육정책실과 도시마케팅본부의 이중 체제를 갖추고 문화체육정책관실에는 문화수도정책관과 문화예술과 문화산업과, 체육지원과를 두고, 도시마케팅본부에는 U대회지원관과 관광진흥과, 국제협력과를 두는 동시에 도시건축국에도 도시디자인과를 두고 시 산하에는 별도의 재단법인 광주비엔날레를 설립해 운영하고 있다.

서울과 경기도, 광주는 '문화재단'을 비영리법인 형태로 설립하여 문화예술 지원사업과 기금관리 운영사업을 수행하고 있다. 문화재단은 문화예술의 관 주도화를 탈피하여 다양한 민간의 활력을 수용하고 대중성과 시장성을 가미하기 위한 시도로 평가된다. 서울은 부시장급의 디자인서울총괄본부를 두고 있고 문화국와 문화시설사업단을 별도로 설치하고 있으며, 문화성과지표제를 통해 문화 향유 기회나 시민의 삶과 문화, 관광객 수, 전통문화 보존 등의 성과를 정량지표로 관리하고 있다. 이러한 지표관리 방식은 문화행정의 가시적이고 구체적인 목표를 설정하여 추구해 나간다는 점에서 효율적인 성과관리 방식으로 평가된다.

기초자치단체 차원에서도 춘천이나 순천 등 몇몇 자치단체가 담당관제를 통해 문화예술 조직을 강화하는 한편 전문화를 꾀하고 있다.[10] 이천이 유네스코의 창조도시 네트워크에 가입한 이래 파주나 인천 남구도 유네스코 창조도시 가입을 위한 전문 팀을 구성하고 있다. 함평의 경우 나비축제로 상당한 성과를 거두기까지 행정기구나 조직도 상에 드러난 조직 이외에 실질적으로 거의 모든 행정조직과 역량이 축제에 동원되어 왔다.

최근 이러한 지방자치단체들의 문화 관련 조직은 조직 내 연계성을 강화하는 데 초점을 두고 있다. <표 12-3>에서 보는 바와 같이 문화, 체육, 관광행정 업무의 연계를 위한 조직 체계를 갖추고 있는 자치단체가 많다. 경주시와 강릉시는 문화관광국, 수원시, 청주시, 전주시, 제주시는 문화예술과, 춘천시는 문화예술담당관, 공주시, 보령시, 안동시, 진주시, 진도군, 담양군, 서귀포시, 나주시, 충주시, 사천시, 남제주군, 평창군 등은 문화관광과(관광문화과, 문화관광담당관 등) 그리고 부천시, 광명시, 창원시, 의정부시, 구미시, 원주시, 목포시, 등은 문화체육과(문화체육담당관)를 두고 있다.

이러한 조직은 대체로 문화예술을 관광산업과 연계하거나 생활체육과 연계해 주민의 삶의 질 제고를 목표로 삼고 있다. 문화예술 조직을 강화하는 배경에는 지역별로 축제나 이벤트가 늘어나 이를 관리하는 것이 주 업무가 되어 있는 경우가 많다. 그러므로 사실 문화예술조직이 강화되고 있어도 주민의 일상생활 속에서 문화예술에 대한 접근 기회는 여전히 제한적이라 할 수 있다.

---

10) 그러나 이러한 조직은 수시로 개편되고 있어 일괄해서 말하기는 어려운 점이 있다. 지방자치체가 실시된 후 2000년대 초반에는 문화예술 관련 조직들이 강화되거나 격상되는 추세였으나, 후반 들어 다시 약화되는 움직임도 있다.

〈표 12-3〉 지방정부 문화 관련 조직표

문화행정 조직	기초 시명
문화관광과	공주시(문화예술, 문화재1·2, 관광, 관광시설), 보령시(문화예술, 관광), 안동시, 진주시(문화, 관광)
문화관광담당관	충주시(문화예술, 관광, 문화재), 순천시(문화, 문화재, 관광 진흥)
문화관광담당관실	사천시(문화예술, 관광시설, 체육)
관광문화과	서귀포시(관광 진흥, 관광시설, 문화)
문예관광과	나주시(문화예술, 관광)
문화예술과	수원시(문화관광, 예술), 청주시(예술, 문화관광), 전주시(예술, 관광), 제주시
문화예술담당관	춘천시
문화홍보담당관실	군포시
경영문화담당관	문경시
문화관광국 문화예술과	강릉시(문화, 문화재, 예술)
문화관광국 문화과	경주시(문화, 문화재, 문화재시설)
문화체육과	광명시, 의정부시(사회 진흥, 문화예술, 생활체육), 부천시(공보, 문화), 창원시(문화, 예술, 체육 지원)
문화체육담당관	구미시(문화예술, 체육 진흥, 관광문화재)
문화체육담당관실	원주시(문화예술, 문화재관리, 체육청소년계, 홍보기획)
문예체육과	목포시(문화예술, 체육 진흥)
문화공보	기타

참고: 자료는 2010년 6월 기준임.

Chapter 13 문화정책과 행정의 발전 방향

문화정책의 목표는 결국 시민이 그곳에 살고 있는데 정서적으로 만족하고 행복감을 느끼며, 앞으로도 그 지역에 계속 살고 싶어하게 만드는 것이라 할 수 있다. 문화정책의 목표를 시민이 행복한 사회에 둔다면 행정은 지금까지와는 달라져야 한다. 인간을 행복하게 하는 것은 단순히 효율적인 관리만으로 되는 것이 아니기 때문이다. 지금까지 견지해 왔던 행정 주도의 원리를 버려야 한다. 행정이 문화 발전을 주도하는 것이 아니라 시민 스스로 문화활동을 하도록 장려하고 지원하는 것이 더 중요하다. 시민 스스로 주체적인 관심과 참여를 통해 문화활동을 하고 다양한 교류를 통해 문화가 발전할 수 있도록 시민이 주체가 되고 행정이 이를 보완하는 원리가 적용되어야 한다. 이를 위해 21세기 문화정책과 행정이 지켜 나가야 할 방향을 논의하기로 한다.

제 1 절 중앙과 지방의 역할 분담 시스템 구축

문화정책은 중앙집권화와 지역분권화라는 두 가지의 상이한 필요 조건을 충족시켜야 하는데, 이 두 가지 조건은 동시에 발생하지도 않고 또 같은 목적을 갖지도 않는다. 그러므로 집권화와 분권화가 조화롭게 균형을 이루어야 한다. 중앙집권화는 문화 발전의 초기 단계에서 필요하고, 문화 발전의 기초작업을 중앙 차원에서 어느 정도 마무리한 다음에는 지역분권화의 단계로 넘어가는 것이 유리한 경우가 많다.

이러한 점에서 생각할 때 우리도 이제는 좀 더 적극적인 분권화 정책 시스템을 구축할 단계에 왔다고 할 수 있다. 문화정책의 분권화는 문화적 민주주의를 실현하고 문화활동이 생활양식의 변화에 부응하기 위해서는 정책의 최종 목표나 중간 목표 및 정책 수단이 지역적 차원에서 논의되고 고안되어야 하기 때문에 필요한 것이다. 문화생활과 문화활동은 개인이나 단체의 자발성과 창의성 및 책임감을 전제로 하기 때문에 중앙정부는 그 규모나 성격에 비추어 볼 때, 새로운 요구나 현실에 민감하게 반응하고 또 정치적 변화 요구에 부응하기에는 적합하지 못한 점이 많다는 단점이 있다. 그러므로 문화정책의 지역분권화는 문화적 민주주의와 지역의 문화적 자립의 기본 원칙이라고 할 수 있다.

그러나 중앙에서 고유하게 수행해야 할 역할도 있다. 문화정책에 관련된 국가적 정체성 유지나 지역 간 문화 격차 해소, 전국적 홍보, 전문가의 훈련·양성, 문화 인프라 구축, 기타 창조적인 개혁작업 등은 지역 차원에서 필요한 수단이나 능력이 결핍되어 있기 때문에 중앙에서 담당할 필요가 있다. 전국 차원의 문화적 어젠다를 상황에 따라 평가·검토하고, 재정 지원 등을 통해 지방정부를 격려하며, 법률상의 근거와 행정적인 절차·규칙 등을 마련하고, 지방의 선도 능력이 부족하거나 국가적 하한선(national minimum) 차원에서 전국적 형평성이 필요한 경우는 중앙정부가 직접 관여하는 집권화가 필요할 수도 있다.

문화정책에서 중앙정부의 역할은 첫째, 국가적 정체성 유지를 위한 문화적 어젠다 설정과 문화적 형평성 보장이다. 우리 사회가 다원화되고 다문화되어 갈수록 국가적 정체성 확립을 통한 사회통합성 유지는 중요하다. 지역 간 문화적 격차를 해소하고 문화적 소외계층에 대한 대책 등을 통해 최소한의 문화적 서비스를 확보하는 노력 역시 사회통합성 유지를 위해 필요하다. 향후 미래 세대를 위한 선진 문화국가 건설이라는 목표를 세우고 국력을 집중해 나가는 역할도 중앙정부의 몫이다.

둘째, 홍보활동과 전문가 양성이다. 아직까지도 공공 분야에서 미개척 분야인 문화활동은 이 분야의 많은 주제들 중 새로 습득해야 할 것이 많기 때문이다. 중앙정부는 지방정부에 정보를 제공하고, 문화활동의 기획자나 행정가(경영자)를 양성해야 한다. 전문가가 없다면 제아무리 훌륭한 정책이라도 실현될 수 없다. 입시 위주의 학교교육에서 문화예술 교육의 영역을 지켜내는 것도 중앙정부의 역할이다.

셋째, 기술 지원과 조정 역할이다. 중앙정부는 지방정부와 지방문화기관에 계속적으로 문화적 어젠다에 대한 주의를 환기시키고 기술적인 지원을 계속해야 한다. 기술적인 지원은 전문가단체를 통해서 제공할 수도 있고, 국고 지원의 방법을 통할 수도 있다. 한편 교육활동 · 문화활동 · 여가체육활동 등을 위한 시간과 시설 활용을 조정하는 역할, 지역 간의 경쟁 의식이 문화적 노력과 비용을 분산시킬 우려가 있을 경우의 조정 역할도 중앙의 역할이다.

넷째, 연구와 창작의 역할이다. 중앙정부는 사회 변화의 결과 또는 정부 시책의 결과로서 야기되는 문제를 다루고, 문화활동의 최종 목표를 설정하고 수단을 동원할 수 있다. 또한 문제를 분석하고, 결과를 평가할 방법을 마련하고, 미개척 분야의 문제에 관한 개혁적인 시도에 착수하고, 발전을 위한 국제 협력을 증진시키는 업무는 중앙정부에 있다. 그러나 행정적인 문제는 원칙적으로 지방자치단체의 소임으로 넘겨야 한다. 그것이 중앙정부의 관할 아래 놓이게 되면 과도한 중앙집중의 결과를 낳게 되고, 문화활동의 수도권 집중화, 문화예술단체나 예술가의 편협한 선택 지원, 관료주의화 및 중앙 의존적 획일화 등 여러 병폐가 뒤따르게 된다. 따라서 문화 지원정책에 관한 한 중앙정부는 행정상의 문제에는 가급적 직접적인 개입을 억제해야 한다. 앞에서 언급했듯이 중앙정부가 직접 개입하는 경우는 어떤 문화활동이 국가적 차원의 우선적 문제로 부상할 때, 또는 지방정부로서는 문제의식이 희박하고 재정이 크게 부족한 분야에 한해서이다.

일반적으로 기능 및 사무 배분 원칙에 의하면, 중앙정부는 통일적으로 처리할 필요가 있는 업무(정책 · 기획 · 지도 · 조정 · 권고 · 감독 등)를 맡고, 광역자치단체(광역시, 도)는 광역적인 업무와 중앙행정의 보완·조정·연락의 업무를 맡으며, 기초자치단체(구·시·군)는 주민 신변에 관한 문제와 편의를 서비스하는 업무를 맡게 되어 있다. 이렇게 보면 문화행정은 기초자치단체가 주도하는 '보완성의 원칙'이 필요하다. 기초자치단체는 문화행정의 기초 단위로서 실제적인 프로그램 차원의 행정의 주체가 되어 기본적인 '지역문화 발전계획'을 입안·수립하고, 현실적인 시책을 지역 특성에 맞게 집행하도록 하는 것이 바람직하다. 지역문화의 잠재 역량을 조사·발굴·활용하기 위한 종합적인 지역문화 발전계획을 지역 주민과 더불어 기초자치단체 단위에서 연구 개발하고 실천해 나가야 한다. 그러므로 분권화에 부응하는 자치단체의 문화정책은 ① 지역문화의 자립화, ② 지역문화의 개성화와 특성화, ③ 지역문화의 다양화와 다원화의 방향으로 지향해 나가야 할 것이다. 따라서 자치단체의 문화행정은 지역 실정과 특성에 맞는 주민문화 형성의 기반 조성과 조건 정비를 목적으로 하는 지원행정이 되어야 한다.

제 2 절 정보화와 문화화의 조화

고도정보화의 진전은 새로운 문화예술 장르의 출현에 더해 문화예술에 관한 매체 내지는 유통의 혁신을 촉진한다. 그것은 또 그 기초가 되는 저작권 등에 관한 새로운 과제를 끊임없이 발생시킨다. 오늘날에는 미디어 자체가 문화의 주요한 내용을 이루고 있으며, 문화예술의 유통은 금후의 문예 진흥의 근간에 관계된다고도 할 수 있다. 앞으로 정보와 문화는 불가분의 밀접한 관계로 떠오를 것이므로 이제부터 정보문화와 관련한 정책에 대해서는 문화정책의 입장에서 적극적인 관여가 필요할 것이다.

특히 멀티미디어의 발달은 문화예술 분야에 새로운 가능성을 갖게 한다. 즉 새로운 장르의 창조(다른 분야의 융합, 새로운 분야의 창조), 새로운 연출·전시 방법(원격자 간의 접속, 새로운 연출 방법, 3차원 정보에 의한 전시, 가상박물관과 미술관 등)을 가능하게 한다. 그뿐만 아니라 창조와 감상 지원(기초훈련의 광범위한 활용, 감상활동 지원, 전통 예능·고미술 등의 복원·입체 화상에 의한 보존 전승) 등은 물론 영상·음향예술 분야를 새롭게 변화시키고 발전시켜 나갈 가능성이 높다. 이에 따라 앞에서 말한 것처럼 그 기초가 되는 저작권을 비롯해 문화 기반의 근간에 관한 새로운 과제를 차례로 발생시킬 것이 예상되기도 한다. 이러한 새로운 문화예술 영역의 진흥과 발생하는 과제에 대한 적절한 대응은 앞으로의 문화정책에서 중요한 내용을 이룰 것으로 보인다.

멀티미디어의 발전과 보급 확산으로 인해 예술활동의 주체(창조자)와 객체(관객·향수자)와의 관계, 그리고 이 양자가 만나는 장소(극장·전시장) 등 3자간의 관계가 모호해지게 된다. 따라서 이들 중 어디에 지원해야 할 것인가 하는 지원 대상도 분명하지 않게 된다. 아직은 공적 부문에서는 지원자의 입장이 유지되지만 사적 부문에서는 지원자와 피지원자의 관계가 뚜렷하지 않을 가능성이 높다. 그런 의미에서 사적 부문의 역할은 점점 더 증대하고 지원의 구조 자체가 크게 변화해 나갈 것으로 생각된다.

제 3 절 종합적 문화정책의 지향

앞으로 우리나라에서 생활의 질 향상에 대한 국민의 욕구는 점점 더 증대해 갈 것으로 예상된다. 그 내실은 문화적인 생활과 이것을 뒷받침하는 문화적인 환경의 실현에 있고, 문화는 21세기 사회에서 최상위 개념으로 인식될 개연성이 높다. 그것은 생활 주체들이 문화예술을 즐기고 문화활동의 활성화를 초래함과 더불어 문화와 생활공간의 긴밀화 및 그에 따른 일상생활 공간의 미적 정비를 강하게 요청하게 된다. 한편 문화는 국제사회에서 국가와 국민의 품위를 밖으로 드러내고, 새로운 산업을 일으키고, 제품의 부가가치를 높이고, 사회복지의 일환을 이루며, 다가오는 멀티미디어

사회의 기본적 실체를 형성하게 될 것이다.

21세기에 우리나라가 대내적으로는 국민생활의 질 향상을 실현하고, 대외적으로 문화 한국으로서의 존재감을 나타내기 위해서는 문화정책이 국가정책의 중요한 일익으로 자리매김하지 않으면 안 된다. 특히 다문화사회의 도래에 따라 이주외국인에 대한 정책도 문화정책에 포함해야 한다. 그러므로 앞으로의 문화정책은 넓은 의미의 문화정책으로 전개될 필요가 있는데, 이때에 다음에 열거하는 몇 가지 점에 유의하여 문화체육관광부가 조정 기능을 발휘하여 종합문화정책을 확립할 필요가 있다고 본다.

1 문화와 교육의 관계 강화

초등 및 중등교육의 단계에서는 문화예술에 관한 기본적인 소양을 기르고, 고등교육에서는 예술활동 주체(예술가 등)의 양성을 담당하는 등 학교교육과의 연관성은 아주 강하다. 앞으로 창조와 향수의 매개자를 육성할 때 교육의 역할은 더욱 커질 것이며, 또 최근에 학교 내외에서 어린 학생들에 의해 일어나고 있는 갖가지 문제를 해결하기 위해서도 문화와 교육의 관계는 더욱 강화되어야 할 것으로 보인다.

사회교육 활동의 많은 부분이 문화예술 활동으로 이루어지고 있다. 학교교육과 사회교육이 평생학습이라는 큰 테두리 안에 포함된다고 볼 때 평생학습교육과 문화정책은 점점 더 긴밀해질 것으로 보인다. 문화활동은 가르침을 받으면서 연찬을 쌓아 원숙한 경지에 이르고자 하는 뛰어난 교육적·자기계발적인 활동이다. 이런 의미에서 교육과 문화는 상호 불가분의 관계에 있으므로 두 가지 정책은 앞으로 더욱 강한 연관성을 가져야 할 것이다.

2 문화와 경제의 관계 강화

문화는 경제 발전에 힘입고, 경제도 문화에 의해 커다란 이익을 얻는다.

국제적으로 경제활동이 아무리 발전하더라도 문화로 무장된 사람이 보이지 않는다면 참다운 의미의 신뢰 관계는 이루어지지 않는다. 또 문화활동은 경제의 지원을 얻어 비로소 온전할 수 있다. 문화와 경제의 사이를 연결할 수 있는 강력한 고리를 만드는 것은 앞으로의 문화정책의 중요한 역할로 적극적인 대응이 요망된다. 그런 의미에서 문화산업이 주시되고 있지만 이를 넘어 문화가 더 넓은 창조산업과 연계될 필요가 있다. 문화를 통해 국민의 창의성을 기르고 상품의 창조성을 높이는 노력이 필요하다.

한편 문화예술 활동에 대한 경제계의 지원, 민간재단 등의 비영리단체와 자원봉사자 등의 활동이 중요한 역할을 할 것으로 예상된다. 이들 단체나 개인이 하는 여러 활동에 대해 일정한 평가를 통해 문화정책 추진의 전체적인 틀 안에 자리잡게 할 필요가 있다. 이때에는 활동의 주체성을 존중하고, 상호 보완하는 체제를 구축할 필요가 있다.

3 예술경영의 중시

최근 예술경영의 필요성이 인식되어 이론과 실천 양면을 통해 존재를 모색하기에 이르고 있다. 이제 문화정책은 민간 부문에 의한 문화 지원의 동향을 주목하게 된 것이다. 즉 문화정책이 종합적인 관점에서 추진될 필요가 생겼다는 의미이다. 이미 일부의 지방자치단체의 문화정책은 개별적인 정책의 영역을 넘는 종합성을 강화하려는 움직임도 보인다. 왜냐하면 지역사회가 해결해야 할 문화적인 문제는 거의 모두가 종합적인 해결 수단을 필요로 하기 때문이다. 이와 같은 현상은 문화정책이 단순한 행정집행으로부터 대폭적으로 탈피하고, 종합적인 경영으로서의 기능을 가진 것임을 시사한다.

이런 의미에서 문화정책은 넓은 의미의 예술경영(arts management)의 개념과 외연상 상당 부분이 합치하는 것이라고 생각되어 앞으로 문화정책 전반이 매니지먼트로서의 인식을 갖고 전개되어야 할 필요가 있다.

4 광의의 종합적 문화정책 수립

오늘날 문화는 모든 정책의 중심 이념으로서 모든 정책의 횡단적인 공통 항목으로 인식되어 가고 있는 추세이다. 그리하여 문화정책은 각종 정책의 견인력이 되고, 다른 정책은 이념상 문화정책에 수렴되는 경향이 있다. 이런 경향은 21세기에 더욱 강화될 것이 예상된다. 또한 문화에 의한 국제 공헌은 '문화 한국'으로서 우리나라의 국제적 지위에 관한 중요한 열쇠가 되고 있다. 이 때문에 문화정책의 국내외 전개는 어디까지나 높은 기획성과 입안 기능 및 그에 따른 고도의 정책 판단이 필요하다.

이미 일부 발빠른 지방자치단체에서는 문화정책이 다른 정책의 상위 개념으로 자리잡아 모든 정책이 그 밑에 통합화되는 구조가 나타나고 있다. 말하자면 문화정책이 다른 정책을 포괄하는 종합정책으로서의 색채를 강화하여 정책 전체가 문화정책에 수렴되는 방향으로 나가는 것을 엿볼 수 있다. 국가 문화정책에서도 문화정책의 핵심 영역을 좀 더 심화·발전시키는 동시에 개별적으로 추진되어 온 관련 영역을 포괄한 광의의 문화정책으로 재구성하여, 한층 더 고도로 세련된 종합적 문화정책으로 자리매김해 나갈 필요가 있다. 이를 위해 국가·지방자치단체와 민간기업·민간재단·자원봉사단체 등과의 역할 분담을 명확하게 하고, 각각이 협력·경합하면서 전체로서 우리나라의 문화 발전에 기여할 수 있는 기틀을 구축할 필요가 있다. 그뿐만 아니라 문화산업·정보문화·여가복지·사회교육에 관한 시책 등에 관해서는 문화체육관광부가 문화정책을 종합하는 입장에서 조정하며 또한 긴밀한 연대를 이루어 나갈 필요가 있다.

앞에서도 언급했듯이 지방자치단체와의 관계에 관해서는 지방분권의 방향을 존중해야 한다는 점은 두말 할 나위도 없으며, 국가 전체의 입장에서 노하우의 제공이나 인재의 육성 등 기반 시책이나 일반적인 조언 내지는 필요한 조정을 해나가야 할 것이다.

제 4 절 문화행정 체계의 전환

1 수평적 · 개방적 조직 체계로의 전환

행정의 문화화를 위해서는 조직 내 모든 구성원의 의식의 변화를 필요로 한다. 행정의 최고책임자를 포함한 행정의 모든 구성원이 이념과 인식 그리고 목표를 공유해 가는 과정 그 자체가 행정의 문화화의 추진이며 문화행정의 기반이 된다. 민주적 과정이 결여된, 수직적 통제형의 문화행정 시스템은 문화를 살리는 것이 아니라 틀 속에 가두어 버림으로써 문화 발전을 가로막는 장애가 된다. 수직적 · 하향적 명령 체계는 통제를 통해 구성원 간 합의와 자발적 협력을 가로막는다. 문화 부서가 관료적으로 운영되어 매년 업적을 종합 평가하고 이 때문에 획일적이고 전시적인 행정을 하게 된다면 문화행정은 문화를 살리는 것이 아니라 죽이는 것이 된다. 문화 부서는 구성원의 자발성과 다원성이 활발하게 표출될 수 있는 한편 외부로부터 항상 새로운 제안과 아이디어를 수혈받을 수 있는 수평적이고 개방적인 시스템 구축을 위해 노력해야 한다.

2 사전적 · 선도적 조직화

문화 부서를 기능 부전에 빠지게 하는 또 다른 요소는 문제가 발생한 이후에야 비로소 움직이는 '대책형' 사고이다. 이러한 대책형 사고는 행정의 평등성과 중립성, 효율성이라는 3원칙을 내세우지만 이 원칙에 안주하는 한 문화행정은 발전할 수 없다. 형식적인 평등에 대한 집착은 지역 특성을 반영할 수 없게 하고 형식적 중립성은 주민의 '시민화'에 대한 접근을 막아왔으며, 효율성의 과잉 추구는 도시의 미관과 디자인 개념의 도입을 가로

막아 왔다. 문화행정은 이러한 원칙 대신에 새로운 사고와 행동을 가능케 하는 '정책형' 사고를 필요로 한다. 문화 부서는 누구보다 빨리 사회의 변화 무게를 감지하고 이에 기반하여 미래로 향한 개성적 비전을 제시하는 사전적 · 선도적 정책을 추진해야 한다. 사회 변화와 미래를 보지 못하는 대책형 사고로는 단편적이고 땜질식 문제 해결에 급급할 뿐 우리 사회 통합의 새로운 가능성과 희망을 표현할 수 없다.

3 기획 조정 기능 강화

문화 부서는 어떤 부서와 밀접한 관계를 가지고 편제되어 있느냐에 따라 총무형, 기획형, 사업 부서형, 홍보형, 관광형 등 여러가지 유형이 있다. 문화행정이 사회의 문화화 추세에 대응한 종합적 정책 개발을 담당해야 한다고 생각하면 종합 기획 조정 기능이 발휘될 수 있는 기획형이 바람직하다. 문화의 종합 기획 조정 기능이란 문화행정에 관한 기본 이념을 확립하고 자치단체의 특성에 맞추어 기본 구상을 준비해 나가는 과정이다. 이를 위해 먼저 행정 내외의 커뮤니케이션 기능을 활성화해야 한다. 조직 내 구성원은 말할 것도 없고 조직 외 다양한 시민과 기업, 단체 등과의 끊임없는 커뮤니케이션을 통해 정책 형성 과정에 참여하도록 하고 정책의 이념을 이해하도록 해야 한다. 또한 문화 부서는 여러가지 시책과 관련하여 타부서에 필요한 정보를 제공하며 조언이나 상담에 응하는 한편 가능한 종합적 시각에서 시책 간의 조정과 통합을 주도하기 위해서는 재정이나 예산 부서와 연계한 조정 기능을 갖는 것이 바람직하다. 기획 조정 기능을 강화하기 위해서는 '문화행정추진위원회'와 같이 관련 부서를 망라한 상설적인 횡단 조직을 설치하는 것도 고려할 필요가 있다. 이러한 조직을 통해 이념 형성 단계에서 시책 실시 단계에 이르기까지 조직 내 의사 소통을 강화하고 조직 간 분파적 이해관계를 벗어나 상호 협력을 촉진할 수 있다.

4 행정조직문화의 전환

문화는 산업사회형의 사고로는 실현될 수 없다. 산업사회형의 사고는 대량생산을 위해 규격화되고 표준화된 생산문화를 추구하기 때문에 동질성을 선호하는 동시에 효율성을 목표로 한다. 이를 위해 조직은 획일적으로 직무 권한이나 직제를 엄격히 정해 두고 권위주의적인 위계서열에 의해 움직인다. 성과는 누가 더 많이 생산했는가를 따지는 양적 평가에 의지하게 된다. 이러한 산업사회적 사고가 조직을 지배하는 한 세계화 · 정보화에 대응하여 아무리 조직이나 구조를 바꾸고 새로운 시책을 시행해도 효과가 없다. 행정이 문화 발전의 기본이 되는 이념을 확립하고 시행할 수 있는가의 여부는 조직보다 조직 구성원의 의식에 달려 있다. 구성원 한 사람, 한 사람이 서로 다른 문화나 발상의 주체와 풍부하게 교류하고 공생하고자 하며, 효율성을 조금 희생하더라도 인간성을 존중하는 사업이나 시책을 강구하고자 해야 한다. 규격적이고 양적 처리에 집착하는 대신 다양한 주체에게 다양한 서비스를 어떻게 제공할 수 있는가를 생각해야 한다.

행정조직의 최종 목표는 행정조직 문화의 변혁이며, 바로 공무원 의식의 변혁이다. 공무원 의식이란 공무원 스스로 시민으로서 자신을 확립하고 시민의 시각으로 행정을 바라보는 것이다. 그러므로 오늘날 문화행정이 그 어느 때보다 필요한 것은 자유로운 시민의 활동에 행정이 개입한다는 의미가 아니라 오히려 행정 스스로를 구제하기 위해 변화해야 한다는 의미일 것이다.

제 5 절 행정의 문화화

지금까지 문화행정은 문화의 진흥을 위해 시민의 문화 향유 기회를 확대하고 문화활동을 촉진하기 위해 제반 문화 서비스를 공급하고 문화 인프라를 구축하는 데 주력해 왔다. 이것은 바로 '문화의 행정화'를 의미한다.

그러나 이제부터는 '문화의 행정화'를 넘어서 '행정의 문화화'로 나아갈 필요가 있다. '행정의 문화화'라는 용어에는 문화의 행정화를 추구해 온 지금까지의 문화행정과 다소 대비되는 성격이 내포되어 있다. 문화를 행정의 시각에서 다루고자 한 것이 '문화행정'이라면, 행정을 문화의 시각에서 보고자 하는 것이 '행정의 문화화'라 할 것이다. 지금까지와 같이 문화를 행정학적인 시각에서 다루는 '문화행정'으로는 더 이상 발전할 수 없고 행정 스스로의 문화적인 자기 개혁이 불가피하다는 인식에서 '행정의 문화화'가 필요하다.[1] 따라서 행정의 문화화는 문화행정이 발전해 나가는 더 높은 단계로서 행정이 문화를 지원하는 것이 아니라 행정 스스로가 문화적인 시각으로 바꾸어 나가는 것을 의미한다. 행정의 이념을 비롯해 집행과 표현 등 총체적인 행정의 영역이 문화적인 시각에서 보아야 하기 때문에 이를 위해 개별행정에서 벗어나 종합행정의 시각에서 행정의 전 영역에 문화적 시각을 투영하게 된다. 그에 따라 행정의 문화화 단계에서는 '행정의 모든 분야에 문화적 시각을' 부여하는 것이 문화행정의 목표가 된다.

행정의 문화화를 실천하기 위한 방안으로 다무라(田村明, 1981)는 행정의 시민성, 현장성, 지역성, 종합성의 시각을 강조하고 있으며, '수도권문화행정연구회(일본문화행정연구회의 전신)'는 시민자치, 종합화, 개성화 인간적인 감성, 관료 자신의 변화를 제시하고 있다(松下圭一, 1987: 88). 일찍부터 이러한 행정의 문화화를 실천에 옮긴 사이타마(埼玉)현에서 '사이타마테제'라는 이름으로 제창한 것은 인간성과 지역성, 창조성, 미관성의 네 가지이다. 인간성이란 휴먼적인 시각을 중시하고 인간적인 감성을 중시하는 것이며, 지역성이란 지역 풍토나 역사, 산업, 주민 등 지역적 특성을 중시하

---

1) 최초로 행정의 문화화를 논리적으로 설명한 것은 모리(森啓)와 마쓰시타(松下圭一)에 의해서이다. 이들이 제기하는 문화행정의 모델은 ① 시민문화, ② 도시가꾸기, ③ 행정의 문화화 세 개의 기둥으로 구성되어 있다(제2장, 제4장 참조). 행정의 이념을 비롯해 행동, 표현이 문화적인 시각으로 개선되어야 하며 이를 위해서는 개별행정에서 벗어나 종합행정적 시각에서 시민자치의 이념을 포함하여 시민과 직원의 협동, 정책기술의 개발, 문화전략 등을 구축해 나가야 한다는 것이다.

는 것이다. 창조성이란 행정 관례나 기성제도, 계서조직에 의존하지 않고 자유로운 발상과 적극적인 제안을 중요시하고 새로운 시책 개발을 추진하는 것을 말한다. 미관성이란 행정의 모든 분야에 아름다움의 표현이나 디자인을 적용하려는 것으로 공공토목·건설사업 등을 시행하는 데도 아름다운 경관 조성을 고려하는 것이다.

그러나 이러한 행정의 문화화에 대해서는 비판적인 문제 제기도 있다. 예를 들면, '인간성' 중시가 단순히 인간의 '감성' 중시로 잘못 이해됨으로써 개개 시민의 인간 존재로서의 다양성이 소홀히 될 수 있다. 인간성 중시의 시각은 기본적인 인권의 이념을 기초로 '생활인으로서의 시민'의 시각에서 시작하여 시민자치 실현의 이념을 포함한, '정치적·문화적 존재로서의 시민'의 시각에 입각해야 한다. 사회 구성원으로서의 공동체 의식과 개인적 다양성에 입각할 때 종합적인 시각의 시책이 가능하게 된다.

또한 '지역성'의 시각이란 단순히 지역 특성을 중시한 시책을 전개하는 것만을 의미하는 것이 아니고 지역의 정체성이나 개성을 형성하는 것까지를 포함해야 한다. 지역적 정체성은 타지역과의 관계 속에서 형성되는 것이기 때문에 지역 내 교류는 물론이고 타지역과의 교류에 바탕을 두어야 한다. 다른 문화와의 접촉이 문화를 풍요롭게 만들고 활력을 부여하며 그 지역을 개성 있는 곳으로 만든다.

다음으로 '창조성'의 시각은 지방자치단체가 상급정부에 대해 스스로의 주체성 확립을 추구하고 정책 주체로서 기능한다고 하는 강한 문제의식이 없이는 불가능하다. 이러한 문제의식을 자치단체의 장에서 말단 공무원에 이르기까지 공유하고 있지 않으면 창조성의 중시도 단순한 아이디어 제안이나 취미적인 비평의 축적으로 끝나고 만다. 그러므로 행정 내부의 창의적 의식 개발을 유도하는 끈질긴 구조나 창조적인 제안을 실제로 착근시키는 구조가 뒷받침되어야 한다.

나아가, 시민자치를 기초 이념으로 행정의 문화화를 통해 시민과의 '협동'을 추구한다면 시민의식의 활성화 움직임이나 시민들로부터 정책 제안을 받아들이는 실제적인 회로가 필요하게 된다. 이를 위해서는 공무원 스스로 '시민'의 시각에 서서 시민생활의 실천자가 되는 의식의 전환이 필요하다.

〈표 13-1〉 행정의 문화화의 기본 시각

松下圭一 ·森啓	田村明	수도권문화행정연구회	발전적 시각	사이타마 테제
시민 자치 ➡ ↑↓ 종합행정	시민성 ➡ 현장성 지역성 ↑↓ 종합성	시민자치의 시각 ➡ 인간적인 감성의 시각 공무원 자신이 변하는 것 개성화의 시각 ↑↓ 종합화의 시각	생활자·시민의 시각 시민적 미의식의 시각 공무원의 시민화 시각 교류와 정체성 확립의 시각 주체성 확립의 시각 ↑↓ 종합화의 시각	← 인간성 ← 미관성 ← 지역성 ← 창조성

지금까지의 논의를 종합하면, 시민성, 현장성, 지역성, 종합성을 중심으로 하는 행정의 문화화는 결국 시민자치의 확립과 자치단체의 정책 주체로서의 자율성 확립으로 모아진다. 인간성, 지역성, 창조성의 시각 근저에는 시민성의 추구와 지역정체성의 형성, 자치단체의 자율성 확립이 깔려 있음을 이해할 필요가 있다. 따라서 행정의 문화화는 그 근본이 무엇이든지 간에 결국은 시민자치와 지방분권 이념의 실현으로 귀결된다. 따라서 행정의 문화화의 기본은 행정공무원부터 '시민'의 시각을 확립하는 것이고, 그것은 곧 자율성과 자기 통치 능력을 갖고, 실천하는 사람으로서의 자각을 의미한다.

또한 행정의 문화화란 행정 자체의 '문화 수준'을 문제 삼고 그 개선과 개혁을 도모하는 것으로 단순히 표현 방식만이 아니라 행동 방침이나 행동 양식, 더 나아가서는 이념이나 사상에 이르기까지 행정의 모든 영역을 개혁의 대상으로 삼는 것이다. 정리하면, 행정의 문화화는 사람(휴먼웨어), 구조(소프트웨어), 시설(하드웨어)의 세 가지 자원에 대한 전면적인 점검과 개선, 개혁을 필요로 한다. 공무원 자신을 비롯해 행정의 방식과 제도, 시설 관리 및 기술적 분야에 이르기까지 행정의 모든 영역을 문화적으로 혁신하고자 하는 과제를 제시한다.

참고 문헌

국내 문헌

강병수(2009), "창조산업과 창조도시 전략," 2009 한국정부학회·한국거버넌스학회 하계학술대회 발표논문집, 「융합의 시대: 정부정책의 방향과 과제」: 433-441.

강형기(2000), "지방자치단체 문화행정의 구조와 정책적 과제," 한국행정학회, 「한국행정학회 기획 세미나: 지방정부의 리더십과 문화산업정책」.

강휘원(2006), "한국 다문화사회의 형성 요인과 통합정책," 「국가정책연구」 20(2): 5-34.

갠스, 허버트 J.(이은호 옮김)(1996), 「고급문화와 대중문화: 취향의 분석과 평가」, 서울: 현대미학사.

경남발전연구원(2009), 「남해안시대 창조도시화 전략」.

구견서(1999), "일본의 문화정책," 한국일본학회, 「일본학보」: 467-483.

구광모(2001), 「문화정책과 예술 진흥」, 서울: 중앙대학교출판부.

구문모(2001), "지역개발과 지방 문화산업정책," 「문화경제연구」, 4(2): 1-20.

구문모·임상오·김재준(2002), 「문화산업의 발전 방안」, 서울: 을유문화사.

기든스, 앤서니(한상진·박찬욱 옮김)(2000), 「제3의길」, 서울 생각의 나무.

김경아(2008), "다문화가정 지원정책의 성격과 이주여성의 정책 수요: 전라남도 국제결혼 이주여성을 중심으로," 「2008년도 행정학회 춘계학술대회 논문집」.

김경욱(2003), "문화민주주의와 문화정책에 대한 새로운 시각," 「문화경제연구」 6(2): 31-52.

김문환(1998), 「지역문화발전론」, 서울: 문예출판사.

———(2006), 「일본의 지역문화」, 서울: 서울대출판부.

김세훈(2006), "다문화사회의 문화정책," 한국거버넌스학회 2006년 하계공동학술대회발표논문집.

김세훈·이종열·손경년(2003), 「주요 외국의 문화예산비교연구」, 한국문화정책개발원.
김승수(2000), "문화예술 시장의 재정구조에 대한 고찰," 「정치 · 정보연구」 39(1): 211-239.
김영집(2008), 「광역경제권 재편시기의 창조도시 육성 방안에 관한 연구」, 미간행, 대한민국국회행정안전위원회.
김완균(2007), "J. G. 헤르더의 민족(nation) 개념 이해," 「독어교육」 39집: 183-207.
김이선 · 황정미 · 이진영(2007), 「다민족 · 다문화사회로의 이행을 위한 정책 패러다임 구축(1): 한국 사회의 수용 현실과 정책과제」, 한국여성정책연구원.
김일태(1997), "행정의 문화화: 도시행정을 중심으로," 문화정책개발원, 「문화정책연구의 새로운 전망」: 359-379.
김정수(2006), 「문화행정론: 이론적 기반과 정책과제」, 아산재단 연구총서 제200집, 서울: 집문당.
김정호(2009), "창조도시의 의의와 정책적 시사점," 2009년 한국정부학회 · 한국거버넌스학회 하계학술대회 발표논문집, 「융합의 시대: 정부정책의 방향과 과제」: 397-404.
김종문(1997), 「일본의 문화와 종교정책」, 서울: 신원문화사.
김천영(2001), "정부간 관계의 접근 논리와 모형 탐색," 「한국지방자치학회보」 13(3): 97-120.
김희영(1993), "프랑스의 문화예술정책," 「문화예술과 정책」, 학술진흥재단.
내무부 · 문화공보부, 「지방문화예술활성화 종합계획」.
도시연구소(2006), 「도시문제」 41(446): 8-62.
라도삼 외(2008), "창조도시의 의의와 사례," 「도시정보」 317(8): 3-18.
랜드리, 찰스(임상오 옮김)(2005), 「창조도시」, 서울: 해냄, Charles Landry(2000), *The Creative City: A Toolkit for Urban Innovators*, London: Earthscan.
로즈, R.A.W.(하혜수 · 양기용 옮김)(2002), 「중앙-지방 간 권력관계」, 경기개발연구원, R.A.W. Rhodes(1981), *Control and Power in Central-Local Government Relations*, England: Gower Publishing Co.
마르티니엘르, 마르코(윤진 옮김) (2002), 「현대사회와 다문화주의」, 서울: 한울.
문시연(2009), "프랑스 문화정책 50년: 문화민주화를 중심으로," 「프랑스문화예술연구」 제30집: 283-306.
문화공보부(1979), 「문화공보 30년」.
문화관광부(2000), 「문화산업 비전 21(안): 문화산업진흥 5개년계획」.
문화부(1992), 「우리나라의 문화행정」.
문화재청(2007), 「문화재정책 중장기비전: 문화유산 2011」.

———(2010), 주요 업무 통계자료(http: //www.cha.go.kr).

문화체육관광부(2009), 대토론회 「이명박 정부 문화정책의 성과 및 과제」 2009. 12. 28.

———(2009), 「2008 문화산업백서」.

———(2010), 「2009 문화정책백서」.

박병석(2010), "독일의 문화외교," FES-Information-Series 2010-019(http:// www.fes.or.kr).

박상언(2000), 「한국 문예진흥기금의 효율적 운영 방안 연구」, 서울: 중앙대학교출판부.

박영윤(2008), "한국 문화정책의 현상과 과제: 문민정부 이후를 중심으로," 「경기대학교 대학원 논문집」, 37: 217-234.

박은실(2008), "국내 창조도시 추진 현황 및 향후 과제," 「국토」 322: 45-55.

박이준(1990), 「한국 문화행정에 관한 연구: 지역문화를 중심으로」, 한양대학교 박사학위 논문.

박혁준(2006), 「프랑스 제5공화국과 한국의 문화정책 비교연구: 정책이념과 문화분산화를 중심으로」 연세대학교 행정대학원 석사학위 논문.

박형준(2004), 「문화분권과 문화도시 전략」, 박형준의원실.

박혜자(1996), "지역문화정책의 의의와 그 평가," 「시정연구」 광주: 광주광역시.

———(1998), "지역문화정책에 있어 중앙정부와 지방정부 간의 관계모형 연구," 한국도시행정학회, 「한국도시행정학보」 11: 207-233.

———(2000), "지역문화산업 활성화를 위한 논리와 전략," 한국도시행정학회, 「도시행정학회보」 13(1): 27-48.

———(2002), "지방이양과 중앙-지방정부 간 사무배분 체계의 변화," 서울행정학회, 「한국사회와 행정연구」 13(3): 125-146.

———(2008), "21세기 사회 변화와 통합의 키워드: 여성, 평화, 그리고 다문화," 호남대학교 개교 30주년기념연구소 연합국제학술대회, 「아시아의 공존: 다문화사회로의 변화와 여성」.

박혜자 · 오재일(2003), "문화행정에 있어 분권화와 정부간 기능 배분에 관한 연구," 한국정부학회, 「한국행정논집」 15(4): 953-976.

백완기 · 신유근 외(1996), 「문화와 국가경쟁력」, 서울: 박영사.

부르디외, 피에르(최종철 옮김)(2005), 「구별짓기: 문화와 취향의 사회학(上下)」. 서울: 새물결.

부르디외, 피에르 & 장 클로드 파스롱(이상호 옮김)(2000), 「재생산: 교육체계이론을 위한 요소들」, 서울: 동문선.

사사키 마사유키(정원창 옮김)(2009), 「창조하는 도시: 사람 · 문화 · 산업의 미래」,

한림신서 일본학총서 75.
서순복(2007), 「지역문화정책」, 광주: 조선대학교출판부.
———(2009), "도시의 창의성과 창조도시 육성정책의 성공 전략 요인에 관한 연구," 한국거버넌스학회, 2009년 추계학술대회 발표논문집, 「지역발전 전략과 성찰: 창조도시, 거버넌스, 행정언어」: 1-22.
서헌제·정병윤(2006), 「캐나다와 영국의 문화정책 및 법제에 관한 연구」, 한국법제연구원.
설러먼, 레스터(이형진 옮김)(2000), 「NPO란 무엇인가」, 서울: 아르케.
손원익(1998), "공공 부문에 의한 비영리 분야 지원: 문화예술을 중심으로."
송건호(1982), "일제하의 문화와 통치," 「문화와 통치」, 서울: 민중사.
송도영(2003), 「프랑스의 문화산업 체계」, 서울: 지식마당.
신두섭(2007), "문화정책의 현안 과제와 발전 방안," 한국문화관광연구원, 「분권화시대의 지역문화 발전과 활성화전략 심포지엄 자료집」: 17-45.
심보선(2007). "온정주의 이주노동자 정책의 형성과 변화: 한국의 다문화정책을 위한 시론적 분석," 한국사회역사학회, 「담론201」, 10(2): 41-76.
심상민·민동원(2002), "문화마케팅의 부상과 성공전략," *CEO Information* 372호.
아놀드, 매튜(윤기관 옮김)(2006), 「교양과 무질서」, 서울: 한길사.
아도르노·호켄하이머(김유동 옮김)(2001), 「계몽의 변증법」, 서울: 문학과지성사.
양건열(2007), 「참여정부 문화정책과 향후 과제」, 한국문화관광연구원.
———외(1999), 「세계의 문화정책 1: 영국의 문화정책」, 한국문화정책개발원.
양애경 외(2007). 「여성 결혼이민자에 대한 지역사회의 수용성 연구」, 한국여성정책연구원, 경제·인문사회연구회 협동연구총서 07-19-04.
양현미·염지연(1995), "기업메세나 활성화 방안," 「정책연구」, 95 한국문화정책개발원.
양효석, "참여정부 예술정책의 평가와 향후 전망," (http: //www.mct.go.kr/index.html).
예술행정연구회(1987), 「예술과 행정」, 서울: 평민사.
오세정(2003), "프랑스문화의 정체성과 문화정책," 「프랑스문화예술연구」 제9집.
오승석(1997), "문화예술 재정의 확충과 배분," 한국문화정책개발원, 「문화정책 연구의 새로운 전망」.
오양열(1995), "한국의 문화행정체계 50년," 「문화정책논총」 제7집.
오재일(1993), "중앙-지방 관계의 모델에 관한 연구: 일본의 예를 중심으로," 한국행정학회, 「한국행정학회보」 27.
원용기(1995), "문화정책학의 발전 가능성과 가치상호작용모델의 시론적 검토," 「문화정책논총」 제7집, 서울: 한국문화정책개발원.

윌리엄스, 레이먼드(설준규 · 송승철 옮김)(1984), 「문학사회학」, 서울: 까치글방.
———(성은애 옮김)(2008), 「기나긴 혁명(*The Long Revolution*)」, 서울: 문학동네.
유재원(1996), 「수평적 정부간 협상 체제 정립 방안: 수도권을 중심으로」, 한국행정연구원.
유재윤(2001), "도시문화산업과 도시마케팅," 국토연구원, 「국토」, 2001년 5월호(235호): 20-25.
유재윤 · 진영효(2002), "도시문화산업과 도시정책," 「도시정보」 9월호.
유진룡(1987), 「지방문화 육성을 위한 문화정책 방향 연구」, 서울대학교 행정대학원 석사학위 논문.
———(1988), "지방문화 육성을 위한 문화정책 방향 연구," 「예술과 행정」, 서울: 평민사.
윤병운(2008), 「창조산업의 혁신: 영국의 사례와 한국의 과제」, 한국기술산업재단, 이슈페이퍼 08-04.
윤용중(1998), "문화예술 소비의 소득계층간 불평등도 분석과 그 정책적 함의," 「재정논집」 13(1): 165-184.
이달곤(1996), 「협상론: 협상의 과정, 구조, 그리고 전략」, 서울: 법문사.
이대희(2000), '중앙 · 지방정부 간 문화산업정책의 효율적 연계 방안, 한국행정학회 기획세미나, 「지방정부의 리더십과 문화산업정책」.
이병민(2003), "지역문화산업의 발전 방향과 정책과제," 국토연구원, 「국토」, 2003년 7월호(261호): 53-63.
이영철(2009), "창조계급과 창조도시: 중소도시 발전에 대한 함축," 한국거버넌스학회, 2009년 추계학술대회 발표논문집, 「지역발전 전략과 성찰: 창조도시, 거버넌스, 행정언어」: 23-41.
이용승(2004), "호주의 다문화주의," 「동아시아 연구」 8권: 177-205.
이종열 · 박광국 · 주효진(2003), "문화산업 클러스터 형성의 전망과 과제," 「문화정책」 2: 153-170.
이중엽(2007), "문화산업 발전을 위한 육성 방안 연구," 「디지탈디자인연구」 7(1): 253-265.
이중한(2001), "중앙과 지방의 문화정책 협력구조," 한국문화정책개발원, 「지역사회, 지역문화토론회」: 18-27.
———외(1994), 「기업의 문화예술 지원과 방법」, 서울: 신구미디어.
이흥재(2002), 「문화재정 운용의 현안 과제와 발전 방안」, 기획예산처.
———(2004), 「문화예술정책론」, 서울: 박영사.
임문영(2004), "프랑스의 문화 지방분산화정책과 문화촉매운동," 한국문화관광정책

연구원, 「문화정책논총」 제16집.
임상오(2002), "일본 기업메세나의 현황과 시사점," 2002년도 문화경제학회 춘계학술대회.
———(2008), "창조도시 진흥을 위한 창조산업의 활성화 전략," 「국토」 322: 16-23.
임재해(2000), 「지역문화와 문화산업」, 서울: 지식산업사.
임학순(1996), "문화정책의 연구 영역과 연구 경향 분석," 「문화정책논총」 제8집, 서울: 한국문화정책개발원.
———(1997), "예술정책에 관한 연구 경향과 연구 과제," 「2000년대를 대비한 정부조직의 혁신 방안」, 한국행정학회 하계학술대회 발표논문집.
———(2000), "예술정책에 관한 국제 비교 연구의 경향과 과제," 「문화정책논총」 12: 161-180.
———(2003), 「창의적 문화사회와 문화정책」, 서울: 진한도서.
정갑영(1993), "우리나라 문화정책의 이념에 관한 연구," 「문화정책논총」 제5집, 서울: 한국문화정책개발원.
정광호 · 최병구(2006), "문화바우처 분석과 문화바우처 정책설계," 「지방정부연구」 10(4)(겨울), 2006: 63-89.
정세욱(1997), 「정부간 관계; 이론과 실제」, 서울: 법문사.
정정숙 외(2006), 「OECD 주요국가의 문화경쟁력 분석」, 한국문화관광정책연구원.
정홍익 외(2008), 「문화행정론」, 서울: 대영문화사.
조명래(2002), 「현대사회의 도시론」, 서울: 한울.
스토리, 존(박만준 옮김)(2002), 「대중문화와 문화연구」, 서울: 경문사.
주성재(2007), "지역경제 활성화의 수단으로서 문화산업단지정책: 평가와 과제," 한국경제지리학회, 「한국경제지리학회지」 10(3): 332-343.
지방이양추진위원회, 「중앙행정 권한의 지방이양 심의 안건」 1회~23회의 심의자료.
지종화 · 정명주 · 차창훈 · 김도경(2009), "다문화정책 이론 확립을 위한 탐색적 연구," 한국거버넌스학회 춘계학술대회발표 논문집, 2009. 4.: 107-130.
차미숙 외(2003), 「지역 발전을 위한 거버넌스 체계 구축 및 운용 방안」, 국토연구원.
최윤정 · 이금숙(2005), "한국 도시의 경제 · 문화 · 사회복지적 기회 잠재력의 지역적 격차," 「한국경제지리학회지」 8(1), 2005: 91-105.
최협(1996), 「문화와 국가경쟁력」, 서울: 박영사.
콜브, 보니타 M.(이보아 · 안성아 옮김)(2004), 「새로운 소비자를 위한 문화예술기관의 마케팅」, 서울: 김영사.
프리드먼, 토머스(김상철 · 이윤섭 옮김)(2005), 「세계는 평평하다: 21세기 세계흐름에 대한 통찰」, 서울: 창해.
플로리다, 리처드(이길태 옮김)(2002), 「창조계급: 창조적 변화를 주도하는 사람들」 전자신문사, Richard Florida(2002), *The Rise of Creative Class: How It's Transforming Work, Leisure, Community and Everyday Life*, New York: Basic Books.
———(이원종 외 옮김)(2008), 「도시와 창조계급: 창조경제 시대의 도시발전전략」, 서울: 푸른길, Richard Florida(2004), *Cities and the Creative Class*, London: Routledge.
피크, 존(이주혁 옮김)(1984), 「예술행정론」, 서울: 현암사.
한국메세나협의회(2009), 「2008년도 연차보고서」.
한국문화관광정책연구원(2005), 「분권시대 지역문화 진흥 체계 개선방안 연구」.
한국문화복지협의회(2006), 「문화복지 10년 그 성찰과 전망」, 한국문화복지협의회 창립10주년 기념 세미나 자료, 2006년 11월 8일.
한국문화예술진흥원 문화발전연구소(1992), 「한국의 문화정책」.
한국문화정책개발원(1994), 「우리나라에서 문화 투자의 사회경제적 효과 연구」.
———(1997), 「외국의 문화행정 업무 영역과 조직에 관한 조사연구」.
———(2003), 「주요 국가 문화예술 지원 프로그램 연구」.
한국문화체육관광부(2009), 「2008년 문화정책백서」.
———(2010), 「2009년 문화정책백서」.
한국문화콘텐츠진흥원(2004), 「문화콘텐츠산업의 경제적 파급효과 분석」.
———(2010), 「2009년 해외 콘텐츠시장 조사보고서」.
한국지방행정연구원(2007), 「어메니티를 통한 지역발전 방안」.
한국행정학회(2002), 「중앙-지방 간 사무재배분 원칙의 정립과 지방이양 대상 권한 및 사무 발굴을 위한 연구」.
———(2002), 「문화행정 정부조직 발전방안 연구」.
헌팅턴, 새뮤얼·해리슨 로렌스(공편)(이종인 옮김)(2001), 「문화가 중요하다」, 서울: 김영사.
헤르더, J. G.(강성호 옮김)(2002), 「인류 역사 철학에 대한 이념」, 서울: 책세상.
홍기원(2007). "다문화사회의 정책과제와 방향: 문화정책의 역할과 과제." 한국행정학회, 「동계학술대회 발표논문집」.

국외 문헌

上田篤(編)(1983), 「行政の文化化: きちづくり21世紀に向けて」, 學陽選書.

中川幾郎(1995),「新市民時代の文化行政: 文化・自治體・藝術・論」, 東京: 公人の友社.
大住莊四郎(1999),「ニューパブリックマネジメント」, 日本評論社.
後藤和子(編)(임상오 옮김)(2001),「문화정책학: 법・경제・매니지먼트」, 시유시.
志村重太郎(1996),「地方分權時代の創造的自治體改革」, 東京: ぎょうせい.
日高昭夫(2002): 日本の政府體系: 改革の過程と方向, 今村都南雄(編), 成文堂.
村松岐夫(1989), "政府間關と政治體制," 大森彌・佐藤誠三郎 編,「日本の地方政府」, 東京: 東京大學出版部.
松下圭一(1987),「都市型社會の自治」, 東京: 日本評論社.
根木昭(2001),「日本の文化政策」, 勁草書房.
———(2010),「文化政策學入門」, 水曜社.
森 啓(1988),「市民文化と文化行政」, 東京: 學陽書房.
———(2009),「文化のえるまち: 自治体の文化戰略」, 東京: 公人の友社.
樋口勝美(1993), "行政としての文化事業への取組み," 平本一雄(編),「自由時間創造社會の文化創造」, 21世紀の地方自治戰略21, 東京: ぎょうせい.
池上惇・山田浩之(1993),「文化經濟學」, 東京: 世界思想史.
池上惇・植木浩・福原義春(황현탁 옮김) (1999),「문화경제학」, 서울: 나남.
池上惇・端信行・福原義春・堀田力(編)(2001),「文化政策入門」, 丸善ライブラリー.
田村明(1981), "行政の文化化," 松下圭一・森啓(編),「文化行政: 行政の自己革新」, 東京: 學陽書房.
田村明・森啓(編)(1983),「文化行政とまちづくり」, 時事通信社.
電通總硏(최모내 옮김)(1999),「NPO란 무엇인가」, 서울: 한국문화정책개발원.

Adorno, Theodore(1991), "Culture Industry Reconsidered," J. M. Bernstein(ed), *Culture Industry*, London & New York: Routledge.
Alessio, Laurie(1992), "2 Live Crew Nasty, But not Obscene," *Wilmington News Journal*, Dec.8, A8.
Barry, B.(2001), *Culture and Equality: An Egalitarian Critique of Multiculturalism*. Cambridge: Harvard University Press.
Baumol, William J. & William G. Bowen(1966), *Perfroming Arts: The Economic Dilemma, A Study of Problems Common to Theater, Opera, Music and Dance*, MIT Press.
Bawden, A. B.(2002), "Access The Cultural Infrastructure," Center for Arts and Culture, *Art, Culture & the National Agenda Issue Paper*. (www.culturalpolicy.org/pdf/access.pdf).

Bianchini, F.(1993), *Urban Cultural Policy in Britain and Europe: Toward Cultural Planning*, Faculty of Humanities, Griffith University.

Buchanan, James M.(1995), "Economic Science and Cultural Diversity," *Kyklos* 48.

Cavas, R. E.(2000), *Creative Industries: Contacts between Art and Commerce*, Massachusetts, Cambridge: Harvard University Press.

Chronicle of Philanthropy(1996), 10/31/96.

Colomb, Gregory G.(1989), "Cultural Literacy and the Theory of Meaning: Or, What Educational Theorist Need to Know about How We Read," *New Literacy History*, 20(2), Winter: 411-450.

Council of Europe/ERICarts(2006), "Compendium of Cultural Policies and Trends in Europe," 7th edition, Germany.

Cummings, Milton C. Jr. & Richard S. Katz(eds)(1987), *The Patron State: Government and the Arts in Europe, North America and Japan*, New York: Oxford University Press.

Cummings, Milton C. Jr. & J. M. D. Schuster(1989), *Who's To Pay For the Arts?* N. Y.: ACA Books, American Council for the Arts.

Department of Culture, Media & Sport(1998), *Creative Industries: Mapping Document.*

DiMaggio, P.(1982), "Cultural Capital and School Success: The Impact of Status Culture Participation on the Grades of US High School Students." *American Sociological Review*, 47(2): 189-201.

———(1991), "Decentralization of Arts Funding from the Federal Government to the Arts," Stephan Benedict(ed.), *Public Money and the Muse: Essays on the Funding of the Arts*, N. Y.: W.W. Norton.

DiMaggio, P. & M. Useem(1978a), "Cultural Democracy in a Period of Cultural Expansion: The Social Composition of Arts Audiences in the United States," *Social Problems*, 26(2): 179-197.

———(1978b), "Cultural Property and Public Policy: Emerging Tensions in Government Support for the Arts," *Social Research*, 45(2).

Dumais, Susan A.(2002), "Cultural Capital, Gender, and School Success: The Role of Habitus." *Sociology of Education*, 75(1): 44-68.

Duncan, Simmon & Mark Goodin(1988), *The Local State and Uneven Development*, Cambridge: Polity Press.

Edwards, John & Nicholas Dakin(1992), "Privatism and Partnership in Urban

Regeneration." *Public Administration*, Autumn 70(3).

Elander, Ingemar & Stig Montin(1990), "Decentralization and Control: Central-Local Governemnt Relations in Sweden," *Policy and Politics,* 18(3): 165 -180.

Elcock, H.(1982), *Local Government: Politicians, Professionals and the Public in Local Authorities*, London: Mathuen.

European Commission(1998), *Culture, the Cultural Industries and Employment.*

Executive Office of the President and Office of Management and Budget(1977), *North American Industry Classification System.*

Fesler, J. W.(1965), "Approach to the Understanding of Decentralization," D. Sills(ed.), *International Encyclopedia of the Social Science.*

Friedmann, John(1986), "The World City Hypothesis," *Development Change*, vol, 17.

Globerman, S.(1987), *Culture, Government and Markets*, Fraser Institute, Vancouver, B.C.

Goldberg, D.(1995). *Multiculturalism: A Critical Reader,* Blackwell Publishing.

Goldsmith, Michael(1986), *New Research in Central Local Relations*, Vermont: Gower.

Grampp, W. D.(1989), "Rent Seeking in Art Policy," *Public Choice*, 60(2): 113-22.

Griffith, Ron(1993), "The Politics of Cultural Policy in Urban Regeneration Strategies," *Policy and Politics*, 21(1): 39-46.

Hall, P.(2000), "Creative Cities and Economic Development," *Urban Studies,* 37: 639-649.

Hall, Stuart(1993). "Culture, Community, and Nation." *Cultural Studies,* 7(3).

Heilbrun, J. & C. M. Gray(1993), *The Economics of Art and Culture*, New York: Cambridge University Press.

Hogwood, B. W. & L. A. Gunn(1981), *The Policy Orientation*, The University of Strathclyde, Center for the Study of Public Policy.

Horton, Paul B. & Chester L. Hunt(1968), *Sociology*, New York: McGraw-Hill.

Howkins, J.(2001), *The Creative Economy: How People Make Money from Ideas*, Penguin Books.

Hunter, James(1991), *Culture Wars: The Struggle to Define America*, New York: Basic Books.

Inglis, C.(1996). *Multiculturalism: New Policy Responses to Diversity.* MOST policy papers 4. UNESCO. Paris.

Jacobs, J.(1984), *Cites and the Wealth of Nations*, Random House.

Kellerman, L.(1986), *The Cultural Dimension of Development*, UNESCO.

Kettl, Donald F. & John Dilulio, Jr.(eds.)(2000), *Inside the Reinvention Machine: Appraising Governmental Reform*, Washington D.C.: Brookings Institution.

Kymlicka, Will(1995), "Multicultural States and Intercultural Citizens," *Theory and Research in Education*, Vol.1(2). Sage.

Lewis, J. & T. Miller(2003), *Critical Cultural Policy Studies: A Reader,* Oxford: Blackwell.

Lowi, Theodore J. (1972), "Four Systems of Policy, Politics & Choice," *Public Administration Review,* 32(July/August).

Marvin, E. Olson(1968), *The Process of Social Organization*, New York: Holt, Rinehart and Winston.

Mattelart, A. & J. M. Piemme(1982), *Cultural Industries: the Origin of an Idea*, UNESCO.

Mulcahy, Kevin V. & Margaret J. Wyszomirski(1995), *America's Commitment to Culture: Government and the Arts*, Boulder: Westview Press.

———(2005), *International Cultural Relaions: A Multi-country Comparison Arts*, International Center for Art and Culture.

Myerscough, John(1988), *The Economic Importance of the Arts in Britain*, London: Policy Studies.

National Endowment for the Arts(2007), *How the Unites States Funds the Arts*(www.arts.gov).

Netzer, Dick(1980), *The Subsidized Muse: Public Support for the Arts in the United States*, Cambridge: Cambridge University Press.

Parekh, Bhikhu(2000), *Rethinking Multiculturalism.* Cambridge: Havard University Press.

Peacock, A. & J. Wiseman(1964), "Education for Democrats," *Hobart Paper* no.28. London: Institute for Economic Affairs.

Pratt, Andy G.(1997), "Employment in the Cultural Industries Sector: A Case Study of Britain, 1984-91," *Environment and Planning*, Vol. A.

———(2008), "Creative Cities: The Cultural Industries and the Creative Class," *Human Geography,* 90(2): 107-117.

Price Waterhouse Coopers(2008), *Global Entertainment and Media Outlook: 2008-2012.*

Rhodes, R. A. W.(1988), "Intergovernmental Relations in the United Kindom," Meny, Y · Wright, V.(ed.), *Centre-Periphery Relations in Western Europe*, London: George Allen & Unwin.

Sassen, Saskia(1994), *Cities in a World Economy*, Thousand Oaks, CA. Pine Forge Press.

Saunders, P.(1985), "The Forgotten Dimension of Central-Local Relation: Theorizing the Regional State, Environment and Planning," *Government and Policy*, Vol. 3.

Schuster, J. M. D. & Mark Davidson(1985), *Supporting the Arts: An International Comparative Study*. Report for the National Endowment for the Arts.

Scott, Allan J.(1997), "The Cultural Economy of Cities," *IJURR,* 21(2), 323-39.

Snedcof, H. R.(1990), *Cultural Facilities in Mixed-use Development*, Washington, D.C: The Urban Land Institute.

Stichele, Alexander V. & R. Laermans(2006), "Cultural Participation in Flanders: Testing the Cultural Omnivore Thesis with Population Data." *Poetics*, 34(1): 45-64.

Stopper, Emily(1989), "The Gender Gap Concealed and Revealed." *Journal of Political Science*, Vol. 17. No. 1-2(Spring).

The Arts Council of England(1988), *International Data on Public Spending on the Arts in 11 Countries.*

Towse, R.(2005), "Alan Peacock and Cultural Economics," *The Economic Journal*, 115(June): F262-F276.

Trienekens, Sandra(2002), "Colourful Distinction: The Role of Ethnicity and Ethnic Orientation in Cultural Consumption," *Poetics*: 281-298.

Trosby, D.(1994), "The Production and Consumption of the Arts," *A View of the Cultural Economics, Journal of the Literature*, 32(March): 1-29.

Tyler, Edward B.(1971), *Primitive Culture: Researches into the Development of Mythology, Philosophy, Religion, Language, Act and Custom*, Vol. 1, London: John Murray Publishers.

UNESCO(1968), *Studies and Documents on Cultural Policies.*

———(1983), *Participation in Cultural Activities: Three Case Studies.*

———(1997), "Cultural Citizenship in the 21st Century: Adult Learning and

Indigenous People." UNESCO booklet series from the 5th International Conference on Adult Education, Hamburg.

Warren, Robert(1993), "Urban Cultural Policy: An Exploration of Art, Popular Culture, and Ideology," prepared the 1993 Annual meeting of the Urban Affairs Association, Indianapolis, April: 21-24.

Watson, R.(2005), *Differentiating between Creativity and Innovation*, Association Management.

WIPO(2003), *Guide on Surveying the Economic Contribution of the Copyright-Based Industries.*

Wolman, Harold & Michael Goldsmith(1992), *Urban Politics and Policy: A Comparative Approach*, Oxford: Blackwell.

Wright, Deil S.(1997), "Understanding Intergovernmental Relations," Sharfritz, J. M. & A. C. Hyde, *Classics of Public Administration*, N. Y.: Harcourt Brace College Publishers.

Wynne, D.(1992), *The Culture Industries*. Avebury, Aldershot, Hants.

Wyszomirski, Margaret J.(1982), *Controversies in Arts Policy Marking*, Boulder: Westview Press.

EU홈페이지(Europa), http://europa.eu.int

일본 문화청, http://www.bunka.go.jp/losirase/frame.html

한국문화체육관광부, http://www.mct.go.kr

한국문화재청, http://www.cha.go.kr

www.foruma.co.kr

찾아보기

ㄱ

ㅂ

ㅅ

ㅇ

ㅈ

저자 소개

박혜자(朴惠子)

〈약력〉

- 이화여자대학교 정치외교학과 졸업(학사)
- 이화여자대학교 대학원 정치외교학과 졸업(석사)
- 미국 오리건대학교 대학원, Planning, Public Policy, and Management학과 졸업(석사)
- 서울시립대학교 대학원 도시행정학과 졸업(박사)
- 미국 델라웨어대학교 방문교수
- 전라남도 복지여성국장(역임)
- 호남대학교 인문사회과학대 학장(역임)
- 지방이양추진위원회, 정부혁신지방분권위원회 실무위원(역임)
- 한국거버넌스학회 회장(역임)
- 광주기독교방송 시사매거진 진행(역임)
- 현재 호남대학교 경찰법행정학부 교수(지방 및 도시행정 전공)

문화정책과 행정

펴낸날 / 제1판 제1쇄 2011년 2월 25일
지은이 / 박혜자
펴낸이 / 임춘환
펴낸곳 / 도서출판 대영문화사
주소 / 서울 용산구 청파동 1가 178-2 ㊠ 140-869
등록 / 1975년 12월 26일 제3-16호
전화 / (02)716-3883, (02)714-3062
팩시밀리 / (02)703-3839
우체국 온라인 / 011353-02-009106

ISBN 978-89-7644-356-4

〔값 15,000원〕